수학 수업 이야기

수학, 과제, 학습의 삼중주

피터 설리번 · 덕 클라크 · 바바라 클라크 지음

이경화 · 김동원 옮김

KM 경문사

옮긴이 머리말

수학 학습에 어려움을 느끼는 학생들이 많다는 것은 이제 더 이상 새로운 이야기가 아닙니다. 마찬가지로 수학 지도 또는 수학 수업에 어려움을 느끼는 교사들이 많다는 것도 널리 알려진 이야기입니다. 수학을 가르치고 배우는 일의 어려움은 다음과 같은 비판에 잘 반영되어 있습니다.

많은 학생들이 수학을 지겨워하고 자신과 무관한 것으로 생각한다.
사고과정을 거의 지도하지 못한다.
수학이 너무 추상적이다.
실패를 두려워한다.
너무 얕게 너무 많은 내용을 "스치듯 다룬다."
너무 좁은 범위의 내용만 평가한다.
다양한 범위의 능력을 기르기는 엄청나게 어렵다(5장 참고).

수학교육이 처한 현실을 개선한다고 하면서 이들 여러 가지 문제들 중 하나 또는 둘만을 고려하는 경우를 종종 만날 수 있습니다. 예를 들어, 학생들이 수학을 지겨워하기 때문에 흥미요소를 도입하면 수학 학습을 촉진할 수 있다고 기대하는 경우가 있습니다. 그런데 흥미요소가 수학 학습을 촉진하는 데에는 제한된 역할을 하는 경우가 많고, 오히려 수학 학습을 저해하는 경우도 충분히 상상할 수 있습니다. 그렇다고 흥미요소를 빼자니 아이들의 침묵에 어찌할 방도를 찾지 못하는 교사들을 만나보기도 했습니다. 실패를 두려워하는 학생들에게 쉬운 문제들만 해결하도록 할 수도 있을 것입니다. 이렇게 하면 어느 정도의 효과를 기대할 수 있겠지만, 지속적인 방안이 되기는 어려울 것입니다. 적은 내용을 깊게 지도하거나 넓은 범위의 내용을 평가하는 것도 부분적인 해결책이 될 수 있으나, 관련된 복잡성을 충분히 고려한 것이라고 할 수는 없습니다. 결국 복잡한 현실에 내재된 여러 문제들을 두루 고려하는 전략이 필요합니다.

이 책의 저자들은 '과제'를 중심에 놓고 복잡한 현실의 여러 문제들을 해결하려고 시도하였습니다. 추상적인 수학을 구체적으로 경험하는 기회를 제공하고, 다양한 수준의 학생들이 성공적으로 수학을 경험하도록 하며, 사고과정과 깊이 있는 통찰에 기초하여 다양한 범위의 능력을 발전시키도록 하였습니다. 저자들은, "교사가 하나하나 지시하여 이끄는 것보다 유사한 과제들을 계속해서 해결하도록 하는 것이 수학적으로 사고하게 한다(3장 참고)."라고 주장하였습니다. 저자들은 좋은 과제가 수학 학습의 어려움을 해결하는 데에 핵심적인 역할을 하며, 좋은 과제를 선별하거나 개발할 수 있는 능력을 갖추어야 좋은 교사가 될 수 있다고 생각하였습니다. 이 생각을 뒷받침하기 위해 저자들은 과제의 유형을 유목적적 표현 과제(4장 참고), 맥락 기반 과제(5장 참고), 그리고 내용 기반 개방형 과제(6장 참고)로 나누어, 각 과제의 특징과 내용, 형식, 적용 결과(이점과 난점) 등에 대한 깊이 있고 실제적인 논의를 시도하였습니다. 어떤 과제들이 가장 흥미로웠는지 그리고 어떤 과제들을 통해서 수학을 가장 많이 배웠는지 등에 대해서도 체계적으로 조사하였습니다. 이 중에서도 옮긴이들의 관심을 끌었던 것은 학생들이 희망하는 수학교사의 특징에 대한 다음과 같은 내용입니다.

- 상냥하고 친절하며 참을성 있고 침착하며 열의가 있어야 한다.
- 수학을 알아야 하고, 학생들의 자신감과 인내심을 길러줄 수 있어야 한다.
- 의사소통을 잘해야 한다. 흥미롭게 학습하도록 하고 설명을 명쾌하게 해야 한다.
- 학생들의 이야기를 경청해야 한다. 학생들을 이해하고 격려해야 한다.
- 학생들에게 선택권과 자율성을 주면서도 재미있고 도전적인 수업을 해야 한다.
- 적절한 과제 또는 난이도가 점차 증가하는 과제를 제시해야 하며, 다양한 과제와 수준, 다양한 주제와 과제 그리고 다양한 학습 환경을 조성하여 수업해야 한다(10장 참고).

학생들이 매우 구체적으로 그리고 다양하게 희망사항을 표현하고 있다는 점, 더욱이 관련 연구자들이 제안하는 바와 매우 유사한 내용들을 제시하고 있다는 점이 놀랍습니다. 이외에도 저자들은 다양한 경로와 방법으로 학생들의 생생한 목소리 그리고 교사들의 깊이 있는 성찰을 도출하여 중요한 연구의 결과로 제시하고 있습니다.

이 책의 원제는 《효과적인 수학 학습을 위한 과제로 수업하기(Teaching with tasks for effective mathematics learning)》입니다. 역서의 제목을 원제와 달리 《수학 수업 이야기: 수학, 과제, 학습의 삼중주》라고 붙여보았습니다. 저자들이 수학을 수학답게 학습하도록 하는 과제를 택하여, 학습을 촉진하는 방식으로 수학 수업을 설계하고 실행하는 방안을 도출하고자 노력했기 때문입니다. 여기서 수학, 과제, 학습은, 한편으로는 각각의 요소가

본래의 의미대로 존중되는 방식으로, 다른 한편으로는 서로가 적절히 조화를 이루는 방식으로 다루어지고 있습니다. 저자들은 이렇게 될 때에만 바람직한 수학 수업이 이루어질 것이고, 교사들은 과제를 그리고 수업을 설계하는 단계에서 이미 이와 같은 각 요소의 독립성과 조화가능성을 감지해야 한다고 주장하고 있습니다. 우리나라의 수학교육을 둘러싼 현실은 남부럽지 않은 복잡성을 그 특징으로 하고 있습니다. 이 도전적인 상황에서 수학교육을 실행하고 있는 교사 그리고 연구자들은 이 책에서 소박하지만 강력한 이론언어와 실행언어를 찾을 수 있을 것으로 생각합니다. 현재 우리나라의 수학교육을 둘러싼 잡음과 갈등은 지나치게 빠른 속도로 선진국의 지향과 방법을 따라간 대가의 하나로 볼 수 있을 것입니다. 그 대가를 치르면서 얻어야 하는 교훈은 소박하지만 정교한 기반을 다지는 일의 중요성이라고 생각합니다. 이 책에서 우리에게 절실히 필요한, '생산적인 숨고르기를 위한 기반 다지기'의 구체적인 방안과 사례를 확인할 수 있을 것입니다. 우리나라의 수학 수업 이야기를 이 책의 저자들이 제안하는 바와 같이, 수학, 과제 그리고 학습의 삼중주로 설계하고 실행하는 것에 관심을 가진 사람들에게 이 책을 권합니다. 수학교육의 변화와 희망을 위하여 함께 노력하시는 경문사의 조경희 사장님과 편집부에 깊은 감사의 마음을 전합니다.

옮긴이 일동

한국의 독자들에게

Teaching with Tasks for Effective Mathematics Learning 한국어판이 나온다는 소식에 무척 기쁩니다. 호주에서는 동아시아 국가들, 그중에서도 특별히 한국의 수학, 교육과정, 교수법, 평가에 많은 관심을 가지고 있습니다. 동아시아 학생들이 국제성취도비교연구에서 좋은 성적을 내고 동아시아 국가들에서 수행되는 연구 성과도 우수하기 때문입니다. 이런 이유로 우리 책이 한국의 교육자들에게 활용될 수 있게 된다는 것을 영광으로 생각합니다. 부디 한국의 독자들이 이 책을 읽으면서 흥미롭고 유익한 부분을 발견하길 바랍니다.

이 책은 호주에서 연구한 결과를 담고 있습니다. 그런데 호주와 한국의 상황은 다를 것이라고 생각합니다. 주된 차이 중 하나는 호주 학생들이 수학 공부하는 것보다 운동 경기, 음악, 사회적 활동들에 더 관심이 많다는 것입니다. 하여 호주의 수학교사들과 수학교육연구자들은 수학적인 성공과 공부, 취업 기회 사이에 별다른 관련이 없다고 생각하는 학생들에게도, 수학을 흥미롭게 배우고 수학 학습에 참여할 수 있도록 하는 방안을 주로 고민하고 있습니다. 이 책에 담아낸 연구를 통하여 저희는 학생들에게 이와 같은 의미를 주는 수학 지도 방법을 찾아내는 데에 주력하였습니다. 특히, 교사와 학생들은 다양한 선호도를 가지지만, 저희가 몇 가지 서로 다른 유형의 과제를 설계하여 적용했을 때, 그 중 어떤 것이 대체로 학생들에게 흥미를 유발했는지, 학습을 촉진했는지, 교사들이 잘 활용했는지를 파악하여 논의하였습니다.

한국의 수학교사들과 수학교육연구자들이 저희가 시도한 연구방법, 과제중심 수학 수업의 원리, 서로 다른 유형의 과제 설계 및 적용결과의 의미를 살펴보기 바랍니다. 한국과 호주는 수학교육 상황뿐만 아니라 문화적인 차이가 있으므로 아마도 다음과 같은 문제에 대해서는 다른 관점으로 접근할 수 있지 않을까 생각합니다.

- 수학을 지도한다는 것은 정확성과 규칙을 가르친다는 뜻인가, 아니면 창의성을 함양하고 수학내적 그리고 수학외적 연결성을 인식하도록 한다는 뜻인가?
- 교사주도의 수학 수업을 추구하는가, 아니면 학생이 스스로 적극 수업에 참여하도록 하는 수학 수업을 추구하는가?
- 사소하더라도 학생들 모두에게 무언가를 남기는 수학 수업을 추구하는가, 아니면 학생들을 설득하여 수학을 배우도록 하는 수학 수업을 추구하는가?
- 학생들이 스스로 노력하여 수학을 배울 수 있다는 것을 경험하도록 할 것인가, 아니면 수학을 배울 수 있는 능력은 타고나는 것이어서 노력해도 소용이 없다는 것을 경험하도록 할 것인가?

이 책을 읽으면서 위의 문제들에 대하여 저희 나름의 원칙과 과제설계의 배경이 있었음을 이해하고, 그 결과로 설계하여 적용한 과제들이 어떤 특징을 가지는지를 확인하기 바랍니다. 그리고 그렇게 파악한 저희의 생각들이 한국의 수학 수업에도 얼마간 '전파되길' 소망합니다. 한국에서 호주의 유칼립투스나 병솔 나무를 심고 아름답게 그러나 호주와는 다른 모양으로 잘 기를 수 있을 것으로 생각합니다. 이 책에 담았던 저희의 꿈도 비슷하게 한국에서 다른 종류의 아름다움을 보여주면 좋겠습니다.

2016년 2월

피터 설리번, 덕 클라크, 바바라 클라크

Acknowledgements

감사의 글

이 책은 호주연구재단의 지원을 받아 수행한 프로젝트의 결과를 담고 있습니다. 지원해 준 호주연구재단에 감사드립니다. 재정지원은 물론이고, 연구학교와의 연결과 유익한 안내를 제공한 호주 빅토리아 지방 교육부와 유아교육부, 멜버른의 가톨릭 교육부에도 감사드립니다. 특히, 많은 도움을 주신 호주 빅토리아 지방 교육부와 유아교육부의 나디아 워커와 헬렌 기스트 그리고 멜버른 가톨릭 교육부의 제라드 루이스와 제닌 앤더슨에게 감사드립니다.

연구에 참여한 학교들로 이루어진 세 공동체와 각 팀을 이끌었던 교사의 명단은 다음과 같습니다. 집단지성 공동체는 아마데일 초등학교, 호손 중학교, 로이드가 초등학교, 맬번 중앙학교, 그리고 투락 초등학교로 이루어졌으며, 리더는 잰 맥클러스키였습니다. 남 버윅 공동체는 버윅 초등학교, 브렌트우드공원 초등학교, 할램밸리 초등학교, 힐스미드 초등학교, 캠브리야 중학교, 팀배라 초등학교로 이루어졌고, 피터 샌더스가 이 팀을 이끌었습니다. 지롱 공동체는 시오션그로브의 레이디스타, 성 앨로이셔스 퀸스클리프, 성 앤소니 라라, 성 이그내티우스 대학, 성 마가렛 이스트 지롱, 성 테레사 토르콰이, 성 토마스 드라이스대일로 구성되었고, 리더는 피터 캐디였습니다. 이들 모두에게 감사드립니다.

연구가 진행되는 동안 자발적으로 추가 수업자료를 개발하여 적용한 교사들은, 섀예 브래드배리, 엘리자베스 캠벨, 앤소니 캐베나, 로빈 프리고, 존 해셋, 앨리슨 조단, 그리고 크리스 파워스였습니다. 이 분들에게 특별히 감사드립니다.

헬렌 오시아는 2년 동안 이 책에 담은 자료들을 수집할 수 있도록 도운 프로젝트 부책임자였습니다. 앤 로체는 자료수집, 전문성개발, 그리고 연구를 위하여 협력하였습니다.

오릿 자스라프스키, 론 추어, 아이릿 펠레도 모나쉬 대학에 방문하는 동안 도움을 주었습니다. 메레디스 베그, 리차 브래그는 수업녹화와 홈페이지 구축을 도왔습니다. 앨리슨 잰스-센과 닉 프린스는 프로젝트 초창기의 행정적인 업무와 연구를 도왔습니다. 웬디 메이는 프로젝트를 마무리하면서 그 결과를 책으로 만들어내는 데에 그리고 쉐릴 설리번은 마지막 장에 담은 과제들을 다듬는 데에 힘을 보태었습니다. 모두에게 감사드립니다.

사라 퍼거슨과 리차드 오도노반은 부진아 관련 그리고 과제를 효과적으로 사용하기 위하여 노력하면서 교사가 마주하는 도전에 대하여 각각 연구하고 그 결과를 박사학위 논문으로 작성하였습니다.

Contents

차례

CHAPTER 04 유목적적 표현 과제의 활용

CHAPTER 05 맥락 기반 과제의 활용

CHAPTER 06 내용 기반 개방형 과제의 활용

CHAPTER 07 과제에서 수업으로의 이행: 과제 실행과 그에 관한 논의

CHAPTER 08 수업 계열의 설계

CHAPTER 09 과제 유형에 대한 학생들의 선호도

CHAPTER 10 학생들이 생각하는 좋은 수학 수업의 특징

CHAPTER 11 과제 유형 비교: 세 수업 이야기

CHAPTER 12 결론

CHAPTER 13 세 유형별 과제 모음

Chapter 01

수학 수업에 사용할 과제에 대한 연구

이 책에서는 수학 학습을 촉진하는 과제를 선택하여 사용하는 문제를 다룬다. 그 중에서도 수학교사들이 어떤 과제를 선택하고 어떻게 그 과제를 사용하는지에 대하여 집중적으로 살펴본다. 수학 학습을 촉진하며 수학 학습 경험을 보람 있고 매력적인 것으로 만들고 수학 지도에도 성공적인 과제를 제시한다. 저자들이 수행한 과제 관련 연구 프로젝트의 결과와 이전에 수행했던 다른 연구 프로젝트의 결과, 예비 수학교사들과 현직 수학교사들이 참여하여 함께 연구한 결과도 제시한다. 이하에서는 과제 관련 연구 프로젝트의 구성요소를 제시하고, 2장부터 13장까지의 주요 내용을 개관한 다음, 이 책을 어떻게 읽으면 좋겠는지에 대하여 제안한다.

수학 학습에서의 과제 유형 프로젝트

수학 학습에서의 과제 유형(Task Types in Mathematics Learning, 이하 TTML)은 호주 연구재단의 지원을 받아, 빅토리아 지방 교육부와 유아교육부, 멜버른의 가톨릭 교육부, 모나쉬 대학교, 호주 가톨릭 대학교 사이의 협력을 구축하여 3년 동안 수행한 연구 프로젝트이다.

이 프로젝트에는 멜버른 시내와 교외, 인근 지역 중심 도시인 지롱에 위치한 학교들로 이루어진 세 개의 공동체에서 5~8학년을 담당하고 있는 수학교사들이 참여하였다. 각 공동체는 중학교 하나, 초등학교 서너 개로 이루어져 있다. 참여학교들은 정부와 가톨릭 단체에 속해 있었고 학생들의 사회경제적 배경은 다양하였다. 참여학교는 연구 프로젝트 수행에 동의했으며 참여교사들을 추천하였다. 학교와 교사가 참여하는 대부분의 프로젝트들이 그렇듯이 이 프로젝트에 참여한 교사들 모두가 열정적인 것은 아니었고 참여의 지속성도 개별적으로 다양하였다. 중학교 교사들의 경우에는 정규적인 참여 비율, 통상적인 전출 비율과 전입 비율을 유지하기가 어려웠다.

각 공동체별로 6개월 정도의 기간 동안 하나의 과제 유형에 주목하여 연구를 수행한 후, 다른 유형의 과제로 옮겨가는 방식으로 설계하였다. 세 가지 과제 유형은 4장, 5장, 6장에서 각각 다룬다. 주요 연구자들인 설리번, 덕 클라크, 바바라 클라크는 각각 하나의 과제 유형을 담당하였으며, 세 공동체 중 하나의 공동체에서 연구가 끝나면 다음 공동체로 이동하여 각자가 담당한 과제 유형을 다시 적용하고 분석하였다. 이 과정에 의하여 세 공동체에 속한 교사들에게, 교육과정에 관련지어 과제를 발굴하거나 개발하는 것을 포함하여 각각의 과제 유형에 대한 전문성을 기르는 기회를 제공하였다. 교사들의 전문성 개발 프로그램에서는 과제 유형의 특성, 연관된 교수법, 주요 제약들을 극복하는 방법, 평가 방법을 주로 다루었으며, 때로는 하루 종일 그리고 때로는 방과 후에 프로그램을 운영하였다. 교사들이 점차 과제 유형별로 나름의 과제를 개발하도록 하였고, 매주 한 수업에서 자신이 개발한 과제를 적어도 한 번 사용하는 것을 목표로 제시하였다. 교사들은 공동체 내에서의 정규모임 그리고 세 공동체 연합연례모임에서 다른 교사들과 과제 설계와 그 과제를 사용하여 수업한 경험을 공유하였다.

참여교사들 모두 세 유형의 과제를 설계하여 수업하고 성찰하는 방식으로 전문성을 개발하였으며, 이어서 과제 유형, 관련되는 교수법, 과제를 사용할 때의 제약 사이에 어떤 유사점과 차이점이 있는지, 그리고 각각의 과제 유형을 활용하는 교육과정에 적절한 균형을 이루는 방안은 무엇인지에 초점을 두어 논의하도록 하였다.

참여교사들 중 일부 희망자를 받아서 여러 유형의 과제를 결합한 교수 단원(또는 수업 계열)을 개발하도록 한 것도 프로젝트의 일부였다. 네 개 학교의 교사학습공동체가 참여를 희망하였다. 연구진은 네 학교의 학습공동체가 부피와 들이, 비와 비례, 자료의 해석, 재정 관리에 대한 교수 단원을 개발하도록 지원하였다. 교사들은 개발한 교수 단원으로 수업을 실행하였으며, 연구진은 수업참관노트 작성, 수업 전후 면담에 의한 참관노트 보완과 더불어 수업행동을 자세히 살펴보았다. 또, 참여한 교사들과 학생들이 어떤 경험을 했는가를 설문조사에 의하여 파악하였다.

프로젝트의 목표는 교사들에게 질 좋은 예시과제들을 제공하고 관련되는 교수법을 지원함으로써 각각의 과제 유형을 성공적으로 실행하는 최적의 조건을 만들어내는 것이었다. 또, 교사들 스스로 과제를 만들고 사용할 수 있는 역량을 개발하고자 하였다. 이를 위하여 웹사이트를 개발한 후, 참여교사들이 설계하여 실행한 50개의 수업보고서를 탑재하고 이것을 자신의 수업경험과 통합하는 기회를 제공하였다.

교사들이 과제를 선택하거나 사용하는 데에 영향을 주거나 방해가 되는 요인들을 알아보는 것도 목표 중 하나였다. 이와 관련하여 클라크와 피터슨[1])은 교사의 지식, 교사의 태도와 신념 그리고 목표, 상황에 따른 제약과 다른 제약, 교사의 의도라는 네 가지 배경 변인을 제시한 바 있다. 이것을 변형하여 그림 1.1과 같은 모델을 도출하였다. 그림에서 처음 세 변인은 서로서로 영향을 미치고, 이 세 변인은 모두 네 번째 변인인 교사의 의도에 영향을 미친다. 다섯 번째 변인은 교사의 행동이며, 여기에 학생들의 산출물을 포함시켜서 모델을 완성하였다.

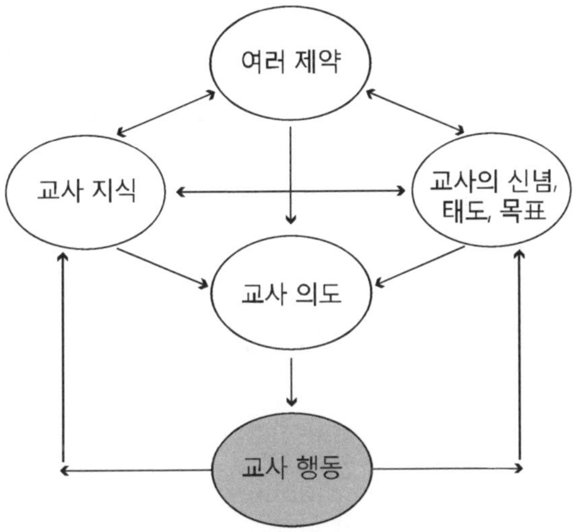

그림 1.1 과제 사용에 영향을 주는 변인 모델

TTML 프로젝트에서는 다음과 같은 것을 파악하여 제시하는 것을 목표로 하였다.

- 서로 다른 유형의 과제들이 각각 수학 학습에 어떻게 기여하는지에 대하여
- 서로 다른 유형의 과제 중 성공적이었던 예시과제가 어떤 특징을 가지는지에 대하여
- 교사들이 과제를 사용할 때 경험하게 될 제약에 대하여
- 학습을 가장 잘 지원할 수 있는 교사의 행동에 대하여

이 책에서는 TTML 프로젝트에서 시도한 것 중 다음과 같은 요소들을 주로 기술하였다.

1) Clark, C. M., & Peterson, P. L. (1986)

- 교사의 지식과 교사의 태도에 대한 사전조사 결과
- 다양한 과제들의 특성, 관련되는 교수법, 주요 제약들, 이를테면, 문화의 다양성, 언어적 배경, 학습 준비도, 그리고 평가에 주목하여 교사 전문성을 향상시킨 과정과 결과
- 서로 다른 유형의 과제를 사용한 수업의 실행과 분석 결과
- 서로 다른 유형의 과제에 대한 교사의 반응 분석 결과
- 과제와 수업의 다양한 측면에 대한 학생의 의견 분석 결과
- 참여를 희망한 교사들이 직접 설계하고 실행한 수업의 관찰과 교사면담 분석 결과
- 동일한 내용을 세 유형의 과제로 설계하여 수업한 교사들의 의견 분석 결과
- 서로 다른 유형의 과제, 즐겁게 참여한 수업, 가장 많이 배운 수업에 대한 학생들의 의견 분석 결과

자료수집의 목적과 방법에 대해서는 앞으로 차차 자세히 설명할 것이다.

각 장의 주요 내용

이 책에서 저자들은 과제를 잘 설계하면 학습을 촉진할 수 있다는 것을 보여주고자 한다. 이를 위하여 연구로부터 얻은 주요결과와 더불어 예시과제 그리고 그 과제를 사용하여 수업할 때 교사가 유의해야 하는 바를 설명할 것이다.

2장에서는 수학을 지도하는 일반적인 목표에 대하여 살펴본다. 수학을 가르친다는 의미, 수학을 가르칠 수 있는 방법, 수학을 효과적으로 가르치는 방법에 대하여 논의한다.

3장에서는 과제의 중요성에 주목한 선행연구를 살펴보고, 과제가 어떻게 수학 학습에 기여하는지를 대략적으로 설명한다. 이어서 교사의 지식, 신념, 여러 제약, 그리고 교사의 의도 등 교사들이 과제를 선택하고 사용할 때 영향을 미치는 배경 변인들에 대하여 알아본다.

4장부터 6장까지는 각각의 장에서 다루는 과제의 유형만 다르고 구조는 비슷하게 유지하면서 과제의 특성을 기술한다. 4장에서는 유목적적 표현 과제, 5장에서는 맥락 기반 과제, 6장에서는 내용 기반 개방형 과제를 다룬다. 각각의 과제에 대하여, 해당 과제의 사용 준거, 예시과제의 특성, 예시과제를 사용하는 방법, 예시과제에 대한 교사들의 반

응을 제시한다. 이 세 유형의 과제만이 생산적으로 사용할 수 있는 과제라는 뜻은 아니다. 그러나 이 세 유형의 과제로 할 수 있는 고유한 수업이 있고, 그것에 초점을 두는 것이 연구의 목표였다.

과제는 대부분 수업의 맥락과 관련되어 있다. 7장에서는 수업을 계획하면서 과제를 선택하고 사용하는 것에 관련된 교사의 의사결정에 대하여 논의한다.

수업은 고립되어 있는 것이 아니라 관련된 경험들이 연결되어 이루어진다. 8장에서는 교사들이 연결성을 고려하여 일련의 수업을 계획하고 실행하며 분석하는 과정과 결과에 대하여 살펴본다.

9장에서는 학생들이 즐겁게 참여한 수업, 많이 배웠다고 생각한 수업에 대한 의견을 조사하여 어떤 유형의 과제가 그러한 수업을 가능하게 하였는지에 대하여 살펴본다.

10장에서는 학생들이 즐겁게 참여하고 많이 배웠다고 말한 수업의 특징에 대하여 알아본다.

세 유형의 과제를 사용한 전형적인 수업을 제시하는 것도 연구내용이었다. 11장에서 세 유형의 과제를 사용한 수업에 대한 교사들과 학생들의 반응을 분석하여 이에 대하여 논의한다.

12장에서는 연구결과에 기초하여 결론과 제언을 제시한다.

13장에서는 과제만 따로 자세히 설명하여, 이 책의 논의들을 과제와 관련지어 다시 생각할 수 있도록 할 뿐만 아니라, 서로 다른 유형의 과제를 비교하고 대조할 수 있도록 한다.

이 책은 예비교사들과 현직교사들이 과제를 효과적으로 사용하여 수학을 가르치는데 필요한 정보를 제공하는 것에 목표를 둔다. 그러나 필요에 따라 각 장들을 별도로 읽을 수도 있다. 각 장을 읽을 때 다른 장에 포함된 정보가 필요할 경우에는 주석을 달아 놓았기 때문에 관련된 장들을 참고하면서 읽기 바란다.

Chapter 02

수학, 수학 학습, 수학 지도에 대한 관점

수학 학습에 도움을 주는 유형의 과제에 대한 통찰을 제공하려는 목표로 이 책을 집필하였다. 이 통찰은 주요 논점에 관한 저자들의 입장을 배경으로 하면서 해석될 필요가 있다. 이 장에서는 먼저 수학을 가르치는 목표에 대하여 논의하고, 이에 비추어 수학을 한다는 의미, 수학을 학습하는 방법, 수학을 가르치는 효과적인 방법에 대한 권고를 제시한다. 이 책의 나머지 부분에서 다루는 과제들은 이하에서 논의한 관점에 입각하여 개발한 것임을 밝혀 둔다.

학습대상으로서의 수학

이 책에서 과제들을 제시할 때 수학을 바라보는 두 가지 입장을 고려하였는데, 이 둘은 서로 경쟁하는 것처럼 보이는 면도 있다.

첫 번째 입장은 학습대상인 수학을 수학적 소양 또는 수치를 다루는 능력으로 보는 것이다. 이 입장에서는 학생들이 장차 직업을 택할 때 또는 삶을 영위할 때 일반적으로 필요한 수학을 강조하게 된다. 이 입장을 고려하여 개발한 과제는, 학생들의 경험과 직결되고, 학생들에게 유의미한 맥락을 사용하며, 학생들이 참여하여 배우면서 장래에 유용하다는 점을 인식하도록 한다는 특징을 가진다. 수치를 다루는 능력은, 예를 들어, 일상적인 경험, 시사문제를 해석하고 우선순위를 정하는 것, 개인적인 우선순위와 시민으로서 우선순위를 정하는 것, 재정문제를 관리하는 것, 활동과 프로젝트를 설계하는 것에 모두 필요하며, 시민이라면 이러한 일들을 스스로 책임질 수 있어야 한다. 대부분의 직업 활동에서도 수치를 다루는 상당한 수준의 능력이 필요하며, 학교를 졸업했는데 그러한 능력을 갖추지 못했다면 직업을 선택할 때 제한이 따른다.[1)]

---

1) 더 상세한 내용은 다음 문헌 참고: Bakker, A., Hoyles, C., Kent, P., & Noss, R. (2006), Human Capital Working Group. (2008), Zevenbergen, R., & Zevenbergen, K. (2009)

두 번째 입장은 학습대상인 수학을 보다 수학적인 것으로 보는 것이다. 이 입장을 고려하여 개발한 과제는, 전통적으로 수학 교육과정의 기초를 형성해왔던 정의, 원리, 규칙성, 과정, 일반화를 다루며, 상급 학교와 대학 수학을 배우는 데에 기초가 된다. 또한, 수학적 사고의 우아함을 드러내고, "패턴, 대칭, 구조, 증명, 역설, 재귀, 무작위성, 혼돈, 무한"[2]과 같이 놀라움을 경험시킬 수 있는 주제들을 다룬 것이다.

우리는 이 두 입장이 서로 경쟁하기보다 상호 보완한다고 생각한다. 학생들을 수학의 세계에 입문시키는 것도 중요하고, 수학을 사용하여 관련된 현실적인 문제를 해결하도록 하는 것도 중요하기 때문이다. 그러므로 앞으로 이 책에서 다루는 과제들은 이 두 입장을 다 반영한 것이라고 할 수 있다.

폭넓은 범위의 수학 학습 촉진

대부분의 수학 수업에서는 편협한 수학을 다루며 소양으로서의 수 감각은 전혀 길러주지 못한다는 비판이 제기되어 왔다.[3] 우리가 다양한 유형의 과제를 사용하려고 계획했던 것은 학생들에게 폭넓은 수학, 소양으로서의 수 감각, 그리고 학습방법의 다양성을 꾀하기 위해서였다. 다차원적인 관점에 의하여 수학을 학습하도록 하려는 의도에서, 킬패트릭, 스와포드, 그리고 핀델이 제안한 다음 다섯 가지 수학 학습 요소를 도입하였다.[4] 다음은 이 요소들에 대한 왓슨과 설리번의 설명이다.[5]

개념적 이해 – 수학적 개념, 연산, 관계에 대한 이해
수학적 유창성 – 절차를 유연하게, 정확하게, 효과적으로, 그리고 적절히 수행할 수 있으며, 절차, 사실적 지식, 그리고 개념을 쉽게 떠올리는 능력
전략적 역량 – 수학적인 문제를 만들고 표현하고 해결하는 능력
적응을 위한 추론 – 논리적 사고, 반성, 설명, 그리고 정당화 능력
생산적 기질 – 수학을 합리적이고, 유용하며, 가치 있는 것으로 보는 습관이 있고, 수학 학습에서 근면성과 효능감을 믿는 경향

이 다섯 가지 수학 학습 행동은 우리가 어떤 과제에 가치를 두는지를 설명하는 데에

---

2) Ernest, P. (2010)
3) Hollingsworth, H., Lokan, J., & McCrae, B. (2003)
4) Kilpatrick, J., Swafford, J., & Findell, B. (Eds.). (2001)
5) Watson, A., & Sullivan, P. (2008)

도움이 된다. 여기서 **행동**이라는 용어를 사용한 이유는, 이 다섯 가지가 바로 수학을 하는 방법을 표현하기 때문이다. 이 수학 학습 행동들은 호주의 수학과 교육과정에도 포함되어 있으며,[6] 이 행동들을 숙달해야 하는 것으로 제시하고 있다.

수학 학습 행동과 관련지어 과제를 선택할 수 있다. 예를 들어, 절차적인 또는 수학적인 유창성을 기르려면 대표적인 예제를 다룬 후에 그것을 반복하여 연습하도록 하는 식으로 과제를 제시하면 된다. 그런데 수학 학습에서 유창성이 중요하긴 하지만 모든 수학 교과서에 그런 식의 과제가 다 포함되어 있으므로, 여기서는 유창성을 기르는 과제에 초점을 두지 않았다.

개념적인 이해 행동을 목표로 한다면, 교사와 학생 그리고 학생과 학생 사이의 의사소통을 장려하면서, 명확한 설명과 상호작용을 강조하는 식으로 과제를 제시하면 된다. 모델과 표현을 결합하여 수학 이면에 들어 있는 여러 측면들을 예시적으로 파악하도록 하는 과제를 제시해도 된다. 4장에서 이러한 과제의 예를 자세히 살펴볼 것이다.

수학을 배우고 수학을 하려면 전략적인 역량과 적응을 위한 추론이 필요하다. 단지 설명하고 예제를 해결해주는 식으로 수학을 지도해서는 학생들에게 전략적인 역량과 적응을 위한 추론을 경험할 기회를 주지 못한다. 학생들 스스로 선택하고 그 선택을 정당화하며, 아이디어를 통합하고 전략을 수립하며, 자신들의 생각을 설명하는 등, 전략적 역량과 적응을 위한 추론을 요구하는 과제를 제시해야 한다. 5장과 6장에서 이러한 과제의 예를 살펴볼 것이다.

과제에 대한 학생 입장의 고려

학생들이 어떻게 과제를 대하는지를 고려하는 것도 우리가 과제를 선택하고 사용하는 데 기본적으로 가정했던 바이다.

먼저 지식의 구성에 대한 우리의 가정을 제시하면 다음과 같다. 어니스트는, 사회적 구성주의에서 앎을 능동적이며, "개별적이고, 인격적이며, 이전에 구성한 지식에 기초하는" 것으로 본다고 하였다.[7] 우리도 사회적 구성주의를 받아들였다. 사회적 구성주의에서는 지식을 고정된 것이 아니라 사회적인 합의의 대상으로 보고, 언어에 의하여 지식을 구성하며 표현하는 것으로 본다. 달리 말하면, 듣기만 하는 것이 아니라 경험을 통하여 그리고 과제를 해결하는 방법을 다른 학생들과 나누면서 학습하게 되는 것으로 본다.

6) ACARA. (2011)
7) Ernest, P. (1988)

다음으로 과제가 어떤 수준을 목표로 해야 하는가에 대한 우리의 입장은 다음과 같다. 여기서 비고츠키의 근접발달영역(ZPD)은 유용한 비유이다.[8] 비고츠키는 "학생이 혼자 과제를 해결할 때 도달하게 되는 실질적인 발달 수준과 교사의 안내 또는 다른 학생들과의 협력에 의하여 도달하게 되는 잠재적인 발달 수준 사이의 간격"을 근접발달영역이라고 설명하였다. 우리는 과제가 학생들의 현재 발달 수준은 넘어서면서 교사의 도움을 받아 도달할 수 있는 발달 수준에 적합하도록 설계하였다.

이제 과제해결에 대한 학생들의 참여 정도와 관련하여 우리가 가정하는 바를 살펴본다. 프레데릭스, 블룸필드, 파리스는 학생들의 참여를 행동적 참여, 정서적 참여, 인지적 참여의 세 가지 유형으로 구분하였다.[9] 학생들의 인지적 참여를 촉진하는 과제도 중요하지만, 무엇보다 학생들이 과제해결을 원해야 하므로 정서적 참여를 촉진하는 과제도 중요하다고 보았다. 이와 관련하여 미들턴의 연구를 참고할 수 있는데, 그는 흥미, 제어, 자극이 학생들의 동기를 이루는 핵심적인 특성이라고 하였다.[10] 한편, 드웩은 보여주기 위한 학습을 지향하는 학생들과 완전한 이해를 위한 학습을 지향하는 학생들이 있다고 하였다.[11] 보여주기 위한 학습을 지향하는 학생들은 학습에 있어서 내용의 이해보다는 보여주기 위한 학습에 대한 사회적 승인을 얻기 위하여 노력하며, 실패에 대한 두려움 때문에 위험을 감수하거나 도전적인 과제를 피한다. 대조적으로, 완전한 이해를 지향하는 학생들은 학습에 있어서 내용의 이해를 추구하며, 어떤 지식을 사용할 수 있고 다른 영역에 그 지식을 전이할 수 있을 때 학습에 성공했다고 생각한다. 이 학생들은 도전적인 상황에서도 기능과 지식을 완전히 이해하는 데에 초점을 두며, 실패한 경우에도 그 원인을 자신에게서 찾지 않고 노력하면 학습에 성공할 수 있다고 생각한다. 요컨대, 만약 학생들에게 스스로 의사결정을 하도록 함으로써 자신의 학습을 제어하도록 기회를 주고, 학생들에게 흥미로우며, 학생들이 참여하도록 하고, 도전하도록 하고, 실패 위험을 줄이며, 학습에 성공하도록 하여 이후 참여를 촉진하는 방식으로 과제를 설계하는 것이 적절하다. 이와 같은 과제의 예들을 4장부터 6장까지에서 제시할 것이다.

---

8) Vygotsky, V. (1978)
9) Fredericks, J. A., Blumfield, P. C., & Paris, A. H. (2004)
10) Middleton, J. A. (1995)
11) Dweck, C. S. (2000)

수학 교수법

과제를 선택하고 사용할 때는 학생들이 참여하도록 하는 교수법을 고려하였다. 이하에서는 앞으로 계속 언급하게 될 두 교수법에 대하여 살펴본다.

첫 번째 교수법은 덕 클라크와 바바라 클라크가 개발한 것으로, 호주의 초등 산술 능력 연구 프로젝트를 통한 사례연구에서 그 효과성이 검증된 것이다.[12] 이것은 10개의 주제 아래 25개의 특정한 교수 행동들로 구성된다. 연구 프로젝트에서는 초등학교 저학년을 대상으로 하여 이 교수법을 도출했으나, 모든 학년에 적용할 수 있을 것으로 생각한다. 이 교수법은 다음과 같이 교사들에게 제시하는 권고의 형태로 되어 있다.

수학적인 초점	중요한 수학적 아이디어에 초점 두기 학생들에게 수학적인 초점을 명확하게 하기
과제의 특징	서로 다른 가능성, 전략, 그리고 산출물이 나오도록 의도적으로 과제를 구조화하기 학생들을 참여시키고 그 참여를 지속시키는 과제를 선택하기
구체물, 도구, 표현	동일한 개념에 대하여 다양한 범위의 구체물/표현/맥락을 사용하기
조정/연결/결합	가르칠 수 있는 순간을 만들어내고 활용하기 수학적 아이디어를 이전 수업 또는 경험과 연결하기
조직화 방법, 교수법	도입 활동과 전체 활동을 통해 학생들이 수학적으로 사고하도록 하고 그것에 초점 두기 수업의 중심부에서 다양한 개별 활동 또는 집단 활동, 다양한 교사 역할 선택하기
학습 공동체와 교실 상호작용	학생들의 사고와 추론을 탐색하고 도전감을 주는 다양한 질문 유형 사용하기 학생들이 모든 것을 말하는 것을 제지하기 학생들이 자신들의 수학적 사고/아이디어를 설명하도록 하기 학생들이 다른 아이들의 수학적 사고/아이디어를 듣고 판단하도록 하고, 방법과 이해로 돕기 개별 학생들의 이야기를 신중하게 듣기 학생들의 수학적 아이디어와 전략에 기반을 두기

12) Clarke, D. M., & Clarke, B. A. (2004)

기대	모든 학생들에 대하여 높지만 현실적인 수학적 기대감 갖기 노력, 지속, 집중을 촉진하고 가치 부여하기
성찰	수업 중 혹은 수업 후반부에 주요 수학적 아이디어 도출하기 수업 후에, 학생들의 반응과 학습을 활동 및 수업 내용과 함께 돌아보기
평가 방법	학생들에 대한 관찰 또는 청취를 통해 자료를 수집하고 적절히 기록하기 다양한 평가 방법 사용하기 평가 결과를 반영하여 계획 수정하기
교사의 개인적 속성	수학 학습이 즐거울 수 있고 그래야 한다고 믿기 자신들이 가르치고 있는 수준에서 수학에 대한 자신만의 지식 확신하기 개별적 성공에 대한 자부심과 기쁨 보여주기

두 번째 수학 교수법은 학교-기반 공동체 전문성 개발에 대한 필요에 의하여 개발된 것이며, 덕 클라크와 바바라 클라크의 연구, 해티와 팀퍼레이의 연구,[13] 그리고 퀸즐랜드주 교육청의 제언[14]을 바탕으로 한 것이다. 여기서는 효과적인 수학 수업을 위한 여섯 가지 핵심 원리를 근간으로 한다. 이 원리는 설리번이 교사들과 함께 연구하면서 읽기와 소양 교육을 위하여 개발된 것을 수학 수업에 적용하여 재구성한 것이다.[15] 이 책 전체에서 이 원리들을 이용하여 교사들의 사고와 행동을 기술할 것이며 그것을 바탕으로 다양하게 논의할 것이다. 이 원리 또한 다음과 같이 권고의 형태로 되어 있다.

원리 1. 가르치려는 개념을 뒷받침하는 포괄적인 아이디어를 찾고, 이것을 학생들이 학습하면 좋겠다고 설명하며, 수업 목표라는 것을 소통하기
원리 2. 학생들이 수학적으로 그리고 경험적으로 알고 있는 것에 기초하며, 학습을 위한 맥락과 기준을 포함하는 이야기를 만들고 그것을 학생들과 연결하기
원리 3. 학생들이 의사 결정하는 기회와 시간을 주고, 다양한 표현 형식을 사용하여 해결할 수 있는, 풍부하고 도전적인 과제를 해결하도록 하기
원리 4. 학생들이 참여하는 동안 그 학생들과 상호작용하며, 학생들끼리도 서로 묻

13) Hattie, J., & Timperley, H. (2007)
14) Education Queensland. (2010)
15) Sullivan, P. (2011)

고 답하면서 상호작용하도록 하고, 필요한 학생들에게 도움을 주는 계획을 세우며, 일정한 수준에 도달한 학생들에게는 도전하도록 하기

원리 5. 학생들이 소집단을 이루어 활동하도록 하고, 발표하면서 학습하도록 하며, 학생들끼리의 의사소통과 상호 책무성을 촉진하는 교수법을 적용하기

원리 6. 유창성을 중시하며, 이것을 매일매일 암산하고 계산하는 연습 그리고 배운 절차를 강화하고 즉각적으로 전이하는 연습의 두 가지 방법에 의하여 개발하기

이들 여섯 가지 원리와 앞서 제시한 첫 번째 교수법은 앞으로 연구결과를 해석하거나 교사들의 실행에 대한 권고를 제시할 때 활용할 것이다. 두 교수법은 과제가 어떤 역할을 하고 어떤 점에서 학습에 기여하는지에 핵심적으로 관련된다.

요약

이 책에 제시한 수학 수업 방법은 수학교육의 목표, 많은 교사들이 택하는 수학 교수법, 모든 학생들에게 경험의 기회를 제공할 수 있는 과제, 그리고 학생들을 수학 학습과 수학 창조의 장으로 초대하는 방안을 고려한 것이다.

우리는 어떤 과제 유형이 학생들의 참여, 사고, 인지적 연결의 생성을 촉진하는지를 알아보고, 개별 학생들에게 필요한 것을 고려하면서 그러한 과제들을 활용하여 수업하는 방법을 알아보고자 했다. 그렇게 함으로써 수업을 이해하고 학습을 개선할 수 있다고 생각하였다. 수학교사들이 처한 도전은 무엇보다 수학 학습이 일어나도록 하는 것인데, 교사가 학생들과 교육적으로 상호작용함에 있어서 과제가 중요한 매체이기 때문이다.

수학 학습은 과제에 기초하여 이루어진다는 것이 우리가 주장하는 바이다. 더 나은 과제를 적절히 사용한다면 수업도 효과적으로 할 수 있고, 학습도 더 잘 이루어진다고 생각한다.

Chapter 03

과제와 수학 학습

이 장에서는 수학 과제의 중요성, 수학 과제가 학습에 기여하는 방식, 수학 과제를 효과적으로 사용함에 있어 교사 지식의 역할, 교사의 신념과 태도가 과제 사용에 미치는 영향, 교사들이 예측하는 제약의 특성, 그리고 이들이 교사의 의도에 미치는 영향에 관련된 선행연구와 논의를 제시한다. 이어서 과제의 개발, 선택, 사용에 대한 구체적인 제언을 제시한다.

들어가는 말

다른 어떤 것보다 적절한 과제를 사용하여 학생들이 수학에 대하여 스스로 생각하도록 하는 것이 수학 학습을 촉진한다.[1] 왓슨과 설리번이 제시한 바와 같이,[2] **과제**는 학생에게 정보를 제공하여 활동하게 하고, 질문, 상황, 그리고 학습의 출발점이자 맥락이 되는 지침을 담은 것을 가리킨다. **활동**은 학생들이 과제를 다루면서 하게 되는 사고와 행동을 뜻하는데, 여기에는 물리적인 것, 구어로 표현한 것, 글로 표현한 것, 그리고 기록된 것이 모두 포함된다.

과제를 어떻게 이해할 것인가에 관해서는 스타인, 그로버, 그리고 헤닝센의 연구를 참고할 수 있다.[3] 이들은 수학교사들이 아래와 같은 흐름에 따라 과제에 대하여 이해할 수 있다고 하였다.

수학 과제는 수업자료로 제시되는 것으로,
수학교사의 목표, 교과내용 지식, 학생에 대한 지식에 의하여 영향을 받으면서 동시에

1) Anthony, G., & Walshaw, M. (2009)
2) Watson, A., & Sullivan, P. (2008)
3) Stein, M. K., Grover, B. W., & Henningsen, M. (1996)

이들에 대하여 드러내기도 하고,

… 수학 수업을 위하여 교사가 마련한 수학 과제는,

교실의 규범, 과제의 조건, 교사의 수업관련 관행과 기질, 학생들의 학습관련 습관과 기질에 영향을 받으면서 동시에 이들에 영향을 주며,

… 학생들이 수학 과제를 다루면서 수학을 배울 수 있게 한다.

과제와 학습 사이의 관계

우리는 과제를 선택하고 관련된 교수법을 활용하는 것이 수학을 가르치고 배우는 데에 핵심적이라고 생각한다. 이에 대한 상당한 근거가 있다. 예를 들어, 안소니와 월쇼는 수학교육 연구 중 실제에 대한 것은 수학 과제, 활동, 그리고 도구의 역할을 중심으로 한다고 보았다.[4] 그리고 "수학 수업에서 학생들에게 유용한 배움의 기회가 되는 것은 다른 무엇보다 과제에서 만들어질 수 있다"는 결론을 제시하였다. NCTM(2000)에서도 효과적인 수업의 한 가지 원리로 과제를 선택하고 사용하는 것을 제시하였다.[5] 크리스찬센과 월더는 과제를 제공하고 그것을 중심으로 활동하는 동안 교사와 학생들 사이에 상호작용이 일어난다고 설명하였다.[6] 특히, 비정형 과제를 해결하면서 서로 다른 학습의 측면들에 대하여 상호작용하게 되면, 그 상호작용에 의하여 새로운 지식을 이전의 지식과 관련지어 구성하게 되고, 이전의 지식을 인식하며 평가하게 되면서 최적의 조건에서 인지발달을 유도할 수 있다고 주장하였다. 결국 가장 좋은 과제는 적절한 맥락과 적절한 복잡성을 제공하는 것이라고 할 수 있다. 이러한 과제는 인지 네트워크, 사고, 창의성, 성찰을 자극하고, 중요한 수학내용을 명시적으로 다루는 기회를 제공한다. 그러므로 과제는 분명히 중요하다.

수학 수업에서 교사가 하나하나 지시하여 이끄는 것보다 유사한 과제들을 계속해서 해결하도록 하는 것이 학생들에게 수학적으로 사고하게 한다는 것이 우리의 가정 중 하나이다. 콥과 맥클레인[7]에 의하면, 교사는 학생 개개인 그리고 학급 전체가 어떤 방향으로 학습하게 될 것인지에 대하여 분명하게 감지할 수 있어야 한다. 다시 말하여, 교사는 "모종의 계열을 따라 지도함으로써 본래 의도했던 수학적 아이디어에 최종적으로 도달

4) Anthony, G., & Walshaw, M. (2009)
5) National Council of Teachers of Mathematics. (2000)
6) Christiansen, B., & Walther, G. (1986)
7) Cobb, P., & McClain, K. (1999)

하는 학습 경로"가 만들어지도록 해야 한다. 그렇게 함으로써 학생들은 교사가 의도적으로 선택한 과제들을 해결하면서 학습할 수 있고, 그 과정에서 교사 그리고 동료들과 전략과 성과에 대하여 지속적으로 소통할 수 있게 된다.

풍부하고 도전적인 과제들이 왜 수업의 중심이 되어야 하는가에 대해서는 다양한 비교연구들을 참고할 수 있다. 예를 들어, 히에버트와 웨어르네[8)]는 6명의 수학교사가 어떤 교수 방법과 과제들을 활용하였는지를 비교하였다. 그 중 4명의 교사는 전통적인 교수 방법에 따라 교과서의 과제로 수업했다. 2명의 교사는 대안적인 교수 방법을 따라 수업했는데, 지필에 의하여 해결하는 과제를 줄이는 대신 문제 만들기 활동을 늘리고, 고차적인 사고를 요하는 질문을 하는 식으로 탐구와 토론 기회를 제공하였다. 이와 같이 다르게 수업한 결과 연말에 실시한 수행평가에서는, 전통적인 교수 방법에 따라 지도한 학생들보다 대안적인 교수 방법에 따라 지도한 학생들이 더 자세하고 수준 높은 응답을 하였다. 마찬가지로, 스타인과 레인[9)]의 연구에서도, 높은 수준의 수학적 사고와 추론을 함양하는 과제로 수업할 때 학생들로 하여금 "수학을 하도록 할 수 있으며 수학적인 절차에서 의미를 도출하도록 할 수 있음"을 수행평가 결과로부터 확인하였다. 스타인과 레인은 "다양한 해결 전략, 표현 그리고 설명을 독려하는 방식으로 수업을 설계하고 실행하였을 때" 이와 같은 효과가 커진다고 덧붙였다.

우리는 학습이 어떤 과제들을 제공했는가에 좌우된다고 생각한다. 고차적인 사고를 촉진하도록 과제를 설계하여 수업에 적용한다면, 단지 절차를 연습하도록 하는 과제로 수업할 때보다 고차적인 사고를 촉진할 수 있다고 생각한다.[10)]

수학 수업을 위한 과제의 여러 유형

수학을 지도함에 있어 과제가 매우 중요하므로 많은 연구자들이 과제 유형에 대하여 논의해왔다. 가령, 안소니와 월쇼[11)]는 선행연구에서 어떤 유형의 과제가 다루어지고 분석되었는지를 살펴보았다. 연구결과, 문제를 만들도록 하는 과제에서부터 수학 내용에 집중하도록 하는 과제, 사고를 모델링하고 성찰을 촉진하는 과제, 변하는 측면에 대하여 토론하도록 하는 과제, 주어진 자료에 대하여 받아들이도록 하는 과제에서부터 자료를

8) Hiebert, J., & Wearne, D. (1997)
9) Stein, M. K., & Lane, S. (1996)
10) Doyle, W. (1986), Hiebert, J., & Wearne, D. (1997)
11) Anthony, G., & Walshaw, M. (2009)

비판적으로 해석하고 비평하도록 하는 과제, 이해를 촉진하고 사고를 정당화하도록 하는 과제 등 여러 유형이 있음을 확인하였다. 안소니와 월쇼는 수학 지도를 위한 과제가 갖추어야 할 조건으로, 수학적인 내용에 초점을 두어야 하고, 학습자에게 도전적이어야 하며, 수학의 구조에 대한 통찰을 유도하고, 문제해결 전략 또는 방법을 찾아내도록 할 수 있어야 한다는 점을 제시하였다. 이들은 "형식과 무관하게 효과적인 과제들이 있으며, 이 과제들이 학생들로 하여금 수학적인 구조를 탐구하고, 일반화하고, 예증할 수 있는 기회를 제공한다."고 주장하였다. 스완[12]은 수학적 대상을 분류하는 과제, 다양한 표현을 해석하는 과제, 수학적인 명제를 평가하는 과제, 문제를 만드는 과제, 추론과 해답을 분석하는 과제 등으로 과제 유형을 구분한 후, 각 유형의 과제들을 주의 깊게 설계하였다.

요약하면, 수학 학습을 지원하기 위해 사용할 수 있는 과제 유형은 다양하다. 즉 과제를 이 책에서는 표현을 고려한 것, 맥락을 고려한 것 그리고 개방형 과제의 세 유형으로 나누어 살펴본다. 세 유형의 과제에 대해서는 각각 4장, 5장, 6장에서 다룰 것이다.

과제를 효과적으로 사용하는 데에 필요한 수학교사의 지식

교사가 무엇을 알고 있는가에 따라 과제를 선택하고 사용하는 방식이 달라진다. 실제로 교사가 수학에 대한 지식을 얼마나 가지고 있는가에 따라 학습이 촉진되는 정도가 다르다는 것을 보여주는 연구들도 수행되어왔다.[13] 수학을 이해하도록 지원하면서 과제를 활용하고, 설명하고, 예를 들려면 수학에 대한 지식이 필요하다. 또한, 학생들의 반응을 해석하고 적절히 대처하기 위해서도 수학에 대한 지식이 필요하다.[14]

과제를 활용하여 수업할 때 그리고 일반적으로 수학을 지도할 때 필요한 교사 지식으로는 내용 지식과 교수학적 내용 지식을 들 수 있다. 힐, 볼, 스칠링[15]은 두 유형의 교사 지식이 어떤 하위요소들로 이루어져 있는지를 도식화하였다.

첫 번째 범주인 내용 지식에는 일반 내용 지식, 특수 내용 지식 그리고 수학 지평 지식의 세 하위 요소가 포함된다. **일반 내용 지식**은 과제를 해결하기 위하여 알고 있어야 할 수학을 뜻한다. 이것은 교사가 아니라 수학을 잘 하는 사람이라면 누구라도 가질 수

12) Swan, M. (2005)
13) Rowland, T., Huckstep, P., & Thwaites, A. (2005)
14) Fennema, E., & Franke, M. (1992)
15) Hill, H. C., Ball, D. L., & Schilling, S. G. (2008)

있는 지식이다. **특수 내용 지식**의 의미는 다음과 같다.

수학적인 아이디어를 정확히 나타내는 방법, 공통의 규칙과 절차에 대한 수학적인 설명을 제공하는 방법, 해당문제를 해결하는 독특한 방법을 파악하고 이해하는 방법 등, 특별히 교사가 해당과제로 수학을 지도할 때 필요한 지식[16]

덧붙여 해당과제를 여러 방법으로 해결할 수 있다는 것, 대안적인 해법을 고려할 가치가 있다는 것 그리고 익숙하지 않은 문제를 해결하는 데에 활용할 수 있는 특별한 전략들이 있을 수 있다는 것을 인식하는 것도 **특수 내용 지식**에 해당한다. 다시 말하여, 교사들이 수학을 지도할 때 고유하게 요구되는 수학적 지식과 능력이 바로 특수 내용 지식이다. 이 지식이 있어야 학생들의 실수 패턴을 찾아낼 수 있으며, 학생들의 해결 전략이 일반화될 수 있는지 여부를 고려할 수 있다.

수학 지평 지식의 경우, 다른 두 지식보다 덜 명확하게 정의된다. 이 책에서는 수학 지평 지식을, 현재 다루는 내용이 장래의 학습 어디에서 사용되는지 그리고 다음에 배우는 수학과 어떻게 연결되는지를 아는 것으로 정의한다.

내용 지식의 세 하위 요소 모두가 과제를 효과적으로 사용하는 데에 중요하지만, 이 중 특수 내용 지식이 수학을 지도하는 교사들에게 가장 중요하다.

힐, 볼, 스칠링이 두 번째 범주로 제시한 교수학적 내용 지식은 내용과 지도에 관한 지식, 내용과 학생에 관한 지식, 교육과정에 대한 지식의 세 하위 요소로 이루어진다. 슐만[17]은 교수학적 내용 지식을 다음과 같이 설명하였다.

무엇이 학습 내용을 쉽게 또는 어렵게 하는지를 아는 것을 가리킨다. 예컨대, 교사는 연령이 다른 경우 그리고 환경이 다른 경우, 특정 학습 내용과 수업에 관련하여 학생들이 서로 다른 개념화를 하게 되고 사전에 가지고 있는 개념도 다르다는 것을 알아야 한다. 만약 사전에 가지고 있는 개념에 문제가 있다면, 교사가 적절한 전략을 적용하여 학생이 이해하고 있는 바를 재조직해야 한다.[18]

힐, 볼, 스칠링은 교수학적 내용 지식의 세 하위 요소에 대하여 다음과 같이 설명하였다. 첫째, **내용과 지도에 관한 지식**은 지도를 위해 내용을 어떻게 배열할 것인지, 여러

---

16) 위의 책, 378쪽
17) Shulman, L. S. (1986)
18) 위의 책, 9-10쪽

표현의 교육적 장단점을 어떻게 평가할 것인지, "학생이 해당 수업에서 추구하거나, 간과하거나, 미루어야 하는 것이 무엇인가를 어떻게 결정할 것인지"에 관련된 지식을 뜻한다.

두 번째 요소인 **내용과 학생에 관한 지식**은 "학생에 대한 지식과 수학에 대한 지식을 결합하는 것"을 뜻한다. 예를 들어, 학생들이 어떤 과제에 대하여 인지적으로 그리고 정의적으로 어떻게 반응할 것이며, 어떤 것을 쉽다고 또는 어렵다고 반응할 것인지를 예상할 때 이 지식이 필요하다. "학생들의 언어 사용 방법에서 드러나는 불완전한 사고를 포착하고 해석할 때"도 이 지식이 중요하다.

교수학적 내용 지식의 세 번째 요소인 **교육 과정 지식**(knowledge of curriculum)은, 슐만[19]이 교수학적 내용 지식과 구분하여 "교육 과정 지식(curricular knowledge)"으로 제시한 것이다. 이것은 "주어진 수준에서 특정 교과와 내용을 가르치기 위해 프로그램을 설계하고 그것을 실행하기 위하여 다양한 자료를 선택하거나 창안하는 것, 주어진 환경에서 특정 교육과정 또는 특정 프로그램을 실행하는 데에 필요한 지침과 유의점"을 파악하는 능력으로 이루어진다.

우리는 프로젝트를 수행하면서 먼저 참여 교사의 지식을 확인하였다. 힐, 볼, 스칠링이 제시한 범주에 따라, 10~14세 학생들을 대상으로 수학을 지도하는 데에 필요한 교사 지식을 조사하여 분석하였다. 예를 들어, $\frac{2}{3}$와 $\frac{201}{301}$ 중 어느 것이 큰지를 알아보는 과제로 수업을 설계하도록 하고 그 반응을 알아보았다.[20] 이로부터 얻어낸 교사들의 반응을 분석하여 위에서 논의한 바와 같은 교사 지식의 각 범주를 도출할 수 있었다.

분수의 크기 비교 과제를 사전에 해결해보지 않고 "곧바로 수업에 적용하는" 경우가 아니라면, 교사는 당연히 **일반 내용 지식**을 사용하여 $\frac{2}{3}$와 $\frac{201}{301}$ 중 어느 것이 더 큰지를 결정하게 된다. 그런데 일부 교사들은 이 문제를 해결하는 데에 어려움을 보였다. 교사가 필요한 일반 내용 지식을 가지고 있지 못하다면 이런 과제를 적용하여 수업할 때도 효과적으로 지도할 수 없을 것이라고 생각하기 때문에, 이 문제를 해결하는 데에 어려움을 보인 교사들은 수업에서도 어려움에 처할 것이라고 예상하였다.

이 과제에 대하여 교사들과 토론한 결과, 많은 교사들이 통분하여 비교하는 방법 그리고 계산기를 사용하여 비교하는 방법 외에 다른 지도 전략을 가지고 있지 않았다. 이는 **특수 내용 지식**에 해당하는데, 효과적으로 수학을 지도함에 있어 매우 중요한 교사 지식이다.

19) 위의 책, 10쪽
20) Sullivan, P., Clarke, D. M., Clarke, B. A., & O'Shea, H. (2009)

수학 지평 지식을 갖추고 있는 교사라면 이 과제를 중학교 학생들에게 어떻게 지도할 수 있는지를 알 수 있다. 그러나 현재 5~6학년 학생들을 지도하는 교사들 중에는 중학교 학생들에게 지도하는 방법을 묻는 것이 적절하지 않다고 생각할 수 있다.

우려한 대로 많은 교사들은 이 과제가 분수의 크기 비교에 관련된 것이므로 그에 적절한 방식으로 다루어야 한다는 것을 깨닫지 못하는 것처럼 보였다. 이는 **교육 과정 지식**이 부족하다는 것을 뜻한다. 많은 교사들이 교육과정을 충분히 이해하고 있지 못한 것으로 보였다.

내용과 학생에 대한 지식은 수업에서 이 과제를 어떻게 사용하는가에 대하여 결정적인 영향을 미친다.

많은 교사들이 중학생들에게 이 과제로 의미 있는 학습을 하도록 하거나 아니면 대략적으로나마 그렇게 하는 방법을 설명하는 데에 어려워하였다. 초등학교와 중학교 모두에서 학생-중심의 탐구수업을 강조해왔는데, 막상 교사들을 대상으로 조사했을 때는 서로 상반되는 생각을 가지고 있는 경우가 있었다는 점이 흥미롭다.

분명한 것은, 교사 지식의 여섯 가지 하위 요소, 특히 유리수와 같이 가르치고 배우는 데에 어려움이 많은 내용을 지도하는 데에 필요한 교사 지식을 개발하는 데에 충분한 시간을 들여야 하고, 우리 교사교육자들이 그 일에 참여해야 한다는 것이었다. 또한 그러한 내용들을 중학교에서 어떻게 다룰 것인가에 대해서도 충분한 시간을 들여 논의해야 한다는 것도 분명해졌다. 결국 교사들의 전문성을 향상시키기 위한 지원을 하지 않는다면, 아무리 좋은 생각이나 과제가 있다 하더라도 그것을 학습 경험으로 전이시킬 수 없다.

교사 지식이 과제를 선택하고 사용하는 방식에 영향을 주는 것은 분명하며, 이 지식은 상당히 구체화된 형태를 띠고 있다. 대학을 졸업하고 교사가 된 후 수학을 공부하여 더 나은 과제를 선택하거나 사용하는 경우는 매우 드물기 때문에, 효과적인 과제를 선택하고 사용하도록 하는 교사 전문성 개발이 중요하며 특수 내용 지식을 다각도로 갖추도록 해야 한다.

그런데 교사가 지도를 위해 필요한 모든 지식을 알 수는 없으며, 이것이 교사 지식의 흥미로운 측면이기도 하다. 교사는 다만 필요할 때 필요한 지식을 어디에서 어떻게 찾아야 하는지를 알면 된다. 학생들에게도 "나도 답은 모르는데, 어떻게 해결할 수 있는지 생각해보자."라고 말할 수 있는 교사가 되어야 한다.

교사의 신념, 태도, 그리고 나름의 목표

교사의 신념, 태도, 나름의 목표도 과제를 선택하고 사용하는 것에 영향을 미친다. 특히, 수학과 수학 학습에 대한 교사의 신념,[21] 수학 일반에 대한 교사의 태도[22]는 중요한 변인이다. 교사의 신념은, 자기-효능감[23]과 마찬가지로 어떤 과제를 선택하고 어떤 진술을 하는가를 보면 그 수준을 파악할 수 있다. 교사는 환경적인 제한과 무관하게 수학 학습에 영향을 줄 수 있으며, 그것이 수학 학습에 대한 신념을 이룬다.

필립[24]에 의하면, 신념, 태도, 개념화와 같은 용어들이 선행연구에서 일관된 의미로 사용되지 않으며, 이들 사이에 어떤 관련성이 있는가에 대해서도 아직 합의된 바가 없다. 하여 필립은 다음과 같이 실제적인 정의를 제안하였는데,[25] 이것이 우리 연구진에게 유용하였다. "신념은 세상에 대하여 참이라고 믿는 바, 가정하는 바, 또는 판단한 바를 뜻하며, 태도와 비교하면 더 인지적이고, 약하며, 변하지 않는 것이다." 개념화는 더 넓은 의미를 가지는데, "신념, 의미, 개념, 명제, 규칙, 심상 그리고 선호 등을 모두 포괄하는 것이다."

해당 분야에서 매우 중요한 연구로 일컫는 톰슨[26]의 연구에서는, 수학의 본성에 대한 교사들의 생각, 수학을 가르치고 배우는 것에 대한 개념화, 이 개념화와 수업 실천 사이의 관계에 주목하여 선행연구들을 검토하였다.

먼저 수학의 본성에 대한 교사들의 생각과 관련해서 톰슨은, 어니스트[27]가 했던 세 가지 범주를 포함하여 몇 가지 범주화 방식을 확인하였다. 어니스트는 수학이 역동적이고 문제-중심의 학문이라고 보는 입장, 정적이고 체계화된 지식으로 보는 입장, 기계적이고 도구들을 모아놓은 것으로 보는 입장의 세 범주를 제안하였다. 니스벳과 워렌[28]은 이 세 범주를 56개 문항의 리커트 척도 설문에 반영하여 398명의 초등학교 교사들이 어떤 입장을 가지고 있으며, 수학을 가르치고 배우며 평가하는 것에 어떤 관련성을 가지는지를 요인분석에 의하여 알아보고자 하였다. 흥미롭게도, 수학을 정적이고 기계적인 것으로 보는 입장만이 교사들의 실행에 영향을 미치는 요인으로 나타났다.

쿠스와 볼[29]은 교사가 가르치고 배우는 것에 대하여 학습자 중심 관점, 개념적 이해

21) Thompson, A. G. (1992)
22) Hannula, M. (2004)
23) Tschannen-Moran, M., Hoy, A., & Hoy, W. (1998)
24) Philipp, R. A. (2007)
25) working definition
26) Thompson, A. G. (1992)
27) Ernest, P. (1988)
28) Nisbet, S., & Warren, E. (2000)

를 강조하는 내용 중심 관점, 학생들의 수행을 강조하는 내용 중심 관점 그리고 수업 중심 관점과 같이 네 가지 개념화를 하고 있음을 확인하였다.

흥미롭게도 톰슨은, 수학의 본성에 대한 교사들의 생각과 수업 실행 사이보다 가르치고 배우는 것에 대한 교사들의 개념화와 수업 실행 사이에 더 강한 상관관계가 있다고 보았다. 이 차이는 교사의 신념 또는 개념화를 어떻게 측정하는가에 따라 달라질 수 있으므로 연구방법에 주목해야 한다는 것을 알 수 있다.[30] 톰슨은 설문조사에 의하여 교사들의 신념을 알아보는 것보다는 "교사들이 수학을 지도하거나 수학을 할 때 관찰한 자료를 제공하고 스스로의 실행에 대하여 어떻게 설명하는지를" 조사해야 한다고 제안하였다.

신념, 태도, 개념화, 실행 사이의 관계는 매우 복잡하기 때문에, 개별 변인뿐만 아니라 변인들 사이의 상호작용을 신중하게 고려해야 한다.

과제 활용에서의 제약

교사들이 수학을 지도하기 위해 과제를 활용하는 과정에서 여러 가지 제약들에 부딪힌다. 그 중 하나는 학생들의 문화적 배경, 언어 유창도, 학습 준비도[31]가 매우 다르다는 점이다. 교실의 구조, 학교에 대한 학생들의 일상적인 반응,[32] 아직 중학생이므로 충분하지 않은 수학적 지식과 기능을 가지고 있다는 점[33]은 과제 선택의 폭을 제한한다. 충분하지 않은 지식과 기능의 경우는 특히 교사가 새로운 과제를 활용하는 것을 제한하는데, 학습 준비도가 매우 다르기 때문에 더더욱 도전적인 상황이다.

우리는 학생들이 과제 해결에 어려움을 겪을 때 교사가 어떻게 지원할 것인지를 알아보았다. 어려움을 겪는 학생들을 모아서 별도로 지도하되, 천천히 그리고 반복하여 가르친다는 것이 공통적인 답이었다. 보충설명을 해주거나 나머지 다른 학생들과 차이가 많이 나는 것을 하도록 하는 것도 있었다. 그러나 우리는, 이 학생들도 적극적으로 참여하고 싶을 것이므로 참여기회를 많이 제공할 것을 제안하였다. 이 학생들도 과제의 목표를 충분히 파악하는 기회를 제공하면 충분히 참여할 것이라고 생각하였다. 설리번, 모슬리, 제벤베르겐[34]은 이와 같은 기회를 제공하기 위한 교사의 노력을 **학습 지원을 위한 질문**

29) Kuhs, T. M., & Ball, D. L. (1986)
30) Philipp, R. A. (2007)
31) Delpit, L. (1988)
32) Doyle, W. (1986)
33) Stein, M. K., & Lane, S. (1996)

과 권고[35]로 표현했으며, 다음과 같은 것을 제안하였다.

해결 단계의 수를 줄이기
결과 표현 방법을 단순화하기
더 구체적인 과제로 바꾸기
더 작은 수를 다루는 과제로 바꾸기

교사들이 어려움을 겪는 학생들을 지원하는 것을 근접발달영역이라고 은유할 수도 있다. 예를 들어, 학생들에게 도전적인 문제를 제기하면, 대부분의 경우 일부 학생들이 스스로 문제를 해결하지 못할 수 있다. 이 학생들을 별도의 집단으로 구성하여 새로운 과제를 해결하도록 하기보다는, 과제를 일부 변형하여 교사의 도움 또는 동료 학생과의 협력에 의하여 해결하도록 하는 것이 근접발달영역을 고려하는 것이다.

이렇게 과제를 일부 변형하여 다루는 것의 중요성은 교사교육 관련된 연구들에서 지속적으로 강조해온 것이다.[36][37] 이를테면, 안소니와 월쇼[38]는 다양한 학습자들의 요구를 고려하여 과제를 일부 변형하는 것, 곧 다양한 학습 목표와 연결하고, 다양한 학습자의 능력에 부합되도록 하며, 다양한 학습자가 가지고 있는 효능감과 지식에 연결하며, 맥락의 역할을 고려하는 것이 중요하다고 주장하였다. 지[39]는 어려움을 겪는 학생들과 도전을 느끼지 못하는 학생들 모두에게 적절한 형태로 과제를 변형하는 것이 중요하다고 했는데, 이 제안도 함께 고려할 필요가 있다. 과제 변형은 단지 학생들에게 도전적인 측면을 없애는 것만이 아니라 학생들이 과제 해결에 적극적으로 참여하도록 하는 방향으로 이루어져야 한다. 이 책의 4장, 5장, 6장에서 이러한 예를 제시할 것이다.

일부 학생들은 주어진 과제를 짧은 시간 내에 해결할 것이다. 이러한 학생들에게 다음 수업의 내용을 지도하기보다는 사고의 확장을 유도하는 추가 과제를 제시하는 것이 좋다. 설리번 등의 연구에서는 이것을 **학습 확장을 위한 질문과 권고**[40]라고 표현하였다.

궁극적으로는 모든 학생들이 수학적으로 논증하고, 성찰하며, 소통하도록 하면서 후속 수업을 준비하도록 해야 한다. 수업담론의 언어적, 심리적, 문화적 본성이 수학적인

---

34) Sullivan, P., Mousley, J., & Zevenbergen, R. (2006)
35) enabling prompt
36) Association of Teachers of Mathematics (ATM). (1988)
37) Griffin, S., & Case, R. (1997)
38) Anthony, G., & Walshaw, M. (2009)
39) Gee, J. P. (2004)
40) extending prompt

개념과 원리를 깊이 이해하도록 이끌기 때문에,[41] 우리는 모든 학생들이 수업담론에 참여하도록 하려고 노력하였다.

프로젝트에 참여한 교사들이 어떤 제약들을 경험했는가에 대해서는 다음 세 장에서 살펴볼 것이다.

교사의 의도

교사의 의도, 달리 말하여, 교사들이 세운 지도 계획은 중요한 변인 중 하나이다. 위에서 논의한 변인들 모두 교사의 수업 계획을 위한 의사결정에 영향을 미친다. 지금까지의 논의에서 알 수 있듯이, 교사들은 성취하고자 하는 바, 성취 방법, 성취를 방해하는 바, 마지막으로 성취에 대한 장애를 극복하는 방법 등을 알고 있다.

스타인 등[42]의 연구에서 확인한 흥미로운 점은, 교사들이 과제의 잠재적인 인지적 요구를 줄이는 경향이 있다는 것이다. 도일[43], 데스포지스와 콕번[44]은 이 현상이 오류를 줄이기 위해 교사와 학생들이 함께 만들어낸 것으로 보았다. 처[45]는 과제를 개발한 사람이 의도했던 것이 과제를 적용하는 단계에서 상당히 달라질 수 있다고 주장하였다. 처에 의하면 두 가지 주요한 과제 변형이 가능한데, 수업계획 단계에서 수업 목표 달성에 적합하지 않다고 판단할 경우 그리고 학생들의 반응이 의도했던 바와 다를 경우 과제를 변형하게 된다. 카라람부스[46]는 교사들이 어떤 수학적 지식을 가지고 있는가에 따라 학생들이 도달하기를 기대하는 과제의 수학적 수준을 낮출지 여부를 결정하게 된다고 보았다.

교사들이 과제의 인지적 요구를 줄이는 경향이 있다는 것을 의식하도록 지원할 수 있을 것으로 생각한다. 우리는 프로젝트를 진행하면서 참여 교사들이 전문성을 향상시키도록 도울 때 이를 고려했으며, 본래 의도했던 도전 수준을 유지하기 위한 방법을 중점적으로 다루었다.

---

41) Brown, R., & Renshaw, P. (2006)
42) Stein, M. K., & Lane, S. (1996)
43) Doyle, W. (1986)
44) Desforges, C., & Cockburn, A. (1987)
45) Tzur, R. (2008)
46) Charalambous, C. Y. (2008)

요약

지금까지의 논의를 요약하자면, 과제를 선택하고 사용하는 것은 수학을 효과적으로 지도함에 있어 핵심적이며, 과제의 특성에 따라 학습의 성격이 달라진다. 바람직한 학습을 위해 과제가 갖추어야 할 주요 특징을 제시하면 다음과 같다.

- 학생들이 중요한 수학적인 활동, 의미 형성, 이해, 수학의 다른 측면들과의 연결에 참여하도록 이끄는 과제
- 대부분의 학생들이 해결 과정을 명확히 모르면서 도전하도록 하는 과제
- 학생들이 사고하고, 의사결정하고, 소통하도록 하는 과제
- 사고와 성찰을 유발하는 과제
- 학생들에게 친숙하며, 잠재적으로 유용하고, 삶과 연결되는 맥락 또는 상황을 사용한 과제

물론, 이 특징을 모두 만족시키는 과제는 거의 없다. 교사들은 각각의 "음식"이 일부 영양소만을 가지고 있음을 알고, 이들 영양소가 골고루 그리고 건강에 도움이 되는 방식으로 포함되도록 할 수 있어야 한다.

이 장에서는 교사들의 지식, 신념, 제약 등을 포함하는 주요 배경 변인들에 대하여 살펴보았다. 이들 배경 변인들은 앞으로 차차 다양한 학생들의 다양한 준비 상태를 고려하면서 사전에 의도한 바와 실행 사이의 조화를 추구할 때 다시 논의할 것이다.

Chapter 04

유목적적 표현 과제의 활용

이 장에서는 우리가 수행한 프로젝트에서 특정 범주 또는 특정 유형의 과제를 사용하여 수학을 지도한 첫 번째 사례를 소개한다. 수학 학습을 효과적으로 지원하는 과제 유형으로, 구체물과 시각적 지원에 기초한 것을 생각할 수 있다. 이 장에서는 모델, 도구, 표현을 사용하는 과제의 예, 그 예시과제를 사용할 때 파악한 이점과 난점을 논의한다. 이 과제를 유목적적 표현 과제로 분류한다.

유목적적 표현 과제를 활용하는 이유

모델, 도구, 표현은 효과적인 수학 지도를 가능하게 한다.[1] 유능한 교사가 적절한 모델과 표현이 포함된 과제를 사용하면 학생들이 수학적인 개념과 기능을 발달시키는 데에 도움이 된다. 전통적으로 훌륭한 수업에서는 모델과 표현이 관련된 과제를 다루어왔으나,[2] 보통의 수학 수업에서 항상 이와 같은 과제를 사용하지는 않았다.

효과적인 수학 지도를 위한 과제 유형을 고려하면서 우리는 모델 또는 표현이 관련된 과제를 사용하여 학습을 촉진하기로 하였다. 이와 같은 과제들은 먼저 학생들이 구체물을 다루면서 인지적으로 참여하도록 하여 수학 학습의 기초를 다지게 한다. 다음으로 과제에 담긴 수학이 명시적으로 드러나도록 한다. 여기서 '명시적'이라는 것은, 학생이 과제를 직접 해결함으로써 수학이 명시적으로 드러난다는 것을 뜻한다. 학생이 적절한 결정을 하지 않으면서 단지 교사로부터 해야 할 일을 "듣는 것은" 수학이 명시적으로 드러나는 경우에 해당하지 않는다. 우리는 전형적으로 절차적인 숙달을 추구하여 구조화된 수학을 단지 재생산하는 식으로 수업하는 대신, "좋은" 과제를 써서 학생들이 도전

1) Clarke, D. M., Clarke, B. A. (2004)
2) Watson, A., & Mason, J. (1998)

하고 이해하며, 의도를 가지고 모델, 표현, 도구를 사용하면서 개념을 배우는 식으로 수업하는 것을 추구하였다.

이러한 과제에서 중요한 것은 수학적인 의도이며, 교사도 수학적인 의도가 무엇인가에 따라 의사결정을 하도록 하였다. 그러므로 개방형 과제에 비해서는 계획한 바와 다르게 수업하는 일이 적었고, 혹시 다르게 진행하더라도 과제를 선택할 때 고려한 수학적인 의도 때문에 그리 크게 달라지지 않았다.

나중에 다시 살펴보겠지만, 이와 같은 유형의 좋은 과제를 찾아내는 일은 연구자와 교사 모두에게 어려웠다. 그럼에도 불구하고 모델 또는 시각적 도구를 포함한 과제들이 있었고 그것을 사용하여 학습을 지원할 수 있었다. 다만 구체적인 또는 조작적인 도구를 포함한 과제는 중학생들(10~14세)보다 초등학생들을 위한 수업에서 더 많이 사용해왔다.

조작적인 구체물을 사용하여 넓이,[3] 분수,[4] 그리고 중학교에서 다루는 수학 일부를 지도하면 학생들의 이해를 도울 수 있다는 것을 확인한 선행연구들이 있다. 효과적으로 수학적인 이해를 발달시키려면 다루는 내용과 구체물을 직접적으로 관련지을[5] 필요가 있다. 볼턴-르윈과 핼포드[6]는 조작적인 구체물의 "일부는 수학적인 개념과 과정을 구체화한 것으로 그리고 다른 일부는 수학 분야에 고유한 표현"으로도 해석할 수 있다고 보았다. 스테이시, 헴, 아처, 콘돈[7]도 목표로 하는 수학적 개념을 분명히 표현하는 구체물의 투명성이 성공에 핵심이라고 주장하였다.

유리수를 분수, 백분율, 소수로 표현하는 것처럼 여러 형태로 표현할 수 있는 수학에 주목하는 과제 유형도 있으며, 이 과제를 해결하면서 서로 다른 표현을 관련짓거나 비교하는 방식으로 학습하도록 할 수 있다. 이 경우에도 특별히 개발된 구체물을 조작하도록 할 수 있지만 주로 서로 다른 표현을 비교하면서 학습이 촉진된다. 스완[8]은 기존의 과제를 단순하게 변형하거나 통합하는 대신 과감하게 이와 같은 유형의 도전적인 과제로 만들어서 수학적인 개념의 학습을 지원해야 한다고 강하게 주장하였다.

여기서는 서로 다른 여러 유형의 과제를 자세히 설명하기보다는 프로젝트를 진행하면서 다양한 유목적적 표현 과제에 주목하게 되었고 예시과제를 개발하여 교사들과 공유했다는 것을 밝히는 것에 목표를 둔다.

---

3) Cass, M., Cates, D., & Smith, M. (2003)
4) Bulter, F., Miller, S. P., Crehan, K., Babbit, B., & Pierce, T. (2003)
5) Ball, D. (1992)
6) Boulton-Lewin, G., & Halford, G. (1992)
7) Stacey, K., Helme, S., Archer, S., & Condon, C. (2001)
8) Swan, M. (2006)

수학 학습에서의 과제 유형 프로젝트에서 유목적적 표현 과제의 의미

우리는 모델과 표현을 포함한 과제를 사용하여 수학적인 이해를 발달시키고 확고히 하였다는 점에 초점을 두어 이 과제를 설명하고자 한다. 이러한 과제의 한 예로 30쪽 그림과 같이 분수로 이루어진 담장을 이용하여 분수의 선형 모델로 활용한 사례가 있다. 연구에 참여한 한 교사는 이 모델을 활용하여 학생들이 서로 다른 분수를 비교하고, 동치분수를 찾고, 분수 연산과 관련된 문제를 해결하도록 지도하였다. 이 분수 담장은 수학적으로 복잡한 측면을 간단하게 다루도록 하였다.

과제 유형과 수학 학습 전문성 개발 프로젝트에 참여한 교사들에게 제공한 유목적적 표현 과제의 의미는 다음과 같다.

중요한 수학적 아이디어에서 출발하여 수학적인 이해를 도울 수 있는 모델, 표현, 도구 등을 포함하는 과제를 뜻한다. 수학을 실질적으로 적용하는 것과는 관련짓지 않는다. 예를 들어, 확률 게임을 하면서 분수 담장 표현을 사용함으로써 동치분수, 가분수, 분수 연산에 대하여 이해하도록 할 수 있다.

유목적적 표현 과제의 경우, 모델, 표현 또는 구체물에 수학이 내재되어 있으며, 제한된 설명만 제공한 후 학생들이 과제에 착수하도록 해야 한다. 교사는 장차 수학으로 바뀔 측면에 초점을 두면서 몇 가지 조건들을 살펴보는 것으로 시작해야 한다. 이하에서는 유목적적 표현 과제에 대하여 자세하게 살펴본다.

유목적적 표현 과제 예시: 분수 색칠하기

유목적적 표현 과제는 학생들의 참여를 독려하기 위하여 게임 형태로 설계되는 경우가 많은데, 수학적인 내용에 분명히 초점을 둔다. 분수 색칠하기[9] 역시 게임 형태로 만들어진 과제이며, 분수 담장이라는 표현을 제공한다. 게임 내용과 규칙은 다음과 같다.

분수 색칠하기

두 주사위를 던져서 나온 눈으로 $\frac{1}{12}$까지의 분수를 얻을 수 있으며, 다음 그림과 같은

9) Clarke, D. M., & Roche, A. (2009)

분수 담장에 이를 나타내도록 하는 것이 규칙이다. 둘이 짝을 지어 활동하며, 주사위를 던져서 얻은 분수에 해당하는 부분을 색칠한다.

- 한 주사위에는 1, 2, 2, 3, 3, 4가 한 가지 색으로 표기되어 있고, 이것을 분자로 한다.
- 다른 주사위에는 $\frac{*}{2}$, $\frac{*}{3}$, $\frac{*}{4}$, $\frac{*}{6}$, $\frac{*}{8}$, $\frac{*}{12}$가 다른 색으로 표기되어 있고, 이것을 분모로 한다.

분수 담장은 다음 그림과 같다.

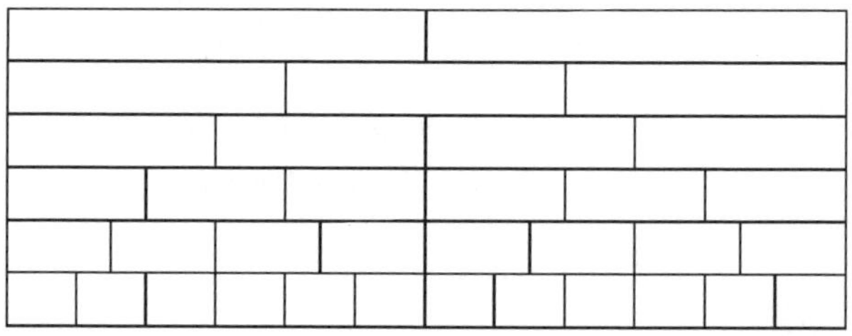

교대로 두 주사위를 던지며, 첫 번째 주사위의 눈을 분자에 나타낸다. 분수 담장의 가로줄은 모두 1이다.

두 주사위를 던져서 얻은 분수와 크기가 같은 부분을 색칠할 수 있다. 가령, 주사위를 던져 2와 $\frac{*}{4}$가 나왔다면, $\frac{2}{4}$ 또는 $\frac{4}{8}$를 한 번에 색칠할 수도 있고, $\frac{1}{4}$과 $\frac{2}{8}$를 색칠할 수도 있으며, 합해서 $\frac{2}{4}$가 되는 다른 부분을 찾아 색칠할 수도 있다.

자신의 차례에 색칠할 부분을 찾지 못하면, "통과"라고 말할 수 있다. 담장 전체를 먼저 색칠한 사람이 이기는 게임이다.

게임에 관련된 수학적인 문제를 만들어보거나 게임에서 이기기 위한 전략에 대하여 학급 토론을 할 수도 있다.

이 게임을 활용하여 수업한 교사의 의도는, "분수 담장" 모델과 관련지어 크기가 같은 분수, 가분수, 분수의 덧셈에 대하여 학생들이 이해하도록 하려는 것이었다. 이 수업에서 서로 다른 학생들이 게임을 통하여 서로 다른 것을 학습하도록 할 수 있다. $\frac{2}{3}$와 $\frac{8}{12}$이 크기가 같으며 왜 그런지 배우는 학생도 있고, 게임의 마지막에 $\frac{1}{12}$만 남으면 36가지 가능한 경우 중 오직 하나만 가능하다는 것을 배우는 학생도 있을 수 있다.

이 과제의 특징은 모델이 핵심이며 수학을 명시적으로 다루었다는 것에서 찾을 수 있다. 또한, 분수 담장은 다른 상황에서도 여전히 사용할 수 있는 도구가 될 수 있다. 이는 프로젝트에 참여한 교사들에게 제공한 다음과 같은 체계적인 지침에 적절한 것이다.

> 모델을 사용하여 학습하면, 학생들에게 모종의 사고 도구, 특히 기호적 활동을 해석하는 데에 이용할 수 있는 도구를 제공하게 된다. 그러므로 모델을 주의 깊게 선택하고, 철저하고 일관된 방식으로 사용하도록 하는 것이 중요하다.[10)]

모델을 기반으로 하는 과제와 더불어, 앞서 논의한 바 있는, 정렬 및 분류 활동도 유목적적인 표현 과제에 포함시킬 수 있다. 유리수를 분수, 소수, 백분율, 또는 해당되는 자료의 그래픽 표현으로 나타내어 다루도록 할 수 있다. 이때 대수적인 식을 분류의 기준으로 활용하거나 공통적인 특징으로 제시하도록 하여 더 열린 접근을 유도할 수도 있다.

더 나아가 구체물을 잘 고안하여 과제를 설계한 경우도 있다. 이런 과제는 학생들에게 수학적으로 풍부하고 복잡한 관계를 탐구하는 기회를 제공한다. 예를 들어, 스완의 연구에서는 다음 그림과 같이 네 개의 화폐를 고안하여 백분율에 의한 화폐 가치의 변화를 탐구하도록 하는 과제를 설계하였다.

그림과 같이 화살표 카드도 고안했는데, 서로 다른 가치를 가지는 화폐 카드 사이의

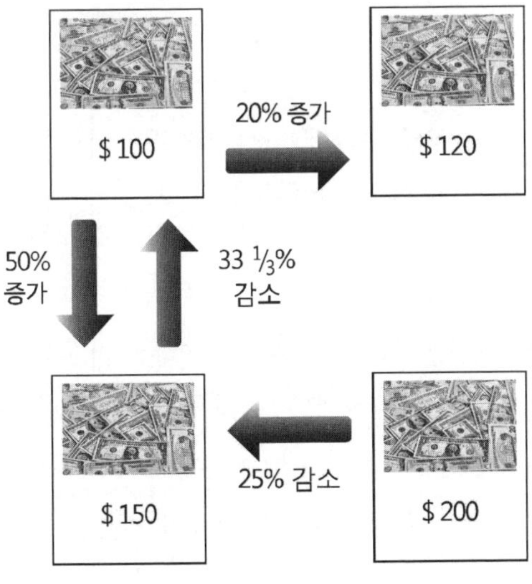

10) Department of Education and Early Childhood Development. (2006)

관계를 나타낼 수 있도록 하였다. 예를 들어, "20% 증가" 카드는 \$100에서 \$120으로의 가치 변화를 나타내도록 놓을 수 있다. 이 과제는 백분율에 의한 증가와 감소를 다루도록 하며 학생들에게는 쉽지 않은 내용을 다루고 있다. $\frac{1}{4}$ 증가 또는 0.5배와 같이 분수 또는 소수로 서로 다른 화폐 가치를 관련짓는 카드도 고안하였다. 학생들이 서로 다른 화폐 가치 사이의 관계를 나름대로 찾아내어 체계화하는 식으로 확장하여 다룰 수 있다.

유목적적 표현 과제를 설계할 때 보통은 맥락을 기반으로 하지는 않았지만, 때로는 학생들을 끌어들일 수 있는 장치를 마련하려고 노력하였다. 예를 들어, 초콜릿 과제[11] (13장 참고)의 경우, 초콜릿 분배가 어느 정도 맥락에 관련되기는 하지만 이보다는 나눗셈으로서의 분수 개념 발달에 도움이 되는 모델을 중심으로 과제를 설계하였다.

유목적적 표현 과제를 활용하여 수업할 때 유의할 점을 교사들에게 제시하였으며, 다음은 그 중 일부이다.

이 과제는 수학을 정교하게 도입하거나 예시적으로 다룰 수 있게 한다. 과제에 포함된 모델, 표현, 도구 또는 설명에 의하여 수학을 지도한다. 학생이 과제를 해결하는 동안 드러나는 수학에 관하여 토론하고, 공통점을 도출하거나 일반화를 시도한다.

추가 예시과제

이하에서는 유목적적 표현 과제의 특성을 잘 보여주는 추가 예시과제를 간략히 살펴본다.

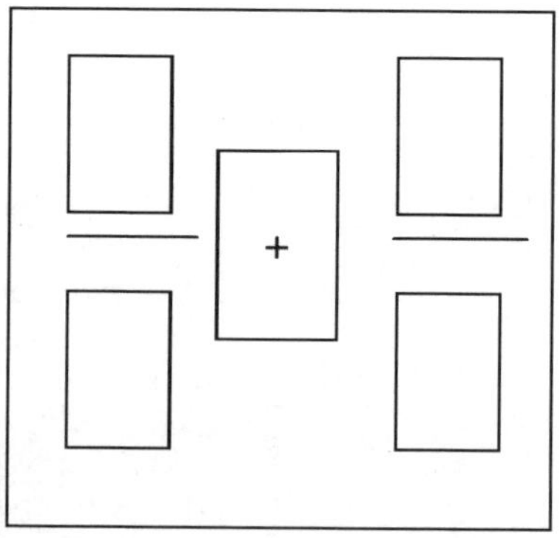

- **1에 가까운 분수.** 상자 속에 1, 3, 4, 5, 6, 7이 적힌 카드가 들어 있다. 이 카드로 1에 가장 가까우면서 1은 아닌 분수를 만들어라. 각 카드는 한 번씩만 사용할 수 있다.
- **방정식 분류.** 다양한 형태의 방정식이 있다. 나름대로의 기준에 따라 방정식을 두 그룹으로 분류하고, 왜 그렇게 분류했는지 설명하여라. 예를 들어, $x+7=23$, $3x+2=5x-8$, $\frac{x}{7}=3$, $6-x=x+11$, $3.3x+8=17$을 두 그룹으로 분류하고 그 이유를 설명하도록 할 수 있다.

---

11) 수행과 정당화에 관한 상세한 논의 참고 : Clarke, D. M. (2006)

- **분수 어림**. 주어진 판의 가로에 5분의 2가 되는 점을 어림하고, 실제로 그 점을 찾아라. 측정 모델을 사용할 수 있으며 다른 경우에 대해서도 확장하여 다룰 수 있다.12)
- **분수, 소수, 백분율 표현**. 유리수를 서로 다르게 나타낸 카드를 제공한다. 동일한 유리수를 다르게 표현한 카드를 모으는 “Rummy” 게임을 한다. 규칙을 바꾸어 다른 게임을 고안할 수도 있다.
- **블록 쌓기**. 4명에서 6명으로 이루어진 모둠에 블록 세트를 준다. 각 학생에게는 어떤 형태로 블록을 쌓아야 할지에 대한 정보가 담긴 카드를 나누어준다. 각 학생은 자신이 가지고 있는 정보를 이용하여 함께 블록을 쌓는다. 모둠의 학생들 모두 목표로 하는 모양을 만들기 위하여 협력하면서 모든 정보를 사용하게 된다.

유목적적 표현 과제의 발굴과 개발

전술한 바와 같이 모델 또는 표현은 과제의 초점이 되는 수학적 개념과 직접적으로 연결되어야 한다. 좋은 과제는 도입 단계만이 아니라 도전 단계까지도 학생들이 참여하도록 한다. 이와 같은 과제를 찾다가 결국 수년간 반복해서 사용했던 과제로 되돌아갔다.

유목적적 표현 과제를 개발하는 일은 쉽지 않았으며, 대부분 선행연구에 기초를 두어 만들게 되었다. ICT를 활용하게 되면서 새로운 가능성을 열었는데, 여기서 특히 시각적인 표현들을 활용하여 상호작용할 수 있게 되면서 좋은 과제를 만들 수 있었다. 무엇보다 교사들이 팀을 이루어 협력하면서 수학적인 개념과 오개념을 출발점으로 택했던 것이 가장 생산적으로 과제를 변형하거나 개발할 수 있었던 계기가 되었다. 수학적인 개념에 관한 학생들의 이해를 깊이 이해하는 것이 이 유형의 과제를 개발하는 데에 가장 중요한 것이었다.

유목적적 표현 과제에 대한 참여교사들의 반응

유목적적 표현 과제를 개발하거나, 변형하거나 적용하는 동안, 교사들에게 이 유형의 과제에 대한 개방형 응답을 요청하였다. 조사에 참여한 교사들 31명은 세 유형의 과제를 각각 집중적으로 다루었기에, 서로 다른 유형의 과제들을 경험한 것으로 볼 수 있다. 세

12) Lovitt, C., & Clarke, D. M. (1988)

그룹들 사이에 응답 패턴의 차이는 거의 없었다. 다만 자신이 경험했던 과제 유형에 대해서는 좀 더 다양하고 자세한 응답을 하기는 하였다. 비록 다른 유형의 과제를 경험했지만 이 교사들은 서로 다른 유형의 과제를 적절히 비교할 수 있었기 때문에 응답 차이가 거의 없었던 것으로 보인다. 이하에서 설문 결과에 대해 논의한다.

유목적적 표현 과제에 대한 교사들의 설명

첫 번째로 교사들에게 다음과 같이 질문하였다. “이 유형의 과제를 다른 교사들에게 어떻게 설명하겠습니까?”

교사들은 모델의 중요성 그리고 과제에서 명확하게 수학에 초점을 두어야 한다는 것을 가장 많이 자신의 설명에 포함시켰다. 또한, 모델 또는 도구를 수학적 개념과 명시적으로 그리고 직접적으로 연결해야 한다는 것을 강조하였다. 교사의 응답 사례는 다음과 같다.

> 모델 또는 도구 표현을 사용하여 특정 수학적 아이디어 또는 개념을 명시적으로 다루는 과제임. 수학적인 아이디어를 도입할 때, 게임 또는 활동의 형태로 학생 참여를 유도할 때 활용하는 형태의 과제임. 과제를 해결한 후 학생들이 이해하고 배운 것에 대하여 토론하는 방식으로 다루는 과제임.
>
> “모델”을 활용하여 수학을 명시적으로 다루는 과제임. 모델에는 구체적 조작물, 그래프, 그림 그리고 다른 표현이 포함된다.
>
> 수학적 개념을 예시할 수 있는 구체적 조작물, 도구 또는 표현을 활용하는 과제이며, 이때 도구는 학생들이 활용할 수 있는 정신적인 모델이 된다.
>
> 모델 또는 표현을 활용하여 학생들이 특정 수학적 개념을 이해하도록 돕고 후속 학습에서 참고하도록 하는 과제임.

이와 같이 응답한 교사들은 우리가 제공한 예시과제를 바탕으로 학교 내에서 또는 프로젝트 팀 내에서 추가 과제를 개발하거나 적용한 경험이 있다. 위와 같은 응답은 우리가 의도했던 바이기도 하다.

교사들이 좋다고 평가한 유목적적 표현 과제의 예

우리는 교사들에게 “올해 수업에 적용한 유목적적 표현 과제들 중에서 가장 좋았던 것은 무엇입니까?”라고 물었다. 이어서 “그 다음으로 좋았던 과제 2개”를 제시하도록 하였다.

조사결과 놀랍게도 31명의 교사들은, 가장 좋은 단 하나의 과제가 아니라 17개의 다양한 과제가 좋았다고 답하였다. 3순위까지의 조사결과를 바탕으로 하면, 맥락을 도입하면서 나눗셈으로서의 분수 개념을 표현한 모델을 제공했던 초콜릿 분배 과제가 교사들로부터 가장 좋은 평가를 받았다.

교사들이 초콜릿 분배 과제를 선택한 이유 중 일부는 다음과 같다.

> 학생들에게 시각적으로 파악할 수 있는 도구를 제공하였다. 학생들은 초콜릿을 좋아하기 때문에 그 도구를 기억할 것이다.
> 학생들을 참여시키면서 나눗셈으로 분수를 다루는 데에 효과적이었다.

13장에서 다루게 되는 소수 미로 과제도 좋은 평가를 받았는데, 그 이유로 한 교사가 제시한 것은 다음과 같다.

> 아직 지도하지 않은 개념인데 모델을 사용하면서 명시적으로 다룰 수 있었다. 이 과제를 해결하면서 학생들은 1보다 크거나 작은 수로 나누거나 곱한 결과에 대하여 분명히 배웠다.

프로젝트에 참여한 교사들 중 상당수가 초등학교 고학년, 그 중에서도 5, 6학년을 지도하고 있었다. 이 시기의 교육과정에서 초점은 분수와 소수이다. 그래서인지 교사들이 유목적적 표현 과제 중 좋았던 것으로 제시한 과제 대부분이 분수와 소수를 지도하기 위한 것이었다. 이는 분수와 소수가 교육과정에서 중요하게 다루어진 점 때문이기도 하지만, 유목적적 표현 과제가 이 내용을 효과적으로 다루도록 하는 모델과 도구를 활용했기 때문으로 보인다. 교사들이 3순위까지 좋은 과제로 선정한 과제는 모두 81개였는데 그 중 51개는 수 개념을 지도하는 것에 관련된 것이었다. 이후 전문성 개발 과정에서 수 개념 이외의 내용으로 확장하여 이 유형의 과제를 개발하고 사용하도록 했음에도 불구하고 결과가 이러했다. 교사들이 직접 경험하고 다른 교사들과 팀을 이루어 직접 개발했던 과제들을 좋게 평가한 것으로 보인다. 나중에 다시 논의하겠지만, 교사들은 이 유형의 과제를 독자적으로 개발하는 것은 어려워하였다.

교사들이 왜 어떤 과제를 더 선호하는가에 대해서는 충분히 설명할 수 없었다. 그러나 모델, 도구, 표현이 학생들을 참여시키면서 수학을 배우도록 하는 데에 중요하다는 것만은 분명해졌다.

교사들이 생각하는 유목적적 표현 과제의 이점

교사들에게 "이 유형의 과제를 사용하면 어떤 이점이 있습니까?"라고 질문하였다. 이는 각 유형의 과제가 어떤 학습 기회를 제공하고 어떤 이점을 가지는가에 대하여 파악하기 위한 질문이었다.

많은 교사들이 학생들의 수학적 개념 이해에 유목적적 표현 과제가 도움이 된다고 답하였다. 또한, "시각적인" 또는 "구체물"을 언급하면서 과제에서 이와 같은 모델이 수학과 직접 관련됨으로써 학생들을 참여시켰다는 점을 언급한 경우도 많았다.

프로젝트를 수행하면서 다른 유형의 과제를 경험하게 되자 교사들은 서로 다른 과제 유형의 역할, 수업을 계획할 때 서로 다른 유형의 과제를 고려할 만한 가치가 있는가에 대하여 논의하였다. 다음은 한 교사가 개방형 과제와 맥락 기반 과제를 경험한 후에 유목적적 표현 과제의 이점을 제시한 것이다.

> 유목적적 표현 과제로 새로운 수학을 도입하고 이어서 개방형 과제를 다룰 수 있다. 유목적적 표현 과제에는 학생들이 가지고 활동할 수 있는 구체적인 도구가 있다. 게임 또는 흥미와 참여를 유발하는 형태로 되어 있다. 질문하고 안내하면서 비계를 제시하고 학생들과 함께 활동할 수 있는 과제이다.
> 연산과 같은 수학의 특정 영역을 지도할 때 이 유형의 과제를 사용하면 학생들이 다양한 맥락에 적용할 때 사용할 수 있는 수학적인 기능을 학습하도록 할 수 있다.
> 추상적인 수학을 이해하기 어려워하는 학생들에게 구체적으로 수학적 개념을 이해하도록 한다.

교사들이 생각하는 유목적적 표현 과제의 제약

교사들이 유목적적 표현 과제를 활용함에 있어 어떤 제약을 느끼는지를 알아보기 위해, "이 유형의 과제를 활용하여 지도할 때 어려운 점은 무엇인가? 어떤 점이 도전적인가?"라고 질문하였다.

교사들이 제시한 어려움은, 가능성과 자료와 같은 특정한 내용 영역에서 이 유형의 과제를 발굴하기 어렵다는 것 그리고 과제와 더불어 활용할 자료를 준비하는 데에 시간이 많이 걸린다는 것이었다.

> 과제를 찾기가 가끔 어렵다. 때로는 어떤 과제가 유목적적 표현 과제에 해당하는지를 판단하기도 어렵다. 관련 자료를 찾아 복사하고, 코팅하고, 잘라서 준비하는 데에 시간이 많이 걸린다.

각 학생이 이 과제를 해결하는 데에 필요한 배경 지식과 기능을 가지고 있는지를 확인하기가 어렵다. 때로는 이 유형의 과제를 지도해야 할 수학적 개념과 관련짓는 것이 어렵다.
의도를 가지고 모델과 표현을 활용해야 한다는 것, 다시 말하여, 유의미한 맥락에서 모델을 활용해야 효과적으로 수학을 지도할 수 있다는 것을 이해하기가 어렵다. 어떤 수학적 개념에 대해서는 관련 모델을 찾기가 더 쉽다.
낮은 학습수준의 학생들을 위해 과제를 변형하기가 어렵다.

유목적적 표현 과제 활용의 어려움에 대해서는 수업 관련하여 논의할 때 다시 다룬다. 이 유형의 과제를 적용하여 수업할 때 관찰한 것과 교사를 대상으로 면담한 것을 바탕으로 이에 대하여 살펴볼 것이며, 8장에서도 그 한 가지 사례에 대하여 알아본다.

유목적적 표현 과제로 수업할 때의 어려움: 비표(ratio table) 과제의 경우

이하에서는 유목적적 표현 과제로 가르칠 때의 난점들을 비표 과제의 경우를 예로 하여 설명한다.

비표는 네덜란드의 초등학교와 중학교에서 비와 비율의 이해를 돕기 위한 도구로 개발한 것이다.[13] 특히, 반으로 나누기, 2배 하기, 10배 하기와 같은 전략을 사용하여 비율 문제를 해결하도록 하는 도구를 제공하는 과제로서 개발된 것이었다.[14] [15]

브로크맨 등이 찾아낸 비표의 여섯 가지 특징은 다음과 같다.

- 비표에는 둘 또는 그 이상의 행과 열이 있고, 각 칸에 수를 채워 넣는다.
- 행에 제시한 수들이 의미하는 바를 라벨로 제시하고, 필요하면 단위도 표시한다.
- 열에 제시한 수들은 모두 일정한 비를 이루며, 이것을 이용하여 빈 칸을 채울 수도 있다.
- 아래 또는 위의 행 중 무엇을 먼저 선택해도 무방하다.
- 열에 들어가는 수는 다른 열의 수에 특정한 수를 곱하거나 나누어 구할 수 있다. 물론 비례적으로 더하고 빼서 구할 수도 있다.

---

13) Brokeman, H., Van der Valk, T., & Wijers, M. (2000, August)
14) Dole, S. (2008)
15) Middleton, J. A., & Van den Heuvel-Panhuizen, M. (1995)

• 정해진 해결 단계는 없으며, 각자 수준에 맞는 전략을 자유롭게 활용할 수 있다.

프로젝트에 참여한 한 초등학교 교사가 비표를 포함한 과제를 개발하고 실행하였다. 연구진에서는 최소한의 조언만 하면서 교사 A가 일련의 과제를 적용하고 분석하면서 비표를 이해하는 과정을 관찰하고 기록하였다. 이 관찰과 기록에 기초하여 비표 사용의 난점에 대하여 논의할 것이다.

코디얼 음료[16] 만들기 과제의 경우: 기회 포착의 어려움

교사 A는 수업을 시작하자마자 코디얼 음료를 만들자고 하였으며, 물을 얼마만큼의 비로 혼합할 것인가에 대하여 토론하고 설명하는 식으로 진행하였다. 유의미하고 초점이 분명한 토론이 이루어졌다.

“마시기 좋은” 코디얼 음료를 만들려면 물과 코디얼 시럽을 적당한 비율로 혼합해야 한다는 것을 알도록 하는 것이 의도였다. 이어서 교사 A는 비표를 도입하여 비율에 따른 양의 변화를 나타내도록 하였다. 다음은 이와 같은 활동을 요약하여 표로 나타낸 것이다.

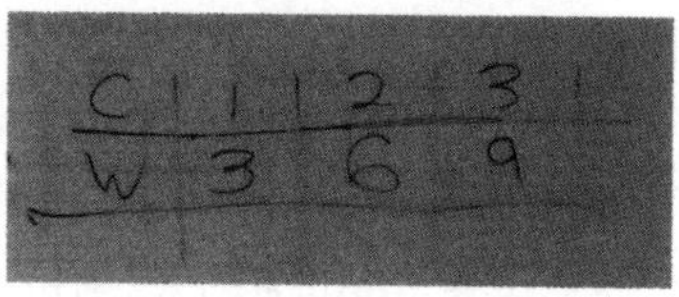

코디얼 시럽	1	2	3
물	3	6	9

교사 A는 코디얼 시럽과 물 사이에 곱셈 관계가 성립된다는 것을 수업의 초점으로 생각했지만, 위의 비표를 확장하거나 질문을 통하여 관련된 사고를 하도록 이끌지는 않았다.

기회를 놓친 것인지 아니면 일부러 그렇게 한 것이었는지는 확실하지 않았다. 여하튼 이 수업에서는 이후 다시 비표를 사용하여 무언가를 배울 가능성이 없었다.

병 과제의 경우: 다른 전략 적용의 어려움

이어진 수업에서 다음 활동지를 제시하였다. 이 활동지에서는 비표를 채우면서 병의 개수와 병을 담는 상자 개수 사이의 관계를 탐구하도록 하고 있다.

9명의 학생들이 한 모둠이었고, 교사 A는 마이클과 수잔의 활동을 도왔다.

---

16) 과일 주스와 같이 물을 혼합하여 마시는 음료

병 과제 (2쪽 중 1쪽)

1. 음료회사 캠프에서는 탄산수를 상자에 담아 판매한다. 회사대표인 테디 캠프는 다음 표를 작성하여 소비자가 주문한 탄산수를 상자에 담으려고 한다. 상자에는 15개의 탄산수를 담을 수 있다. 상자가 2개, 3개, 4개 등으로 증가할 때 탄산수 병을 얼마나 담을 수 있는가? 다음 표에 그 답을 적어라.

상자 수	1	2	3	4	5	6	7	8
병 수	15							

2. 제이크의 편의점에서는 90병의 탄산수를 주문한다. 상자가 몇 개 필요하겠는가?
3. 한 작업장에서 탄산수 65개를 주문한다면 상자가 몇 개 필요하겠는가?
4. 음료회사 캠프에서는 15개보다 더 많은 탄산수 병을 담을 수 있는 상자도 있다. 그런데 탄산수 병과 상자의 수를 기록한 표에 물을 쏟게 되었다. 다음 표와 같이 몇 개의 자료는 아직 확인할 수 있다고 한다. 각각의 경우에 탄산수 병 몇 개를 담을 수 있겠는가? 왜 그렇게 생각하는지를 설명하여라.

새로운 상자 수					5	6						12
병 수					125	150						300

5. 앞서 확인한 새로운 상자 18개에는 탄산수 병이 모두 몇 개 들어가겠는가?

활동지의 마지막 질문은 "앞서 확인한 새로운 상자 18개에는 탄산수 병이 모두 몇 개 들어가겠는가?"이다. 문제를 해결하기 위해 마이클은 다음 그림과 같이 비표를 채웠고, 수잔은 표준 알고리즘에 따라 25×18을 계산하였다.

새로운 상자 수	1	2	3	4	5	6	7	8	9	10	11	12	13	14	15	16	17	18
병 수	25	50	75	100	125	150	175	200	225	250	275	300	325	350	375	400	425	450

교사 A는 마이클에게 해결 방법을 질문하였고, 수잔에게는 마이클에게 어떻게 해결했는지를 설명하도록 하였다. 교사 A는 사후 면담에서 다음과 같이 말하였다.

수잔은 곧바로 문제를 파악하여 18과 25의 곱을 구하면 된다고 했습니다. 마이클도 이 방법을 알아내도록 도왔는데, 마이클은…

마이클은 위 과제의 5번 문제에 대하여 상자 4개에 100개의 병이 들어가니까, 상자 4개의 4배인 16개에는 400병이 들어가고, 나머지 2개의 상자에는 50병이 들어가게 되어 총 450병이 들어간다고 답하였다. 마이클은 4번 문제를 해결하면서 표를 작성하였는데, 덧셈만이 아니라 곱셈에 의존하여 생각하였다는 증거도 관찰하였다. 그런데 교사 A가 파악한 바에 의하면 마이클은 덧셈으로만 문제를 해결하였다.

> 마이클이 1상자에 25병, 2상자에 50병, 3상자에는..., 이렇게 생각했다. 그림을 보면 그것이 1배, 2배, 3배가 된다는 것을 알 수 있었을 것이다. 하지만 마이클은 결국 모두 더해서 답을 구하였다.

교사 A는 다음과 같이 기록한 것을 가지고 마이클과 심도 있게 논의하였다. 하지만 결국 마이클이 덧셈에 의해서 해결하던 방법을 굳이 바꾸도록 설득하지는 못하였다. 마이클은 덧셈과 곱셈, 둘 다 옳지만 자신의 방법을 선호한다고 말하였고, 교사 A는 이를 받아들일 수밖에 없었다.

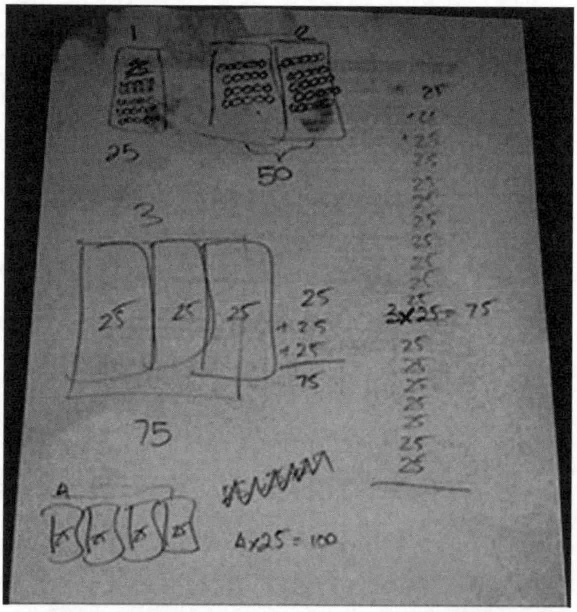

교사 A는 18×25로 표현하여 해결하도록 유도했지만 마이클이 만든 표와 관련짓지는 않았다. 비표는 비례적 사고를 뒷받침하기 위하여 도입된 것이며, 마이클은 이것을 바탕으로 적절하게 사고할 수 있었다. 비표와 같은 도구를 활용하여 수학을 효과적으로 지도하려면, 그 다음 단계로 너무 급하게 "추상화"할 것이 아니라 점진적으로 목표하는 바와 관련지을 수 있어야 한다. 교사 A는 곱셈 표현으로 나아가겠다는 것을 분명히 노트에 기록하였지만 비표와 어떻게 관련지을 것인지는 명확히 준비하지 않았다.

교사 A는 마이클이 비에 대하여 이해할 수 있도록 생산적으로 지원하지 못한 것으로 보인다. 비표와 관련지어 대안적이지만 합리적인 방법으로 18상자에 들어가는 병의 수를 구하도록 했어야 하는데, 곧바로 18×25를 구하는 "정확한 방법"을 제시하였다. 언제 모델로부터 추상화하여 수학을 다루는 것이 좋을지를 파악하는 것은 유목적적 표현 과제를 사용하여 수학을 지도할 때 매우 중요한데, 상당히 어려운 일이다.

전쟁기념관 메달 과제의 경우: 도구의 활성화

수업차시가 거듭된 후 교사 A는 자발적으로 비표를 사용하여 비를 다루었다. 그렇게 한 이유에 대하여 교사 A는 사후 면담에서 다음과 같이 설명하였다.

> 전에 비표를 많이 사용했기 때문이지요. 금요일에 멜버른 전쟁기념관에 갔는데, 안내원이 "여기에 4000개의 메달이 있는데, 메달 하나는 참전용사 10명과 전사자 6명을 나타낸다."고 하였습니다. 이 예를 비표로 나타냈는데, 비표가 어디서나 사용할 수 있는, 매우 유용한 도구라는 것을 알려주기 위해서 그렇게 하였습니다.

이후 면담에서 교사 A가 점차 비표를 가치 있는 도구로 생각한다는 것을 알 수 있었다.

> 그리고 학생들도 문제를 해결하기 위하여 비표를 사용한다는 것을 알게 되었습니다. 톰은 밀가루 1컵에 우유 2컵의 비로 혼합하여 스콘을 만들었고, 다른 학생들도 비표를 사용하여 문제를 해결한 과정을 학급 전체에게 발표하였습니다. 그때 바로 제가 원하는 수준에 도달하였습니다. 선생님이 참관했던 지난 수업시간에도 표를 사용하는 방법에 대해서 이야기했는데, 그때는 그 수준에 도달하지 못했습니다. 이제 학생들은 1부터 10까지 구할 수 있고, 100으로 바로 뛰어서 값을 구할 수도 있고, …, 이제 그렇게 하고 있어서 참 좋습니다.

교사 A는 도구의 가치를 더 많이 느끼고 있으며, 이것이 수학 학습을 뒷받침하는 실질적인 잠재력을 가진다는 점도 알게 된 것으로 보였다. 비표의 경우, 수평적인 관계와 수직적인 관계를 파악하고 적절한 수학과 명시적으로 관련지어야 도구로서의 가치를 살릴 수 있다. 지금까지 살펴본 몇몇 수업장면들에서 수학적인 표현 또는 도구를 성공적으로 사용하기 위하여 그리고 수업에서 유목적적 표현 과제를 활용함에 있어 난점이 무엇인가를 살펴보았다.

요약

프로젝트 수행 결과, 유목적적 표현 과제를 사용할 때 발생할 수 있는 여러 문제들을 확인할 수 있었다. 교사들과의 면담, 위에서 논의한 수업장면에 이러한 문제들이 반영되어 있으며, 이를 요약하면 다음과 같다.

- 유목적적 표현 과제는 맥락과 관련되지 않지만, 학생들을 참여시키는데 도움이 되는 "연결고리"를 포함한다.
- 수 영역과 같은 일부 내용 영역이 유목적적 표현 과제를 활용하여 성공적으로 수학을 지도하는 데에 적절하다.
- 자세한 설명을 하지 않아도 된다. 모델 또는 표현을 제공함으로써 학생들이 스스로 수학적 아이디어를 만들고 정당화하도록 이끌 수 있다.
- 모델, 표현, 도구는 목표로 하는 수학적 개념과 밀접하게 연결되어야 한다.
- 수학에 명확히 초점을 두기 때문에 다른 유형의 과제, 예를 들어, 맥락 기반 과제를 다룰 때 보다 수학에서 덜 이탈한다.
- 도구 또는 모델을 인지적으로 잘 활용해야 하며, 이를 간과하고 너무 빨리 추상화로 나아가지 말아야 한다.

프로젝트에 참여한 교사들은 유목적적 표현 과제의 목표, 기회, 제약을 분명히 파악하였다. 교육과정에서 유목적적 표현 과제를 중요한 요소로 제시하고 있지만, 이러한 과제를 개발하여 잘 지도하는 것은 쉬운 일이 아니다. 참여교사들 중 1명이 말한 것처럼, **이 유형의 과제를 왜 다루어야 하는지, 그 이유를 아는 것**이 중요하다.

Chapter 05

맥락 기반 과제의 활용

이 장에서는 프로젝트에서 초점을 두어 연구한 두 번째 과제 유형을 다룬다. 지금까지 교사가 어떤 과제를 선택하고 어떻게 사용하는가에 따라 수학 학습의 본성과 수준이 결정된다는 점을 일관되게 주장해왔다. 이 장에서는 실제적인 또는 "현실적인" 맥락을 기반으로 하는 과제를 사용하여 학습목표를 인지시키고, 학생들을 수학에 더 참여시킴으로써, 수학을 "생기 있게" 만들 수 있음을 실제 교사들의 수행결과를 바탕으로 보여준다. 이와 같은 과제를 앞으로 맥락 기반 과제라고 부를 것이다. 맥락 기반 과제를 활용하면서 우리가 기본적으로 가정한 것은 다음과 같다. 과제를 제시하면서, 용어, 맥락, 목표는 분명히 알려주지만, 무엇을 해야 할지 또는 어떻게 해야 할지는 말하지 않는다. 학생들이 과제를 적극적으로 해결하도록 하고 흥미로운 답을 다른 학생들과 공유하도록 하며, 그에 대하여 토론을 이끌어 공통점과 일반성을 도출한다. 이하에서는 세 교사가 하나의 과제를 상당히 다른 방식으로 사용한 사례에 대하여 살펴보고, 세 교사가 각각 수학에 대한 신념 그리고 수업 준비를 통하여 어떻게 학생들의 서로 다른 반응을 이끌었는지를 알아볼 것이다.

실생활 맥락 기반 과제를 활용하는 이유

1980년대에는 전 세계적으로 학교수학에서 적용을 강조하자는 운동이 일어났다. 이렇게 된 이유 중 하나는 순수 수학에 강조점을 두었던 새 수학 운동의 반작용[1])이다. 니스[2])는 우리 사회가 점차 공학 기반으로 변하고 이에 따라 직업활동과 일상생활에서 수학의 중요성이 부각되었기 때문에 교육과정에서도 적용을 가장 강조하게 되었다고 설명하였다. 이러한 흐름에서 추상적인 개념에서 출발하여 적용으로 나아가는 것이 아니라

---

1) de Lange, J. (1996)
2) Niss, M. (1987)

맥락에서 출발해야 한다는 인식[3])도 이루어졌다. 이러한 생각 자체가 새롭지는 않다. 예를 들어, 손다이크[4])도 "산술교과에서는 살아가면서 지금 그리고 미래에 마주칠 문제를 다루어야 하며, 이때 삶에서 제기되거나 필요로 하는 상황을 고려해야 한다."고 하였다.

연구자들은 맥락 기반 과제의 활용을 통하여 학생들이 세상을 이해하는 데에 수학이 어떤 점에서 유용한가를 알리고 동기유발에 도움이 된다는 이점이 있다고 주장하였다.[5]) 네덜란드의 수학교육 관점인 이른바, **현실적 수학교육**[6])에서는 맥락 기반 과제 활용을 주장한다. 그런데 동기유발의 측면에서가 아니라, 학생들이 경험할 수 있는 현실적인 학습 상황과 이해를 촉진하기 위한 토대를 제공한다는 측면에서 맥락 기반 과제의 활용을 주장한다.[7]) 현실적 수학교육 관점에서는 과제를 통해 학생들에게 "나름의 경험과 지식을 사용할 수 있는 상황 또는 사건을 상상하도록" 한다.[8])

그러나 맥락 기반 과제의 활용을 모든 연구자들이 지지하는 것은 아니다. 루비엔스키[9])와 같은 몇몇 연구자들은 맥락 기반 과제에 담겨 있는 수학이 일부 학생들, 특히, 낮은 사회경제적 지위에 있는 학생들에게 오히려 다루기 어려울 수도 있다고 주장하였다. 이 때문에 설리번, 모슬리, 제벤베르겐[10])은 맥락 기반 과제를 선택하여 적용함에 있어 비판적인 입장을 취해야 한다고 제언하였다. 이들의 연구와 후이벨-판후이젠의 연구[11])에서는 비현실적으로 실제 상황을 단순화시켰거나 학생들에게 문화적으로 친숙하지 않은 상황을 사용한 과제, 또는 비현실적인 방식으로 수학을 적용하여 문제를 해결하는 과제를 수업에 활용하지 말아야 한다는 지적이 이루어졌다. 한편, 피터-쿱[12])은 맥락 기반 과제를 다룰 때 텍스트에 대한 이해의 어려움, 문제에 담긴 수학의 본질 파악의 어려움 등에 처할 수 있음을 지적하였다.

로빗과 덕 클라크[13])는 1980년대 호주 수학 교육과정 및 교수 프로그램 구성에 참여하였다. 이때 교사들에게 수학 지도와 관련하여 염려하는 바를 조사하였다. 조사결과 드러난 전형적인 내용을 요약하면 다음과 같다.

---

3) Keitel, C. (1993)
4) Thorndike, E. L. (1926)
5) Meyer, M., Dekker, T., Querelle, N., & Reys, R. (2001)
6) Realistic Mathematics Education(RME)
7) Gravemeijer, K. (1997)
8) van den Heuvel-Panhuizen, M. (2005)
9) Lubienski, S. (2000)
10) Sullivan, P., Mousley, J., & Zevenbergen, R. (2004)
11) van den Heuvel-Panhuizen (2005)
12) Peter-Koop, A. (2004)
13) Lovitt, C., & Clarke, D. M. (1988)

많은 학생들이 수학을 지겨워하고 자신과 무관한 것으로 생각한다.
사고과정을 거의 지도하지 못한다.
수학이 너무 추상적이다.
실패를 두려워한다.
너무 얕게 너무 많은 내용을 "스치듯 다룬다."
너무 좁은 범위의 내용만 평가한다.
다양한 범위의 능력을 기르기는 엄청나게 어렵다.

최근의 연구에서도 이런 문제를 다루고 있으며, 중등수학교육과 관련하여 지속적인 이슈가 된다는 것을 확인할 수 있다. 예를 들어, 호주 교육과학기술부의 위탁연구보고서인 '중등수학교육 관련 연구보고서'[14]에는 다음과 같은 내용과 더불어 선행연구 검토결과, 교육과정 및 교육정책 실행 결과, 교육체계, 학교, 교실방문결과 등이 포함되어 있다.

> 수학을 지도하는 주요한 방법으로 지적인 활동과 학생의 참여를 보다 체계적으로 강조해야 한다. (중략) 지도 방법의 수준과 다양성 강조, 고차적 사고와 비판적 소양 강조, 깊이 있는 지식과 심층적인 이해의 강조, 지적인 능력과 기대의 증대를 추구하는 지도방법을 확산해야 한다.

TIMSS[15] 비디오 연구도 이와 같은 흐름, 특히 이 장의 내용에 관련되는 논점을 담고 있다. 그것은 호주의 수학 수업에서 다루는 문제의 $\frac{1}{4}$이 실생활과 연계된 내용인데, 네덜란드에서는 42%의 문제가 실생활과 연계되어 있다는 것이다.[16] 이는 호주의 상당수 수학교사들이 학생 참여를 위하여 통상적으로 맥락을 활용하지 않는다는 것을 시사한다.

우리가 프로젝트를 수행하면서 사용한 맥락들 중 일부는 인위적인 것도 있다. 그러나 맥락 기반 과제와 문장제는 구분해야 하는데, 문장제의 경우는 맥락을 기본적인 방식으로만 사용한 것을 가리킨다.[17] 가령, "킬로그램당 2.70달러인 오렌지를 4킬로그램 사면 얼마를 내야 하는가?"와 같은 문장제는, 상품을 구매한다는 맥락을 도입했지만 우리가 맥락 기반 과제라고 부르는 형태의 과제에는 포함시키지 않았다.

학생들이 맥락을 어떻게 다루는가와 관련하여 자주 인용되는 다음 문장제에 대하여

14) Luke, A., Elkin, J., Weir, K., Land, R., Carrington, V., Dole, Sl, et al. (2003)
15) Third International Mathematics and Science Study
16) Hollingsworth, H., Lokan, J., & McCrae, B. (2003)
17) Fennema, E., Franke, M. L., Carpenter, T. P., & Carey, D. A. (1993)

학생들은 실제적인 상황을 제대로 고려하지 못하는 모습을 보인다.[18)]

> 군인수송용 버스는 36인승이다. 1,128명의 군인들을 훈련장으로 수송하려면 몇 대의 버스가 필요하겠는가?

위 문제를 해결하기 위하여 학생들은 나눗셈을 하고 그 결과 몫이 31, 나머지 12를 얻었다. 그런데 이렇게 계산한 학생들은 전체의 70%이며, 최종적으로 32대의 버스라고 제대로 답한 경우는 이 중 23%였다. 이는 상당수 학생들이 맥락을 제대로 해석하지 못하고 맥락을 고려하지 못하였다는 것을 뜻한다. 그리어[19)]는 학생들이 이와 같은 문장제를 다루면서 실세계를 오히려 이해하지 못하였다는 선행연구자들의 지적에 동의하였다. 그러나 "과제를 적절히 수정하고, 다른 방식으로 적절히 상호작용하도록 하고, 다른 활동들과 적절히 혼합한다면 수학 수업에 활용해도 무방하다."고 주장하였다.

그리어는 커시오와 드프랑코의 연구를 예로 들어 논의하였는데, 이들은 앞서 제시한 버스 문제를 수정하여 학생들이 버스 회사에 예약 전화를 하도록 한 결과 85%의 학생들이 적절히 문제를 해결한 것을 보고하였다. 이 예는 학생들에게 좀 더 "현실적"으로 과제를 만들면 상당수 학생들이 적절하게 문제를 해결할 수 있다는 것을 보여준다. 이로부터 그리어는 "수학의 '두 얼굴'이라고 할 수 있는, 현실세계의 밑바탕을 이루는 측면과 추상적인 형식 구조를 이루는 측면 사이를 연결"하는 방식으로 모델링을 다루고 수학화를 연습하도록 하면서 문장제를 다룰 것을 제안하였다. 그리어는 주어진 문장제를 "어떤 상황을 간략하게 기술한 것으로 보고, 자세한 내용은 개연적인 그러나 논란의 여지가 있는 가정들에 의하여 파악해야 하며, 이때 문제를 해결하는 사람은 무엇을 목표로 해야 하는가와 같은 여러 측면을 민감하게 고려해야 한다."고 주장하였다.

이 책에서 맥락 기반 과제를 활용할 때 우리는, 중학생들의 흥미와 경험에 관련지어 과제의 목표를 설정하였으며, 메이어[20)]가 말한 "실세계"와 피상적으로만 관련시킨 문제가 되지 않도록 하려고 노력하였다.

호지, 비스노브스카, 자오, 콥[21)]은 미국의 7학년 학생들에게 맥락 기반 과제를 제공하고, 이 과제가 학생들의 참여와 수학적인 역량의 발달을 얼마나 지원하는가를 살펴보았다. 연구에 활용한 과제는 두 자료 집합을 비교하여 의사결정을 하고 판단하는 내용으로

---

18) Carpenter, T. P., Lindquist, M. M., Matthews, W., & Silver, E. A. (1983)
19) Greer, B. (1997)
20) Maier, E. (1991)
21) Hodge, L., Visnovska, J., Zhao, Q., & Cobb, P. (2007)

이루어졌다. 예를 들어, 에어백을 장착하면 더 안전해진다고 할 수 있는지를 결정하는 과제, AIDS 환자들을 위한 처방의 효과를 파악하는 과제를 설계하여 활용하였다. 이 과제로 교수실험을 진행하면서 드러난 이슈는 학생 참여를 활성화하는 데에 개인적인 접근과 사회적 접근 중 어느 것이 더 효과적인가 하는 것이다. 연구자들은 "청소년들은 살고 있는 지역과 사회에 대하여 점차 관심을 가지게 되며, 자신이 사회와 공동체의 변화에 영향을 끼칠 수 있음을 깨닫게 되었다."라고 결론지었다.

맥락의 적절성을 판단하는 문제는 신중을 기해야 한다. 미들턴과 얀센[22]은 어떤 양의 15%를 구하는 방법을 가르치는 데에 봉사료를 주는 맥락이 적절하지 않다고 보았는데, 수업에 참여한 학생들이나 그들의 부모들이 그렇게 많은 봉사료를 줄 정도의 소득수준이 아니므로 실제로 일어나지 않을 상황이기 때문이다. 그러므로 "맥락을 신중하게 설계"해야 하는데, 학생들에게 친숙하고 학생 참여를 유발할 수 있는 다음 전략을 활용해야 한다.

> 이야기 형태로 제시한 맥락 기반 과제를 해결할 때, 그 안에 포함된 수학뿐만 아니라 맥락에 대해서도 비계를 제공하여 배우도록 할 수 있다. 학생들이 나름의 맥락을 만들도록 할 수 있다. 학생들이 과제에 사용할 맥락을 선택하도록 할 수 있다. 지도하고 있는 학생들이 속한 공동체와 이웃에 대하여 파악함으로써, 해당지역에서 중요하며 적절한 상황을 포함하는 맥락을 설계할 수 있다.

중학생들의 수학 학습을 인지적인 측면과 정의적인 측면 모두에서 개선하려면, 교사, 학교, 체계 앞에 놓인 많은 난관들을 극복해야 한다. 맥락 기반 과제는 학생들에게 도전과 참여를 유발하는 잠재력이 있으며, 수학으로 세상을 이해하는 것이 어떤 점에서 도움이 되는가를 깨닫게 한다.

프로젝트에서 초점을 둔 맥락 기반 과제

이 프로젝트의 일환으로 맥락 기반 과제를 사용함에 있어, 교사들은 수학적인 내용이 명확한 초점이 되도록 하면서 실제적인 문제를 도입하였다. 시작 단계에서 수학적 초점이 명확하도록 하였고, 이 초점이 맥락을 예로 하여 다루어지도록 하였다. 이때 맥락은 세상을 이해하기 위하여 수학을 어떻게 사용할 수 있는가를 보여주려는 의도 그리고 과

---

22) Middleton, J. A., & Jansen, A. (2011)

제를 해결하겠다는 동기를 유발하기 위한 의도로 도입하였다. 예를 들어, "우리 교실에 사람들이 서 있도록 하면 몇 명이나 들어갈까?"라는 수학적인 내용을 다루기 위한 맥락으로 "학교에 컴퓨터를 설치하기 위한 기금을 조성하려고 한다. 이를 위하여 우리 교실에서 콘서트를 개최한다고 상상하자. 입장권을 몇 장 판매해야 할까?"와 같이 설계하였다.[23)]

앞서 제시한 과제에서 맥락은 동기를 유발하는 한편, 학생들이 참여하여 과제를 해결하기 위한 의사결정을 하는 데에 영향을 준다. 이 맥락으로 수업할 때 교사는 수학적인 내용, 특히 넓이, 어림 전략, 측정 오차 개념과 같은 것들을 폭넓게 관련짓는 것을 목표로 하게 된다.

맥락 기반 과제로 수업할 때, 학생들의 흥미와 경험을 연결하고, 중요한 수학적인 내용을 다루며, 학생 참여를 장려하고, 수학을 통하여 세상을 이해하도록 돕는 과제를 선택해야 한다. 이하에서 이와 같은 기준을 충족한다고 생각하는 과제를 활용한 사례에 대하여 살펴본다.

맥락 기반 과제 예시

프로젝트에 참여한 다수의 교사들이 **표지판 과제**라고 불렀던 과제를 활용하여 수업하였다. 그 중 한 교사가 수업했던 자료에서 얻은 사진과 실행 내용을 이 장에서 소개한다.[24)] 이 수업에서는 49쪽에 제시한 사진을 어디에서 촬영한 것인지 추측하는 것을 과제로 택하였다.

이 과제를 해결하려면 축척과 어림을 알고 적용해야 하며, 자취(locus) 개념도 비형식적으로 다룰 수 있어야 한다. 이 과제에서 자취는 주어진 조건을 만족하는 도시들을 구할 때, 가령, 시드니로부터 2,159km 거리에 있는 도시들을 알아볼 때 다루게 된다.

맥락 설정

학생들에게 가족여행 중에 전망대나 다른 장소에서 그들이 서 있는 위치에서 다른 관광명소들이 어느 방향으로, 얼마나 멀리 떨어져 있는지를 나타내는 표지판을 본 적이 있는지 질문하는 것으로 수업을 시작하였다. 대부분이 전망대에서 그런 표지판을 보았다고 하였고, 이들이 나머지 다른 학생들에게 그 내용을 공유하였다.

---

23) Lovitt, C., & Clarke, D. M. (1988)
24) Clarke, D. M., & Roche, A. (2009)

다음으로 그림과 같이 표지판 사진을 보여주고 14개의 다른 도시들과의 거리가 킬로미터 단위로 표시되어 있다는 것을 확인하였다. 이어서 서로 짝을 이루어 표지판의 위치를 알아내도록 하였다. 본격적으로 활동하기에 앞서 먼저 위치를 예상해보도록 했는데, 사진 속 표지판 뒤의 "열대지역" 배경이 방해를 일으킬 수도 있음을 확인하였다.

이어서 학생들에게 짝과 협력하되 자유롭게 해결방법을 택하여 활동하도록 하였다. 학생들이 스스로 짝을 선택했으며, 지도를 나누어주었다. 자와 계산기는 필요에 따라 사용하도록 하였다.

학습 지원을 위한 질문과 권고

대부분의 학생들이 어떻게 시작해야 할지를 정하여 활동하였는데, 일부 학생들이 활동을 시작하지 못하여 지원이 필요해보였다. 설리번, 모슬리, 제벤베르겐[25]은 과제를 적절하게 변형하거나 적절한 제안을 함으로써 문제해결을 시작도 하지 못하는 학생들에게 도움을 제공하는 것을 **학습 지원을 위한 질문과 권고**라는 용어로 표현하였다. 앞서 제시한 과제의 경우 학습 지원을 위한 질문과 권고로는, 표지판에 있는 도시 하나를 택하여 지도 위에 나타내고 해당거리만큼을 표시하여 "찾아내야 하는 신비의 도시"가 어떤 것인지를 추측하도록 제안하는 것을 들 수 있다.

이 질문과 권고가 유용해보였지만, 실제로는 킬로미터로 표시된 거리를 축척에 의하여 지도상의 거리로 다시 나타내야 하므로 여전히 어려움이 남아 있다. 여기서 다시 질문과 권고를 제시할 수 있다. 이를테면, 서울은 표지판으로부터 9,636km인데 지도에서는 몇 센티미터 떨어져 있을까? 이 질문을 듣고 지도에서 0부터 4,000km까지 자로 재고, 그 결과를 2배 하여 8,000km까지의 거리를 구하고, 서울까지의 거리를 근사적으로 구하기 위하여 1,600km를 더할 수 있다.

학생들은 지도상의 거리에 대한 근삿값을 구한 후, 그것을 서울에서부터 다양한 장소

25) Sullivan, P., Mousley, J., & Zevenbergen, R. (2004)

와 다양한 방향에 대하여 나타낸 후 표지판의 위치로 가능한 장소를 구할 수 있었다.

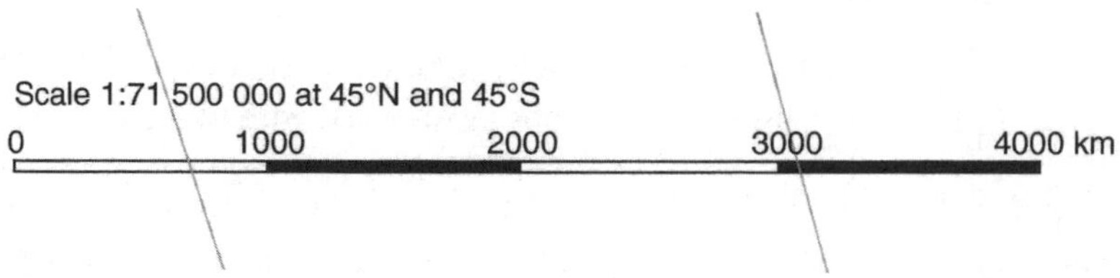

학생들의 해결전략

지도에서 축척을 확인하고 활용하는 능력, 표지판에 제시된 거리를 지도상의 거리로 변환하는 능력에서 학생들은 다양한 수준을 보였다. 참여교사들과 토론한 결과, 중학생들이 축척을 만들거나 사용한 경험이 없어서 수업에 어려움이 있는데, 향후 교육과정 문서와 실행에 축척 관련 내용을 더 강조해야 한다는 것을 확인하였다.

일부 학생들의 경우 학습 지원을 위한 질문과 권고 없이도 활동을 통하여 시드니와 피지가 표지판에서 각각 2,159km와 2,157km로 매우 비슷한 거리에 있으며, “찾아내야 하는 신비의 도시”와도 가장 가까운 장소라는 것을 알아냈다.

한 지도의 축척은 “지도에서 1cm는 실제 거리 450km임”과 같이 표현되어 있었다. 이 지도를 활용한 학생들 중 일부는 시드니와 찾아내야 하는 도시까지의 근사적인 거리를 구하기 위하여 2,159÷450을 계산하는 것과 관련된 도움을 필요로 하였다. 이 학생들에게 “2,159가 되려면 450이 몇 개 있어야 할까?”라고 질문하여 도움을 주었다. 이어서 계산 결과를 4 또는 5로 어림하고, 계산기를 사용하여 답을 구하도록 하였다.

학생들은 거리를 측정하고 축척에 따라 정확하게 계산하는 일에서도 어려움을 겪었는데, 거리가 먼 경우에 더 심했다. 학생들은 아무 도시나 택하고 또 지도 종류도 자유롭게 택했는데, 지도 중에는 표지판에 있는 도시나 찾아내야 하는 도시가 포함되지 않은 것도 있었다. 이 경우 학생들은 도시의 위치를 예상하거나 추측하였다. 때로는 세계지도와 태평양 인근지도를 번갈아가며 사용하기도 하였다. 찾아내야 하는 도시가 호주로부터 그리 멀지 않은 어딘가라는 것을 알게 되면서는 그렇게 할 필요가 없었다.

통찰에 기초한 문제해결

한 모둠의 학생들이 찾아내야 하는 신비의 도시가 지도상 피지에서 5cm 거리에 있다고 주장하였다. 그러고는 교사에게 피지를 중심으로 자를 회전하며, 피지에서 5cm “거리에 있는” 곳들이라고 하였다. 찾아내야 하는 도시가 자로 회전하여 만든 원주 위 어딘가에 반드시 있다는 것을 깨달은 것이다.

교사는 이와 같은 통찰의 결과를 학급 전체와 공유하도록 하고, 더 정확한 측정을 위해 수학적인 의미로 작도하도록 컴퍼스를 도입하였다. 곧 학생들은 시드니 주변에 비슷한 크기의 원을 그리면 중요한 다른 정보를 알게 된다는 것을 깨달았다.

이제 두 개의 원이 뜻하는 바를 결정하기만 하면 된다. 처음으로 발표한 학생은 찾아내야 하는 도시가 두 원이 교차하는 지점에 있을 것이라고 말한 후 다른 학생들의 동의를 구하였다. 교사는 이 학생이 말한 지점에 점을 찍고, 이 점이 피지로부터 5cm 거리에 있는지 질문하였다. 이에 대한 논의 후 학생들은 찾아내야 하는 신비의 도시가 두 원의 두 교점 중 하나 인근이라는 것에 합의하였다.

학생들은 거리에 대하여 찾아낸 다른 정보를 사용하여 찾아내야 하는 도시가 교차점 두 개 중 남쪽에 있는 것이며 뉴질랜드에 있는 도시라는 것을 알아냈다.

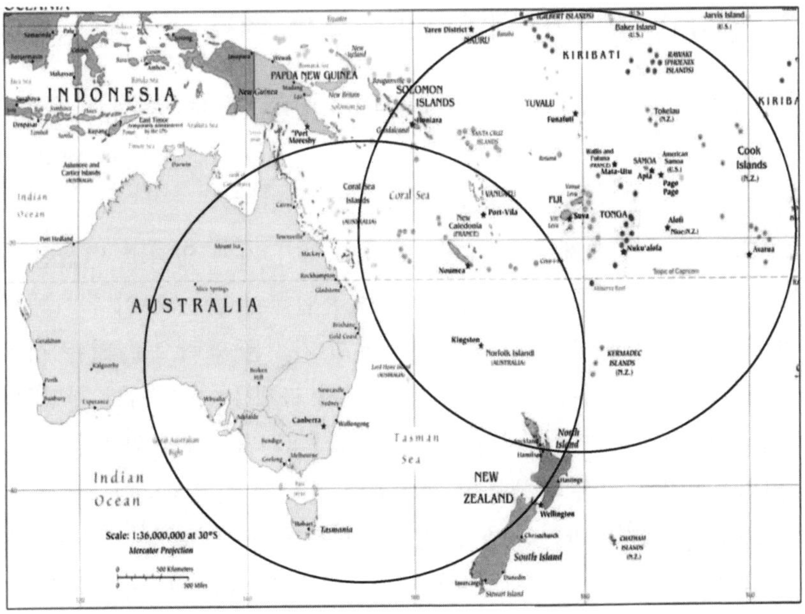

학생 참여

이 과제를 활용한 대부분의 수업에서 교사는, 일부 모둠에서 추론한 결과를 학급 전체와 공유하도록 하였다. 주로 다양한 접근을 했거나, 어려움에 직면한 모둠을 선택하여 발표하도록 하였다. 일부 수업에서는 축척을 만들고 사용하는 것, 정확한 측정방법, 컴퍼스로 원을 그리는 방법, 어림, 예측, 점검 등과 같이 학생들이 이전에 배워 알고 있는 수학에 대하여 발표하도록 하였다. 2개의 거리 정보만 있으면 찾아내야 하는 도시에 대한 가능성이 두 원의 교점 2개로 좁혀진다는 것을 알아내어 발표한 학생들도 있었다.

학생들의 문제 생성

문제해결 영역의 주요 연구자들[26)27)28)] 중 다수가 문제 생성 활동의 중요성을 강조해 왔다. 일부 교사들은 학생들이 스스로 도시를 선택하여 표지판을 만들고, 다른 모둠에게 해결하도록 문제로 제시하도록 함으로써, 이후 수업에서 기존 과제를 확장하여 다룰 기회를 가지도록 하였다. 이렇게 확장하여 다루면 기존 과제를 해결하면서 학습한 것을 확고하게 한다는 점에서 매우 훌륭한 지도방법이다. 학생들은 도시를 선택할 수 있게 된 것을 고맙게 생각하였으며 열정적으로 문제를 만들었다.

교사들이 가치 있다고 판단한 맥락 기반 과제 예시

이번에도 교사들에게 "올해 수업에 적용한 맥락 기반 과제들 중에서 가장 좋았던 것은 무엇입니까?"라고 물었다. 이어서 "그 다음으로 좋았던 과제 2개"를 제시하도록 하였다.

다음에 제시하는 9개의 과제는 적어도 1명의 교사가 가치 있다고 언급한 것이다. 이 과제들은 수학을 찾아 할 수 있도록 하는 맥락을 혼합하여 만든 것이다. '축구의 새로운 차원 과제'와 '마이크와 숫자 과제'는 신문기사에서 가져온 맥락으로 만든 것이다. '안전띠 착용 조사를 위한 표본 과제'와 '주유 카드 선택 과제'는 실외에서 촬영한 사진에서 가져온 맥락을 사용하였다. '이 시계는 몇 시를 나타내는가? 과제'와 '지휘관용 지도 과제'는 다소 인위적이지만 많은 학생들이 참여했던 맥락을 사용하였다. '음악 카드 과제'는 학생들의 관심과 경험을 반영하여 인터넷에서 음악을 다운받는 맥락을 사용하였다. '토지 구획 과제'는 수학적인 필요에 의하여 만들어진 것으로 저자들 중 하나가 개발하였다. 'D-테이프 과제'는 임업에서 사용하는 원의 둘레 관련 내용을 담은 맥락을 사용하였다.

---

26) Brown, S. I., & Walter, M. I. (2004)
27) English, L. D. (1998)
28) Silver, E. A. (1994)

<table>
<tr>
<td>음악 카드
둘 중 어떤 카드가 더 나은가?</td>
<td>A
$24에 16곡

B
$20에 12곡
</td>
</tr>
<tr>
<td>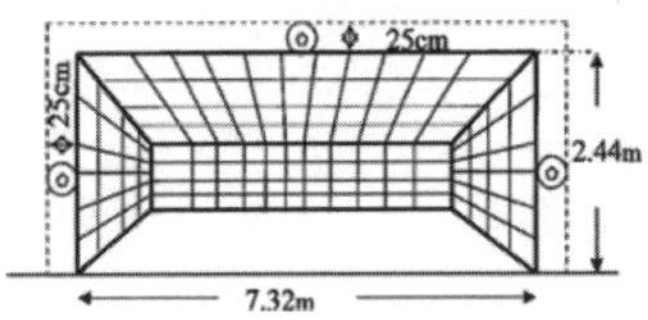
</td>
<td>축구 골대의 크기
축구경기에서 득점이 많이 되도록 골대의 크기를 그림과 같이 세 방향으로 축구공의 폭만큼 확장하자는 제안이 있었다. 득점 가능성이 얼마나 증가할지 알아보아라.</td>
</tr>
<tr>
<td>지휘관용 지도
한 군대 지휘관이 벽으로 완전히 둘러싸인 한 도시에 3명의 첩보원을 보내서 서로 다른 위치에서 도시의 모습을 그려오도록 하였다. 2명의 첩보원이 오른쪽 그림과 같이 도시를 그려왔으나, 북동쪽에서 바라본 도시의 모습을 그린 첩보원은 돌아오지 못했다. 이 첩보원이 그린 그림을 그려보아라. (드 랑이 제시한 과제를 수정하여 만듦)</td>
<td>
서쪽 남쪽</td>
</tr>
<tr>
<td>1, 2, 3, 4, 5, 6, 7, 8, 9, 10, 11, ⋯, 1,000,000</td>
<td>마이크와 숫자들
태즈메이니아 데번포트에 사는 마이크는 1980년대에 2년여 동안 1부터 100만까지의 수를 모두 썼다. 한 지역 신문에서는 마이크가 총 5,878,936개의 숫자를 썼다고 보도하였다. 이 주장이 옳은지 알아보아라.</td>
</tr>
<tr>
<td>안전띠 착용 조사를 위한 표본
매달 같은 수의 차량을 표본으로 택하여 안전띠 착용 여부를 조사하고, 결과를 반올림하여 나타낸다고 한다. 오른쪽 그림과 같은 결과가 나오려면 최소한 몇 대의 차를 표본으로 택했을까?</td>
<td>
</td>
</tr>
</table>

	D-테이프 수목 관리원들이 나무의 지름을 측정하기 위해 사용하는 D-테이프가 있다. 가슴높이에서 D-테이프로 나무를 한 바퀴 감고 나무의 둘레를 구한 후 지름으로 변환할 수 있다. 색 테이프, 자, 계산기를 가지고 자신만의 D-테이프를 만들어라. 만든 D-테이프로 지름이 40cm와 50cm 사이가 되도록 하는 "나무"의 둘레를 측정하여라.
이 시계는 몇 시를 나타내는가? 시계가 마루 위에 떨어졌다. 그런데 어떤 방향으로 회전하는지를 모른다. 그림과 같은 시계는 몇 시를 나타내는가? (피터 갈린이 낸 아이디어를 수정하여 만듦)	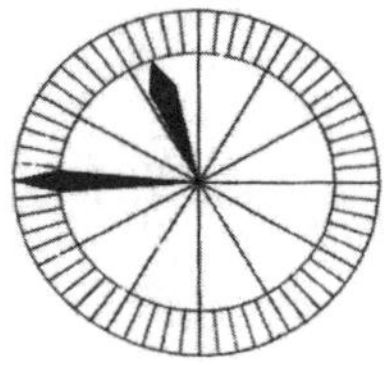
5% off BP Petrol (beats 4c off per litre)	주유 카드 선택 왼쪽 그림은 주유소에 있는 안내판이다. 총 주유액 5% 할인이 리터당 4센트 할인보다 유리한 것은 언제부터인가?
토지 구획 한 친구로부터 오른쪽과 같은 편지를 받았다. 어떻게 답할 것인가?	안녕. 수학에 관한 너의 전문적 조언이 필요해. 문서에는 2cm×5.8cm로 나타낸 토지의 실제 넓이가 4768㎡야. 실제 토지의 가로와 세로의 길이를 어떻게 구하지? 도와줘. 고마워.

맥락 기반 과제에 대한 참여교사들의 반응

우리는 맥락 기반 과제에 기반을 둔 학습의 본성, 이 과제가 교사와 학생들에게 제공하는 기회, 이 과제로 수학을 지도할 때의 제약을 알아보았다. 참여교사들에게 이 과제로 수업한 후 이러한 논점들에 관련된 설문에 응답하도록 하였다. 교사들의 응답을 범주화하고 정리하여 선행연구들에서 논의한 것들이 실제로 어떻게 작용하는지를 교사들의 경험과 더불어 파악할 수 있었다.

먼저 교사들에게 맥락 기반 과제를 다른 교사에게 어떻게 설명할지를 쓰도록 하였다. 설문에 제시한 질문은 "만일 맥락 기반 과제를 다른 교사들에게 설명한다면 어떻게 하겠습니까?"였다. 맥락 기반 과제에 대해 연구진이 이해하고 있는 바와 교사들이 파악하고 있는 바가 일치하는지를 알아보기 위해서였다.

전형적인 답변을 제시하면 다음과 같다.

수학적인 문제를 실제 상황에 포함시켜 제시하는 과제.
구체물을 사용하고, 자료를 수집하며, 점검하고 계산하여 탐구할 수 있거나 탐구를 요청하는 문제로 이루어진 과제.
진정성에 기초한 과제.
수학적인 문제를 맥락에 포함시키지만, 수학적인 내용에 명확히 초점을 두는 과제.
수학적인 내용에 초점을 두며 맥락에 내재된 수학을 탐구하는 과제.
수학에 명확히 초점을 두며 맥락에서 실제적인 문제의 형태로 수학을 포함시켜 다루는 응용 성격의 과제.

우리는 위와 같은 교사들의 설명에 맥락 기반 과제의 본성과 목적이 분명하게 담겨 있었기 때문에 만족스러웠다.

맥락 기반 과제 활용시 이점과 난점에 대한 교사들의 견해

참여교사들은 한 학기 정도의 기간 동안 다양한 맥락 기반 과제들을 활용하여 수업하였다. 이 교사들에게 "맥락 기반 과제를 활용한 수업의 이점"을 나열하도록 하였다. 전형적인 답변은 다음과 같다.

경험의 기회가 더 많아졌다.
일부 과제들은 수학 학습에 어려움을 겪는 학생들에게 적합하다.
"실세계" 맥락에서 다루기 때문에 수학적인 기능과 전략의 목적과 의미를 다루게 된다.
사고력을 함양할 수 있다.
배우는 내용과 과정에 관련하여 다양하게 이해하고 다양한 주제를 다루는 기회를 제공한다.
상위수준의 학생들을 참여시킨다. 가령, 어떤 과제에서는 측정, 계산, 논리를 필요로 하는데, 이와 같이 수학적인 지식과 기능을 결합하여 다루기 때문이다.
학생들마다 서로 다른 방향으로 나아가도록 한다. 예를 들어, 다양한 방법으로 퍼즐을 풀 수 있으며, 이 과정에 학생들이 흥미롭게 참여한다.

맥락 기반 과제를 활용한 수업에서의 제약을 알아보기 위해 “이 과제를 활용하여 수업할 때 어려움은 무엇인가?”라고 질문하였다. 대표적인 응답은 다음과 같은데, 이 중 “학생들을 돕기 어렵다”고 한 것은 “낮은 성취수준”에 있는 학생들의 경우를 말한다.

일부 과제들은 학생들의 문제해결을 돕기 어렵고 너무 길다!
학생들이 서로 다른 것을 필요로 하고 능력도 다르다. 일부 학생들이 다른 학생들보다 빨리 결론에 도달하는 경우도 있었다.
일부 과제에서 확신이 적은 학생들의 경우, 도움을 받지 말고 스스로 해결방법을 찾도록 하면 어디서부터 시작해야 할지를 모른다. 이때 자신에 대하여 그리고 수학에 대하여 부정적인 인식을 심화시킬 가능성이 있다.
맥락 기반 과제에서 활용한 실제 상황이 중학생들에게 모두 적합하지는 않았고, 어떤 것은 교육과정과도 잘 맞지 않았다.
학생들과 미리 준비해야 하는 것이 있다. 학생들은 과정보다 답에 더 관심이 있다.

중학교 교사들이 초등학교 교사들보다 맥락 기반 과제 사용에서 더 많은 문제점을 발견했다는 것에 주목할 필요가 있다. 이들이 제시한 문제점은 “약한” 또는 “능력이 떨어지는” 학생들을 지도하기 어렵다는 것과 관련되었다. 특히, 많은 중학생들이 이런 종류의 과제를 경험하지 못했기 때문에, 맥락 기반 과제를 해결할 때 필요한 사고방법과 해결계획이 그 동안 친숙하게 사용했던 반복 연습과 매우 다르게 보일 것이라고 언급하였다.

맥락 기반 과제의 학습 잠재력과 참여교사들의 실행이 학습에 미친 영향

이하에서는 세 교사가 동일한 과제를 활용하여 수업한 사례에 대하여 살펴본다. 세 교사는 학생들이 어려워할 것으로 예상되는 측면을 고려하고, 자신의 수학적 지식과 신념을 반영하여 과제를 “변형”하였다. 교사들이 수업하기 전에 과제를 살펴보면서 수학적인 그리고 교육적인 가능성을 극대화하는 과정이 얼마나 중요한지를 알 수 있었다.
세 교사는 같은 학교에서 다음 과제로 수업하였다.

> 우사인 볼트가 세운 100m 기록은 9.7초이다. 이 기록은 시속 몇 킬로미터인가? 여러 분은 시속 몇 킬로미터로 달릴 수 있는가?

수업을 진행한 교사와 면담하고, 수업을 관찰하여 도출한 해석 및 논의를 제시하면 다음과 같다.

A교사

A교사는 이전 수업과 연계하여 간략하게 토론하면서 도입하고, 시속(km/h)에 대하여 전체 토론을 한 후, 밖에 나가 짝과 함께 과제를 해결한 후, 보고서를 작성하는 것으로 수업을 계획하였다.

A교사는 스스로의 능력에 대하여 그리고 수학적 지식에 대하여 확신하는 초임교사이다. 그는 도입 단계에서 다음 문제를 제시하고 이에 대하여 26분 동안 토론하였다.

> 스톰피(교실에서 키우는 거북이)가 탈출했습니다. 스톰피는 30초에 10미터씩 이동했습니다. 시속으로는 얼마입니까?

위의 문제는 우사인 볼트 문제와 달리 시간에 대한 정보가 "다루기 좋은 수"로 되어 있다. 이 문제를 다룬 후 한 학생은 자신이 그렇게 빨리 걸을 수 있을지를 궁금해하였다. A교사는 이렇게 우연적으로 생긴 기회를 활용하는 것으로 수업계획을 변경하였다.

A교사는 학생들에게 실제로 자신들이 얼마나 빨리 달릴 수 있는지를 알아보라고 하였다. 학생들에게 스톱워치와 같은 도구를 어떻게 사용하는지를 설명하고, 달리기 과제를 어떻게 해결해야 하는지 그리고 계산을 어떻게 해야 하는지에 대해서는 설명하지 않았다.

학생들은 밖에서 30분 동안 활동하였다. 모둠별로 활동하였는데, 그 중 일부는 시간을 정해놓고 그 동안 얼마나 빨리 달릴 수 있는지를 측정하였다. 왜 그렇게 하는지를 묻자 그렇게 하면 계산하기가 좋을 것 같아서 그렇게 했다고 답하였다. 다음은 학생들의 설명 중 하나이다.

> ○○와 저는 10초 동안 달리기를 했는데, 10초로 정하면 그 시간을 더해서 한 시간이 되고 거리도 추가적인 것을 더하지 않아도 되기 때문입니다…
> 거리를 정해놓고 그 거리를 달리는데 걸린 시간을 측정한 모둠도 있었다.

외부활동을 마치고 학생들은 교실에서 계속 모둠별로 활동하였다. 여덟 모둠 정도가 더 쉬운 방법을 선택했는데, 이 학생들 역시 답을 쉽게 구하였다. 어려운 방법을 선택했던 많은 학생들은 계산이 어려워 힘들어 하였다. A교사는 이 학생들이 계산하는 것을 돕느라고 매우 바빴다. 유능한 학생들은 빨리 답을 구하고는 아직 못 구한 것처럼 행동하기도 하였다. 이 과정은 25분 동안 진행되었다. 결국 점검을 통하여 마무리하는 단계가 진행되지 않았고, 서로 다른 해결방법에 대해서도 살펴보지 못했다.

A교사는 사후에 진행한 면담에서 이 장면을 다음과 같이 회상하였다.

> 시간과 시간 단위를 고려한 학생들이 거리와 거리 단위를 고려한 학생들보다 쉽게 과제를 해결하였습니다. 다시 이 과제로 수업한다면… 그렇게 비를 고려하여 접근하는 것에 대하여 분명하게 다룰 것입니다…. 앞으로 잊지 않고 그렇게 할 생각입니다.

A교사는 과제와 교육적인 의도를 충분히 파악하였고, 학생들에게 스스로 탐구하여 해결하도록 충분한 기회를 제공하였다. 도입이 매우 좋았는데, 특히, 거북이 문제를 제시한 것이 학생들에게 의미 있고 쉽게 접근하도록 하였다. 그러나 학생들이 어떤 계산 방법을 선택하는가에 따라 계산의 난도가 결정된다는 것을 예측하지는 못하였다. A교사는 이것을 수업 중에서야 깨달았다. 그럼에도 불구하고 이 과제와 이를 활용한 수업은 학생들에게 분명히 좋은 기회를 제공하였으며, 나중에 많은 학생들이 좋은 평가결과를 보여주었다. 학생들에게 수업 중에 다룬 과제들에 대하여 조사했을 때, 절반 정도의 학생들이 이 과제를 제일 좋아하거나 제일 많이 배운 것으로 답하였다는 점이 흥미롭다.

A교사는 과제의 난도를 바꾸지 않았고, 과제의 잠재력도 감소시키지 않았으며, 학생들이 나름의 방식을 택하여 해결하도록 한다는 원칙도 유지하였다.

B교사

B교사는 자신의 수학 지식에 대해서는 확신이 없지만, 대체로 자신감을 보인 초임교사이다. 그의 수업계획 중 일부는 다음과 같다.

> … 그러고는 밖으로 나가 시속 몇 킬로미터인지를 계산할 텐데 아마 이 계산을 어려워하는 학생들이 있을 것 같았습니다. 거리를 계산하는 것이 특히 어려울 것 같다고 생각했습니다. 그래서 100m를 달리는 데에 걸리는 시간을 측정하도록 하면 어려움을 해소할 수 있겠다고 생각하여 그렇게 변형했습니다.

B교사는 위와 같은 계획에 따라 "1킬로미터를 얼마나 빨리 달릴 수 있을까?"라는 문제를 제시하고, 해결방법을 생각해보도록 하였다. 학생들은 달리는 속도를 일정하게 유지할 수 있겠는가와 같은 여러 가지 문제들에 대하여 고민하였다. 학생 중 하나가 "100미터를 달리는 속도를 구한 후에 10을 곱하면 됩니다."라고 제안하였고 이 제안이 받아들여졌다. 흥미로운 점은 다른 학생들이 다른 방법들을 제안했음에도 B교사가 계획한 내용에 부합되지 않았기 때문에 받아들여지지 않았다는 것이다. 이어서 한 학생이 세 번 달린 결과의 평균을 구해도 되는지 질문했고, B교사는 다음과 같이 말하면서 이 생각을 승인하였다.

"자유롭게 결정하여 해결하되, 측륜(굴렁쇠 측정자)과 스톱워치는 함께 사용하는 것이 좋겠습니다. 모둠별로 결과를 기록하면서 활동하고, 다 마치고 나면 스톱워치와 측륜을 반납하기 바랍니다. 3명 또는 4명씩 모둠을 이루어 활동하는 것이 좋겠습니다."

학생들은 야외에서 25분 동안 모둠을 이루어 자료를 수집했다. 이어서 교실로 돌아와 5분 동안 마무리하였다. B교사는 "이제 수학책을 펴고 어떤 방법이 가능한지 살펴보세요."라고 말하였고, 학생들은 평균을 구하는 방법에 대하여 토론하였다. B교사는 다음과 같이 말하는 것으로 이 수업을 마쳤다.

> 이제 시속 몇 킬로미터로 달릴 수 있는지 구하기 위해 시간을 바꾸는 방법에 대하여 생각해봅시다. 집에 가서 부모님들과 이에 대하여 이야기하고, 그 방법을 알아보세요.

수업 후 진행한 면담에서, 이 수업의 결과에 대하여 질문하였다.

> 학생들 대부분은 도와주어야 하지만 일부는 스스로 해결할 수 있었습니다. 일부는 100미터를 9.7초에 달리면 시속 몇 킬로미터를 달릴 것인가라는 우사인 볼트 문제를 스스로 해결했습니다. 또한, 시속 몇 킬로미터로 달리는가를 계산하는 방법을 가르쳐준 학생들도 있습니다. 이 학생들은 이것을 이용하여 문제를 해결할 것입니다.

다음 수업에서 B교사는 전반적인 내용을 잠시 다룬 후, "얼마나 빨리 달릴 수 있는가?"라는 수업의 내용을 6분간 다시 다루었다. 이어서 평균 시속을 계산하는 전략에 대해 토론한 후, 5분간 개별적으로 또는 짝을 이루어 평균 시속 계산 방법을 생각해보도록 하였다. 학생들은 제한적으로 성공하였다. B교사는 "9.7에 얼마를 곱해야 1시간이 나오지요?"와 같이 질문하면서 우사인 볼트의 기록을 시속으로 바꾸는 것에 대하여 학생들이 토론하도록 하였다. 그러고는 칠판에 "9.7×?=60"이라고 쓰고, 추측해보라고 하였다. 21초를 곱하면 될 것이라는 학생을 포함하여 몇몇 학생들이 가능한 시간을 추측하였다. B교사는 계산방법을 모델링하고 나름대로 설명하도록 하였다. 이 과정을 25분간 진행하였다.

B교사는 "1킬로미터를 달리는데 얼마나 걸릴까?"라는 문제로 도입하면 나중에 해결해야 할 과제를 쉽게 해결할 것으로 생각했지만 실제 수업에서는 그렇게 되지 않았다. B교사는 학생들이 나름대로 해결방법을 선택하도록 했기 때문에 집에 가서 과제를 더 해결하라고 했을 것이다. 그런데 B교사가 정작 측정활동을 안내할 때는 자료 수집 방법을 정해주었다. 이는 아마도 B교사가 과제에 내재된 수학적 지식에 대하여 확신하지 못했기 때문으로 보인다. 결국 B교사는 단순한 문제로 변형하여 제시하고 해결방법을 직접적으로 형식화하여 제시하려고 계획하였다. 달리 말하면, B교사는 학생들이 어떤 부분에서 어려워할 것인지를 알고 그 어려움을 줄여주려고 했는데, 이것은 B교사 스스로가 이 형태의 과제로 수업하는 것에 대하여 확신하지 못했기 때문으로 생각된다. 그러나 그렇게 단순한 문제로 바꾸어 제시함으로써 더 절차적이고 더 복잡한 형태로 다루게 되었던 것이다.

C교사

C교사는 경력이 많으며, 수학보다 수학적 소양을 교육하는 것이 중요하다고 믿었다. C교사의 수업은 대체로 B교사의 수업과 비슷했는데, 다음 세 가지 점에서는 차이가 있었다. 첫째, C교사는 실제 육상경기 비디오를 보여주었다. 둘째, 이 수업의 내용은 비(ratio)와 무관함에도 불구하고 다른 선수들의 서로 다른 기록을 확인하고 속력차를 계산하는 데에 시간을 보냈다. 셋째, 학생들의 생각을 합리적으로 그리고 숙련되게 활용하여 수업을 이끌었다.

C교사가 이 과제로 다루어야 한다고 생각한 수학은 그가 제시한 다음 두 질문에서 잘 드러난다. "같은 속력으로 달릴 수 있다면, 1킬로미터 가는데 얼마나 걸릴까? … 같은 속력으로 달릴 수 있다면 1시간에 몇 킬로미터를 갈 수 있을까?" 이 두 질문은 초/킬로미터 또는 분/킬로미터, 킬로미터/시간을 다루기 위한 것이었다. 그런데 C교사는 굳이 10초씩 따로 구하도록 유도하였다.

이 수업을 참관하여 기록한 내용의 일부는 다음과 같다.

C교사가 한 학생에게 어떻게 해결했는지를 설명하라고 하였다. 그 학생은 다음과 같이 답하였다. "100미터를 9.71로 나누었습니다. 그래서 초당 몇 미터인지를 구했습

니다. 여기에 3600을 곱했습니다." C교사는 3600이 어디서 나왔는지 물었고, 그 학생은 "60초 곱하기 60분"이라고 답하고는 계산 결과 37075.18m/hr라고 하였다. C교사는 그 학생이 설명한 방법을 다시 반복하였고, 미터/시간을 킬로미터/시간으로 바꾸려면 1000으로 나누어야 한다고 말하였다.

요약하자면, C교사는 그 학생이 계산한 방법을 분명하게 확인하려고 하였으며, 그 학생이 먼저 설명하도록 한 후에 반복하여 설명하였다. 수업을 마친 후 C교사는 사전에 계획했던 계산방법이 복잡했다는 것을 깨달았고, 다음에 다시 수업하면 더 간단한 방법을 가르치겠다고 하였다. C교사는 계산방법에 대한 선택의 폭을 제한하여 과제의 잠재력을 축소하였으며, 이는 이 과제를 해결하는 데에 필요한 수학적 지식에 대하여 자신감이 부족했던 것과 관련되는 것으로 보였다.

세 교사의 수업에 대한 성찰

세 수업에서 활용한 과제의 내용 중 우사인 볼트의 달리기 기록은 실제 자료였기 때문에 복잡하다. 우사인 볼트가 100미터를 10초에 달렸다면 과제가 더 쉬웠을 것이다. 학생들이 직접 달리기를 하면서 과제를 해결하는 부분 역시 복잡한데, 학생들의 선택에 맡겨두는 부분이 포함되었기 때문이다. A교사는 우사인 볼트의 기록을 직접 다루지 않았지만 과제에서 최종적으로 다루어야 하는 것을 바꾸지는 않았다. B교사와 C교사는 모두 특정한 해결 방법을 제시했는데, 그 과제를 해결하는 방법에 대한 자신감의 부족 때문으로 보인다. 이 과제를 활용한 수업에서는 비를 변환하는 형식적인 방법을 아는 것이 그리 중요하지 않으며, 학생이 스스로 계산방법을 찾아내는 것이 과제의 실질적인 잠재력이라고 할 수 있다. B교사와 C교사는 학생들이 스스로 해결방법을 찾지 못하게 함으로써 과제의 잠재력을 축소하였다.

이로부터 도출할 수 있는 시사점은 수학 수업에서 교사가 하는 의사결정에 그들의 수학적 지식과 수학에 대한 확신의 정도가 영향을 미친다는 것이다. 브로피[29]는 이에 관하여 다음과 같이 주장하였다.

(교사) 지식이 더 명확하고, 잘 연결되어 있고, 더 통합적일수록 교과를 더 역동적으로 가르치고, 더 다양한 방식으로 표현하며, 학생들의 언급과 질문에 자유롭게 대처하는 경향이 있다. 교사들이 제한된 지식만 가지고 있으면, 교과서의 내용에만 의존

29) Brophy, J. E. (1991)

하게 되고, 상호작용적인 담론보다는 자습에 의하여 과제를 해결하도록 하며, 교과를 정적이고 사실적인 지식의 집합체로 묘사하는 경향이 있다.

브로피가 말한 바에서 교사 지식을 잘 갖추고 있을 때 나타나는 긍정적인 부분은 A교사의 수업에서 관찰할 수 있으며, 교사 지식이 부족할 때 나타나는 부정적인 부분은 B교사와 C교사의 수업에서 두 교사가 좋다고 생각하는 고정된 수학적 경로로만 학생들을 안내하는 장면에서 확인할 수 있다.

세 수업에 대한 관찰로부터 도출한 시사점은, 맥락 기반 과제를 활용한 수업을 계획하기 전에 교사 자신이 학습자가 되어 그 과제를 해결해보는 것이 필요하다는 것이다. 그런 다음 동일한 과제를 해결해본 동료교사들과 함께, 학생들이 어떤 방법을 사용하고 어떤 결과를 얻을 것인지에 대하여 토론하는 것이 이상적이다. 그러면 교사들은 과제를 어떻게 도입할지, 학생들이 어떤 방식으로 활동하도록 할 것인지, 학생들 중 어려워하거나 곧바로 해결하는 경우에 과제를 어떻게 변형할지, 어떻게 함께 "수업을 이끌지"에 대하여 교육적으로 적절히 고려할 수 있게 된다.

맥락 기반 과제의 발굴과 개발

맥락 기반 과제를 개발하거나 발굴하는 방법은 다양하다. 이하에서는 몇 가지 예를 통하여 맥락 기반 과제를 개발하고 발굴하는 전략을 제공한다.

학생들의 관심사에서 출발하기

많은 학생들은 수학이 자신의 필요나 흥미와 무관하다고 생각하며, 수학 수업을 하면서 더더욱 이 생각을 굳히게 된다. 맥락 기반 과제 개발의 첫 번째 전략은 학생들의 관심사를 파악하여 과제의 맥락으로 활용하는 것이다.[30] 연구진 중 하나인 안네 로체는 학생들이 인터넷에서 노래를 내려 받는 것에 큰 관심이 있다는 것을 주목하고 이것을 맥락으로 하여 음악 카드 과제를 개발하였다. 우리는 그 동안 분수와 비례 추론에 관한 다양한 과제들을 개발해왔는데, 이 과제들 대부분은 맥락이 없다는 것을 깨달았다. 학생들이 관심을 두는 것에 주목하여 맥락을 찾는 것이 중요한데, 교사 역시 그렇게 할 수 있다. 가령, 어떤 브랜드의 휴대전화를 사용할 것인가에 대해서는 학생들의 관심이 많으므로 이

30) Middleton, J. A., & Jansen, A. (2011)

맥락을 활용하여 과제를 개발할 수 있다. 또한, 학생들은 교사들이 살면서 경험한 것에 대해서도 관심이 있으므로, 교사들의 삶에서 맥락을 가져와 과제로 개발하는 것도 좋은 방법이다. 이 책의 저자 중 1명이 받은 이메일 내용을 기초로 하여 토지 구획 과제를 개발한 것이 이 예에 해당한다.

신문, TV, 라디오에서 맥락 찾기

많은 신문기사는 거의 대부분 맥락에 기반하고 있기 때문에, 이것을 활용하여 맥락 기반 과제를 개발할 수 있다. 예를 들어, 2010년 8월 9일, 《더 위크(The Week)》지에 실린 기사에는, 영국 영토의 11.8%에 나무가 자라는데 이는 1750년 이후 가장 나무가 많은 상태라는 주장이 담겨 있었다. 이 자료를 가져와서 자신의 국가와 비교하는 과제를 개발할 수 있다. 가령, 호주에는 어느 정도의 나무가 있는지를 어림하고, 어떤 자료를 어떻게 수집하여 호주의 숲 비율을 구할 수 있는지 알아보도록 하는 과제로 개발할 수 있다. 이하에서 신문기사나 잡지기사로부터 맥락을 가져와 개발한 좋은 과제들을 제시할 것이다.

수학과 관련성이 있는 표지판이나 흥미로운 풍경을 사진에 담아 활용하기

연구진에서 깨달은 한 가지는 디지털카메라를 언제나 들고 다니는 것이 좋다는 것이다. 거리에는 안전띠 착용 조사결과와 같은 내용을 제시한 표지판도 있고, 특별 할인을 알리는 광고판도 있는데, 이것들은 수학과 관련성이 있기 때문에 사진에 담아 활용할 수 있다. 그런 사진을 습관적으로 찍으면 찍을수록 좋은 과제를 개발할 수 있는 기회가 더 많다는 것을 깨달았다.

질문과 권고를 활용한 맥락 기반 과제의 개발

우리는 맥락 기반 과제 관련 교사 워크숍을 진행하면서, 질문과 권고 목록을 제시하고 수학 수업에서 이를 어떻게 활용하는 것이 좋은지에 대하여 함께 토론하였다. 질문과 권고의 한 예는, 어느 신문기사에 슬픈 영화와 장례식을 보고 운다는 사람들의 비율이 들어 있는 표를 보여주는 것이다. 이에 대하여 "자료가 들어 있는 표가 있으니 그래프로 나타내도록 하면 된다."와 같이 말하는 교사들을 보면 실망스러웠다.

연구진에서 생각한 바람직한 교사의 반응은, "이 자료를 그래프를 나타냄으로써 학생들이 어떤 질문에 대한 답을 알 수 있게 될까요?"라는 것이다. 이와 같은 맥락을 가져와서 과제를 개발할 때 학생들의 관심에 부합되면서도 수학적으로 중요한 것을 다루어야 하며, 특히 어떤 질문에 답하도록 할 것인가 또는 어떤 문제를 해결하도록 할 것인가를 핵심적으로 고민해야 한다.

수학적으로 중요한 것을 다루고 분명히 해결해야 하는 문제 또는 탐구해야 하는 질문을 다룬다면 학생들은, 수학을 공부하는 일이 "그저 부담스런" 것이 아니라 그들이 사는 세상을 이해하는 데에 도움이 된다는 것을 깨달을 것이다.

요약

이 책의 후반부에서 맥락 기반 과제 활용에 대하여, 맥락 기반 과제에 대한 교사와 학생들의 반응에 대하여, 맥락 기반 과제들에 대한 학생들의 선호도에 대하여 더 자세히 다룰 것이다. 많은 교사들 그리고 일부 학생들은 맥락 기반 과제를 활용하여 수업하는 것이 어렵다고 생각하였다. 그러나 맥락 기반 과제를 활용하여 수학을 지도하면 학생들에게 수학과 수학의 응용을 관련지을 수 있게 하고, 수학이 어떻게 세상을 이해하는 데에 쓰일 수 있는지를 받아들이게 한다고 생각한다. 맥락 기반 과제를 개발할 때는, 맥락의 의미와 현실성을 고려하여 너무 인위적이지 않도록 해야 하고, 학습 지원과 학습 확장을 위한 질문과 권고를 사전에 준비하는 것이 좋고, 맥락에 친숙하지 않은 학생들에게도 이해되도록 할 필요가 있다. 맥락이 단지 학생들을 "끌어들이는 장치"로만 기능하고 맥락에 내재된 수학을 다루는 순간 사라지는 것이면 곤란하다. 맥락 기반 과제를 활용한 수업에서는 수학에 대하여 학습하는 것과 수학이 내재된 맥락에 대하여 학습하는 것이 모두 중요하다.

설문조사 결과에 의하면, 교사들은 맥락 기반 과제를 활용하여 수학을 지도하는 것에 대하여 대체로 긍정적이었다. 그러나 맥락 기반 과제가 낮은 학습수준의 학생들, 특히 중학생들에게 항상 유익한 것이라는 데에는 교사들의 의견이 일치하지 않았다.

사진 찍은 장소

앞서 소개한 사진은 뉴질랜드의 오클랜드에 있는 국제공항에서 촬영한 것이다.

Chapter 06

내용 기반 개방형 과제의 활용

이 장에서는 개방형 과제가 학습에 대하여 가지는 잠재력에 대하여, 내용 기반 개방형 과제 예시에 대하여, 내용 기반 개방형 과제를 활용한 "수업"에 대하여, 교사들이 내용 기반 개방형 과제를 활용하여 수업할 때 부딪힌 도전에 대하여, 내용 기반 개방형 과제의 특징과 종류에 대하여, 그리고 이 과제에 대한 참여교사들의 반응에 대하여 논의한다. 기본적으로는 학생들이 내용 기반 개방형 과제를 해결할 수 있었으며, 교사들이 내용 기반 개방형 과제를 활용하여 수업할 수 있었고, 이 과제가 수학적인 행동을 촉진하였으며, 수학 학습에서 추구하는 중요한 목표 중 일부를 달성하도록 하였다는 점을 기술하고자 한다.

개방형 과제의 학습 잠재력

3장에서 언급한 바와 같이, 과제가 수학을 가르치고 배우기 위한 특정한 행동을 촉진하면서 결국 가르치고 배우는 일의 성격까지도 결정한다고 생각한다. 이 장에서는 개방형 과제가 촉진하는 행동으로 조사하기, 만들기, 문제화하기, 의사소통하기, 일반화하기, 절차 이해하기 등이 있으며, 이 행동들로 어떻게 수학 학습을 지원할 수 있는가를 살펴본다.

3장에서는 과제와 행동이라는 용어가 각각 어떤 의미인지에 대해서 설명한 바 있다. 목표라는 용어도 중요한데, 이것은 학생들이 과제를 해결함으로써 도달하게 되는 결과라는 의미를 가진다. 통상적으로 목표는 열릴 수도 있고 닫힐 수도 있는데, 오직 하나의 반응만 목표로 인정할 때 목표가 닫혀 있다고 본다. 하나 보다 많은 반응을 목표로 인정할 때 목표가 열려 있다고 하며, 열린 목표를 가진 과제를 개방형 과제라고 부른다.

학생들이 개방형 과제를 해결할 때는 닫힌 과제를 해결할 때와 다른 행동을 하게 된다. 일반적으로 개방형 과제는 닫힌 과제보다 잘 정의되어 있지 않다. 그렇기 때문에 개방형 과제를 해결할 때는 규칙 또는 절차를 기억하여 해결하는 일이 적으며, 관련된 개념들의 의미를 고려하고, 해결과정에 대하여 의사결정을 하며, 다양한 해답이 있을 수 있다는 것을 생각해야 하고, 결과를 소통하는 적절한 방식이 무엇인가에 대해서도 고민해야 한다. 수학 학습은 학생들이 나름대로 초점을 가지고 문제해결 방법을 선택하며, 그 선택에 주목할 수 있을 때에 일어난다.[1] 무엇보다 학생들이 스스로 조절할 수 있는 감각을 키우려면 스스로 의사결정을 해봐야 한다.[2]

스타인과 레인의 논문[3]은 개방형 과제의 유용성을 주장한 연구 중 하나이다. 이들은 "다양한 해결 전략을 허용하고, 다양한 표현과 설명을 독려하는 과제를 활용하여 수업할 때" 학생들의 성취도가 더 높은 것을 확인하였다. 보울러[4] 역시 두 학교의 수학교육을 비교하고 비슷한 결과를 얻었다. 한 학교는 개방형 과제를 활용하여 개혁적으로 그리고 다른 학교에서는 교과서의 과제를 활용하여 전통적으로 수학을 지도하였다. "개방형 과제 그리고 프로젝트 기반 과제를 활용한 수학교육"을 실행한 학교에서는, 사회적인 계급과 성취도의 상관관계가 3년 만에 약해졌다. 반면, 교과서의 과제를 활용하여 전통적으로 수학을 지도한 학교에서는, 3년 후에도 사회적인 계급과 성취도의 상관관계가 높았다. 더욱이, 개방형 과제를 활용하여 수학을 배운 학생들은 "국가성취도 평가를 포함하여 다양한 평가에서 상당히 높은 성취도를 획득하였다." 이와 같은 성과에 대하여 의심도 제기되었지만, 보울러[5]는 이런 방향의 연구를 지속적으로 수행하여 다양한 곳에서 똑같은 성과를 확인하였다.[6]

개방형 과제를 만드는 방법은 다양하다. 윌리엄[7]은 "이 공들의 탄성을 기술하여라."와 같이 탐구의 성격을 띠도록 할 것을 제안하였다. 룽[8]은 문제제기를 강조하는 방법을 제안하였다. 크리스찬센과 월더[9]는 개방형 과제를 활용하면 학생들이 생산적으로 탐구하게 된다고 주장하였다. 이들의 연구에서 제시한 개방형 과제의 예는, "개 한 마리를 일 년간 키우는 비용은 얼마일까?"이다. 개방형 과제가 중요함에도 불구하고, 수학 수업에서 이를 활용하는 데에는 어려움이 따른다는 것을 확인하였다. 따라야 할 교육과정이 있고 체계화된 외부평가에도 대비해야 하기 때문이다.

---

1) Watson, A., & Sullivan, P. (2008)
2) Middleton, J. A. (1995)
3) Stein, M. K., & Lane, S. (1996)
4) Boaler, J. (2002)
5) Boaler, J. (2008)
6) Staples, M. E. (2008)
7) Wiliam, D. (1998, July)
8) Leung, S. S. (1998)
9) Christiansen, B., & Walther, G. (1986)

지금까지 개방형 과제가 어떤 의미에서 개방적이어야 하는가를 다루었는데, 이와 더불어 우리가 추구하는 바는 교과서와 수학 교육과정에서 다루는 수학적 주제들과 관련시킨 내용 기반의 과제이다. 내용 기반의 개방형 과제는 교내 또는 교외에서 실시하는 평가에서 학생들이 불이익을 당할 위험도 없앨 수 있기 때문에 수업에서 다룰 수 있다. 이와 같은 점을 고려하여 교사들에게 제시한 내용 기반 개방형 과제의 의미는 다음과 같다.

> 내용 기반 개방형 과제의 답은 다양할 수 있다. 학생들이 내용 기반 개방형 과제의 다양한 답에 대하여 살펴보고 논의함으로써 그리고 다양한 답에 내재된 규칙성을 파악함으로써 관련된 수학적 개념에 대하여 통찰하도록 할 수 있다. 이상적으로 말하면 학생들 스스로 해결전략과 해답을 선택할 수 있다. 이는 과제를 산술적으로 그리고 일반적인 방법으로 해결할 수 있다는 의미에서 그러하다.

교사들에게 내용 기반 개방형 과제를 활용하여 수업할 때의 지침을 제시하였다. 특히 다음과 같은 지침을 지도방법으로 제시하였다.

> 과제를 제시한 후, 용어들을 명확히 한다. 답이 다양하다는 것을 알려주지만, 무엇을 어떻게 해야 하는가에 대해서는 설명하지 않는다. 학생들이 개별로 과제를 해결하도록 하고 순회하여 주목한 흥미로운 답을 발표하도록 하고 토론을 이끌어 공통점과 일반성을 도출한다.

이하에서는 내용 기반 개방형 과제의 두 측면, 곧 개방적이면서 내용 기반이라는 것이 학습을 어떻게 지원하는지에 대하여 알아본다.

내용 기반 개방형 과제를 활용한 학습기회 제공

교사들이 내용 기반 개방형 과제를 활용하여 수업할 때 고려해야 할 몇 가지 주요 사항들을 설명하기 위하여 다음 과제를 개발하였다. 중학교에서 사용하기에 적합하다. 직사각형 모양의 종이로 부피가 최대인 상자를 만드는 고등학교 수준의 과제를 단순화하여 개발한 것이다. 먼저 닫힌 형태로 제시하면 다음과 같다.

가로 20cm, 세로 16cm인 직사각형 모양의 종이 네 모퉁이에서 한 변의 길이가 2cm인 정사각형을 잘라낸 다음 뚜껑이 없는 상자를 만든다. 이 상자의 부피는 얼마인가?

이 과제를 개방형으로 다음과 같이 만들 수 있다.

가로 20cm, 세로 16cm인 직사각형 모양의 종이 네 모퉁이에서 정사각형을 잘라낼 것이다. 잘라내고 남은 네 부분을 접어 올려서 뚜껑이 없는 상자를 만들 것이다. 이렇게 만들어진 상자들의 부피를 구하여라.

닫힌 형태에 비해 개방형으로 제시하면 학생들이 서로 다른 수준과 서로 다른 방식으로 과제해결을 시도할 수 있기 때문에, 수준과 성향이 다른 학생들로 이루어진 학급을 대상으로 수학을 지도할 수 있다는 장점을 가진다. 선행연구들에서도 닫힌 형태보다 개방형일 때 일반적으로 다양한 수준과 성향의 학생들이 더 과제해결을 많이 시도한다는 것을 보고해왔다.[10)]

나아가 개방형 과제는 학생들로 하여금 개념의 주요한 측면에 주목하도록 한다. 위의 과제의 경우, 네 모퉁이에서 다른 크기의 정사각형을 잘라내면 상자의 크기도 달라지고 결국 상자의 부피도 달라진다는 등 관련된 개념의 측면에 주목하게 할 수 있다. 이것은 단순히 규칙을 기억하여 적용하는 식으로 과제를 해결하는 것과 매우 다르다. 이렇게 개념의 주요한 측면에 주목하는 것을 학생들을 위한 학습목표의 형태로 진술할 수도 있다. 또한, 개방형 과제는 학생들에게 문제 맥락을 조사하고, 의사결정을 하고, 일반화하고, 연결성을 찾고, 대안을 모색할 수 있는 기회를 허용하기도 한다. 어떤 범위에서 정사각형을 잘라낼 수 있는가를 알아봄으로써 상위학년에서 배우게 될 제한범위 또는 제한영역에 대한 통찰의 기회도 제공한다.

위에서 두 번째 과제가 개방형이 아니라고 생각하는 독자도 있을 것 같다. 잘라낼 정사각형의 한 변의 길이를 정하면 상자의 부피가 "유일하게" 결정되기 때문이다. 그렇게 대수적으로 해결하는 것은 상위학년에서 다루는 방법이고, 여기서는 그 방법을 아직 모르는 하위학년 학생들에게 이 과제를 제시하는 것으로 가정하였다. 대수적인 해법을 모르는 학생들의 경우, 자연수 범위 내에서 수를 대입하여 해결하려고 노력하게 된다. 그렇게 특정한 범위 내에서 답을 구해본 후, 일반적으로는 어떻게 해결할 수 있는지를 탐

---

10) Sullivan, P. (1999)

구하도록 하였다.

교사는 먼저 과제를 제시하고 배울 내용으로 설정한 것을 분명하게 해야 한다. 일부 학생들은 과제에 포함된 언어나 절차에 친숙하지 않을 수 있음을 인식하는 것이 중요하다. 위의 과제에서는 **부피, 뚜껑이 없는 상자** 등과 같은 용어를 학생들이 어떻게 해석하는지를 확인해야 한다. 또한, 다양한 해결방법이 있고 해결결과를 표현하는 방법도 다양하며, 창의적으로 생각해야 하고, 첫 번째 과제에서처럼 깔끔한 답이 나오지 않을 수 있으며, 상자의 모양이 어떨지 상상하면 도움이 된다는 것 등 과제에 다각도로 접근하도록 안내해야 한다.

도입 단계에서 중요한 것은 학생들에게 과제를 다루는 방법을 구체적으로 말하지 말고 스스로 탐구하도록 해야 한다는 것이다. 그런데 프로젝트에 참여한 교사들의 수업을 관찰했을 때, 과제를 다루는 방법을 알려주어 과제가 요구하는 수준을 낮추는 경우가 많았다. 이렇게 하고 싶겠지만 교사 스스로 이 충동에 저항하기를 바랄 뿐이었다.

다음 단계는 학생들이 먼저 독자적으로 과제를 살펴보고, 다음으로 짝을 지어 또는 모둠을 이루어 과제 해결에 착수하도록 하는 것이다. 이 단계에서 교사는 어떤 학생들이 어려워할지를 예상할 수 있을 것이다. 그런데 어떤 학생들이 어려워할 것이라고 지레 짐작하지 말고, 우선은 모든 학생들이 과제를 해결하도록 한 후에 그 과정을 지켜보면서 필요한 도움을 주는 것이 좋다고 생각한다.

가장 중요한 것은, 일부 학생들이 어려워한다고 해서 과제를 완전히 다른 것으로 바꾸거나 그런 학생들끼리 따로 모아 학습하도록 하지 말고, 3장에서 말한 바 있는 **학습 지원을 위한 질문과 권고**에 따라 과제의 요구수준을 줄이면서 우리가 제시했던 수업모형대로 진행하는 것이다. 위의 과제로 수업할 때 활용할 수 있는 학습 지원을 위한 질문과 권고의 예는 다음과 같다. 이것들은 주어진 과제와 관련되는 것으로 주어진 과제를 이해하는 데에 도움이 된다.

- 활동지에 좀 더 정보를 담아서 주목해야 하는 부분을 드러내줄 수 있는데, 가령 잘라낼 정사각형을 표시해주는 식으로 할 수 있다. 그런 다음에 정사각형을 잘라 내어 상자를 만들도록 할 수 있다.
- 격자점이 표시된 활동지로 과제를 해결하도록 할 수 있다.
- 상자를 만들어 제시하거나 전개도를 제시할 수도 있다.

위와 같이 변형한 과제를 해결하고 이어서 원래 주어졌던 과제를 해결하도록 하여, 학급토론의 내용도 이해하고 토론에 참여하도록 하는 것이 목표이다.

일부 학생들은 빨리 과제를 해결할 것이다. 그러면 완전히 새로운 과제보다는 주어진 과제와 관련된 생각을 하도록 하여 확장된 학습을 하도록 하는 것이 바람직하다. 예를 들어, 다양한 방식으로 해결한 학생들에게 다음과 같이 권고할 수 있다.

- 규칙성을 찾아보아라.
- 가능한 모든 답을 찾아보아라.
- 답을 다르게 표현할 수 있는지 알아보아라.
- 만들 수 있는 상자의 최대 부피와 최소 부피를 구하고, 어떻게 구했는지 설명하여라.

위와 같이 변형하여 과제를 제시하는 것은 **학습 확장**을 시도하는 것이다.

다음 단계는 학생들이 활동하는 동안 파악한 바에 따라 일부 학생들을 선정하여 어떻게 해결하였는지를 발표하도록 하고 나머지 학생들은 이에 대하여 질문하고 논평하도록 하는 것이다. 스타인, 엥글, 스미스, 허지스[11]가 적절하게 주장하였듯이, 학생들이 활동하는 동안 교사는 어떤 학생들을 어떤 순서로 발표하도록 할지에 대한 의사결정을 하여 생산적으로 수업을 이끌 수 있다.

마지막으로 학생들의 통찰과 해결전략을 요약하고, 여기서 특정한 주제 또는 공통성을 찾아 설명하며, 사전에 설정한 수업 목표와 관련지어 마무리하면 된다.

2장에서 제시한 지도 원리에 비추어 위에 서술한 수업의 특징을 다시 기술하면, 교사는 과제를 통하여 지도하고자 하는 수학을 명확히 하고 그것이 학생들의 활동에 어떻게 반영되도록 할 것인지를 기술할 수 있어야 한다. 또한, 학생들이 이미 알고 있는 것을 맥락으로 가져와서 이야기로 잘 구현할 수 있어야 한다. 예를 들어, 위의 과제와 관련된 이야기를 생각해보면, 과자를 만드는 한 회사에서 과자상자를 설계하려고 하는데 이미 회사에는 위의 과제에서 말한 것과 같은 크기의 종이가 많다는 맥락을 가져올 수 있다. 이 맥락을 고려하면 과자회사의 입장에서 어떻게 만들어야 최선일지를 알아보는 것도 가능하다. 개방형 과제는 학생들에게 의사결정을 하도록 허용하지만 어떤 학생들은 이렇게 하는 것에 어려움을 느낄 수도 있다. 이런 학생들에게 어떤 도움을 줄지를 미리 준비해야 하며, 이미 능력을 가지고 있어서 쉽게 해결한 학생들에게는 어떻게 이 과제를 통하여 알게 된 것을 확장하도록 할 수 있는지를 준비해야 한다. 의사소통에 의하여 그리고 서로 무언가를 공유하도록 하면서 학습이 이루어지도록 해야 한다. 또한, 유사한 과제들을 연속적으로 제시하여 계속 확장하여 학습하도록 할 수도 있다.

---

11) Stein, M. K., Engle, R. A., Smith, M. S., & Hughes, E. K. (2008)

내용 기반 개방형 과제를 활용했던 교사들의 통찰과 실행 사례

수학 수업, 특히 친숙하지 않은 형식의 과제를 활용하는 수학 수업에는 당연히 복잡하고 다양한 어려움이 발생한다. 우리가 진행한 프로젝트에서는 그와 같은 어려움을 확인하여 드러내고 그 제약이나 난관을 극복하는 방법에 대하여 교사들이 주목하도록 하는 것에 목표를 두었다. 이하에서는 내용 기반 개방형 과제를 활용하여 수업할 때 얻은 통찰을 제시한다.

교사가 주로 설명하고 학생들은 연습하는 방식으로 진행하는 전통적인 수업을 설계하고 진행하기는 쉬우며, 이 수업에서 학생들이 어떻게 활동하는지를 관찰하는 것도 간단한 문제이다. 그러나 개방형 과제를 활용한 수업을 진행하려면 교사는 익숙하지 않고 복잡하며 다양한 역할을 수행해야 한다.

보다 구체적인 논의를 위하여 8학년(13세)을 지도하고 있는 두 교사와 함께 개발한 여러 차시의 수업계획을 살펴보자. 두 교사에게 먼저 1차시 수업내용으로 다음을 제안하였다.

오른쪽 그림과 같이 사각기둥 사진을 제공하고 사진 속 입체도형을 똑같이 만들도록 하는 대신 나와서 사진을 살펴보고 자기자리로 돌아가 그려보도록 한다. 학생들에게 그린 그림들에 대하여 토론하게 한다. 주어진 입체도형을 잘 표현한 그림의 특징이 무엇인지를 알아보게 한다. 차원, 가로, 세로, 높이, 직사각기둥과 같은 관련 용어를 도입하여 다룬다.

다음으로 2차시 수업에서는 다음 과제를 다루도록 제안하였다.

36개의 정육면체로 직사각기둥을 만들었다. 이 직사각기둥은 구체적으로 어떤 모양이겠는가?

다양한 응답을 허용하며, 요청하는 학생들에게는 정육면체들을 가져가서 활동하도록 했다. 또한, 학생들의 응답을 살펴보고 어떤 유형의 응답인지, 공통점은 무엇인지 등을 알아보고 36개의 단위 정육면체가 곧 부피가 된다는 것을 설명하도록 제안하였다. 이어서 다음 과제를 제안하였다.

600개의 정육면체로 직사각기둥을 만들었다. 이 직사각기둥은 구체적으로 어떤 모양이겠는가?

두 교사에게 활동을 마치고 학생들이 응답한 것을 같이 살펴볼 때 도표를 그리거나 또는 문장으로 쓴 것을 강조하여 살펴보도록 제안하였다.

이제 이와 같이 계획한 일련의 과제를 활용하여 수업한 것을 관찰함으로써 파악한 학습기회와 제약들에 대하여 살펴본다.

활동하는 과정에서 학생들이 어려워하는 점을 확인하기

교사는 학생들이 활동하는 과정에서 보고 들은 것을 바탕으로, 수업에 대하여 그리고 학생의 발전에 관하여 판단하게 마련이다. 학생들이 말하는 것이나 질문하는 것을 보면 얼마나 배울 준비가 되어 있고 얼마나 발전할 것인지를 알 수 있다. 또, 학생들이 활동한 결과를 자세히 살펴보면 그들이 앞으로 얼마나 발전할 것인지를 예측할 수 있다. 교사는 학생들이 어떻게 활동하는지를 관찰하고 그에 기초하여 교육적인 결정을 내릴 것이라고 가정하기 쉽다. 그러나 이것은 생각보다 어려운 일이다. 다음은 왜 이것이 어려운 일인지를 보여주는 사례이다.

위의 과제를 활용한 수업에서 학생들이 다양한 기둥 모양의 입체도형들을 쉽게 시각화할 것이라고 생각했는데, 실제로는 그렇지 않았다. 그러나 학생들이 입체도형들을 그리는 것과 관련하여 어떤 어려움을 겪는지를 구체적으로 확인하기는 어려웠다. 예를 들어, 일부 학생들은 그려야 하는 입체도형의 윤곽을 먼저 그린 후 내부에 정육면체를 채웠는데, 이 과정에서 어려움을 겪었다. 학생들이 최종적으로 그려낸 것만 보고는 어떤 순서로 그렸고 어디에서 어려움이 발생하였는지를 해석할 수 없었다.

교사는 학생들이 어떻게 최종적인 결과에 이르렀는지를 파악하기 위해 노력해야 하며, 때로는 분명한 것처럼 보이는 것도 실상 그렇지 않을 수 있음을 깨달아야 한다.

정확한 수학적 언어로 소통하는 것의 유용성

수학은 정확한 언어다. 수업시간에는 학생들이 혼동하지 않도록 아이디어를 기술해야 정확한 언어로서의 수학을 다룰 수 있게 된다. 관찰했던 수업에서는 다음 두 사례와 같이 부정확하게 수학을 다룬 경우가 있었다.

첫 번째 사례는 정육면체들을 모아서 만든 직사각기둥 사진을 보고 그것을 똑같이 만들어보도록 했을 때 발생하였다. 수업을 진행한 두 교사는 사진의 직사각기둥을 정확하게 똑같이 만들어야 한다는 것을 강조하지 않았고, 심지어 둘 중 한 교사는 사진에 있는 것과는 다른 개수의 정육면체들로 직사각기둥을 만들기도 하였다. 당연히 학생들도 정확하게 똑같은 도형을 만들어야 한다는 것에 관심을 기울이지 않았다. 학생들은 어디가 잘못되었는지를 금방 파악하지 못하였는데, 만약 주의 깊게 사진을 관찰했다면 사진 속의 도형과 다르다는 것을 알 수 있었을 것이다. 용어를 사용할 때도 정확성이 부족했는데, 두 교사 모두 "사각기둥"이라고 해야 할 때 "정육면체"라고 하고, "정육면체"라고 해야 할 때 "정사각형"이라고 말하기도 하였다. 수학 학습의 특성 중 하나는 언어의 정확성을 추구하는 것이며, 이렇게 하면 분명히 좋은 점들이 있다. 학생들이 수학을 배울 때 겪는 어려움은 대부분 수학적인 언어에 친숙하지 않고, 특히 그 미묘한 의미를 파악하지 못했기 때문에 발생한다. 중학교 때 각별히 교사가 정확한 언어 사용에 주의를 기울이면 이런 어려움 중 일부는 줄일 수 있을 것이다.

목표를 가지고 질문하는 것이 왜 중요한가?

이미 논의한 바와 같이, 학생들이 알고 있는 것에 기초하여 학습하도록 하면 좋은 점이 있다. 교사는 학생들이 무엇을 알고 있는지를 효과적으로 그리고 목표를 가지고 파악해야 한다.

교육학자들이 교사들에게 "말을 많이 하지" 말아야 한다고 제언하지만, 그렇게 하면 학습을 이끌 때 시간이 많이 걸리고 때로는 유용하지도 않은 지도 전략에 의존하게 될 수도 있다. 어떤 때는 학생들에게 정보를 제공하는 것이 유용하고 효율적이다. 문제는 언제 정보를 제공하고 언제 제공하지 말아야 할지를 판단하는 일이 쉽지 않다는 것이다.

교사의 설명이 항상 필요한 것은 아니다

위에서 살펴본 여러 차시의 수업을 실행했던 두 교사는 계속 무언가를 설명하려는 경향을 보였다. 그런데 두 교사가 학급 전체에 설명할 때 학생들은 그냥 과제를 해결하기 위하여 활동하였다. 이때 교사의 설명은 별로 유용해보이지 않았다. 학생들이 스스로 문제 해결 방법을 찾으면 좋겠다고 생각한 장면에서 교사가 각 단계에 대하여 계속 설명한 적도 있었다. 그러자 학생들도 무언가 말하기 시작했고, 전체적으로 소음이 증가되었으며, 결국 일부 학생들은 과제해결에 집중하지 못하였다. 말로만 설명하기보다는 시각적 표현을 활용하는 것도 좋은 방법이다. 만약 학생들이 스스로의 문제해결 활동을 시각화할 수 있다면 교사 혼자 설명하는 것보다 더 유용한 활동을 할 수 있을 것이다.

내용을 알면서도 수업에 적극적으로 참여하지 않는 학생들 파악의 중요성

수업을 관찰하면서 놀라웠던 것은, 일부 학생들이 적절한 답 또는 다양한 답을 찾고도 수업에 참여하지 않았다는 것이다. 그 학생들이 수업에 참여했다면 모든 학생들이 수업을 일찍 끝내고 점심을 먹으러 갈 수도 있었다. 우리는 그 학생들이 왜 알고 있는 것을 적극적으로 드러내지 않았는지를 알고 싶었다. 아마도 나머지 다른 학생들과 유대감을 유지하려고 그렇게 한 것이며, 다른 학생들에게 자신들이 교사를 지원하는 것으로 보이고 싶지 않아서 그랬던 것으로 보인다. 만약 실상이 이러하다면 학생들이 어떻게 응답하는가를 확인하여 판단하는 것이 적절하지 않을 수도 있음을 시사한다. 어떤 학생들은 알고 있는 것을 응답에 반영하지 않기 때문이다.

지금까지 개방형 과제를 활용하여 수업할 때 교사들이 직면할 만한 어려움들을 알아보았다. 이들 각각에 대해서는 더 자세히 살펴볼 필요가 있다. 이 어려움들을 보면 원래 가르치는 일이 미묘하고 복잡하다는 것, 특히 비정형 과제를 활용하는 수업에서는 더더욱 그러하다는 것을 알 수 있다. 그러므로 비정형 과제를 어떻게 활용할 것인가를 예비교사와 현직교사 대상 교육에서 적극적으로 다루어야 한다.

내용 기반 개방형 과제의 예시

이제 다양한 수준의 내용 기반 개방형 과제의 예시와 각 과제에서 초점으로 하는 내용에 대하여 다룰 차례이다. 이하에서 다루는 과제들은 프로젝트를 위하여 개발된 것이며 중학생들에게 적합하다. 이를 참고하여 초등학생들 그리고 상위주제를 배우는 고등학생들에게 적용할 수 있는 비슷한 과제를 만들 수 있을 것이다. 내용 기반 개방형 과제 예시로 우리가 개발한 과제들은 다음과 같다.

질량은 같지만 부피가 다른 두 물체를 찾아라.
6개의 직각을 가지는 닫힌 도형을 그려라.
주어진 종이 위에 1m 길이의 선을 그려라.
둘레의 길이가 20cm인 직사각형의 넓이는 얼마인가?
모눈종이에 단위 정사각형 6개 넓이의 삼각형을 가능한 많이 그려라.
반올림하여 5.3인 수는 무엇인가?
나이의 중앙값이 18인 어느 가족 구성원 각각의 나이는 얼마인가?
더해서 $\frac{3}{4}$인 두 분수는 무엇인가?

5.01과 5.1 사이의 수 15개를 써라.

넓이가 1헥타르인 L 모양의 방목장의 둘레의 길이는 얼마인가?

위의 과제들은 모두 다양한 답을 허용하며, 학생들로 하여금 의사결정을 하도록 하고, 다양한 수준에서 해결될 수 있으며, 확장의 기회를 제공하며, 가능한 답들에 대하여 토론함으로써 중요한 수학적 아이디어를 부각시키는 기회를 제공한다. 13장에서 과제에 담긴 목표, 적용한 결과와 더불어 내용 기반 개방형 과제들의 사례를 더 제시한다.

위와 같은 과제를 처음 보면 낯설게 느껴질 수 있기 때문에, 프로젝트를 수행하여 이 과제들을 어떻게 사용할 것인지를 기술하고자 하였다. 다음 절에서는 개방형 과제를 활용하여 수업할 때 실현가능한 것이 무엇이며 실제로 교사들이 그와 같은 정보를 어떻게 해석하고 활용했는지를 설명한다.

내용 기반 개방형 과제에 대한 참여교사의 반응

프로젝트 수행을 통해 개방형 과제들에 기초한 학습의 본성, 개방형 과제가 학생들에게 제공하는 기회, 그 과제를 활용하여 수학을 지도할 때의 제약들을 파악하였다. 참여교사들은 개방형 과제를 활용하여 수업한 후, 이러한 논점들에 대한 설문조사에 답하였다. 이하에서는 교사들이 서술한 구조화되지 않은 응답들을 파악하고, 범주화하여, 정리한 내용을 제시한다.

교사들이 생각하는 내용 기반 개방형 과제의 의미

연구진에서는 개방형 과제를 활용한 수업에 대하여 제안한 바가 있었고, 이 제안들을 교사들이 어떻게 해석하였는지를 알아보고자 하였다. 이를 위하여 준비한 설문조사 문항은, "개방형 과제에 대하여 다른 교사들에게 어떻게 설명하겠습니까?"라는 것이었다.

거의 모든 응답이 "다양한 답, 다양한 해결방법", "다수의 해결전략", "하나가 아니라 다양한 답의 탐색"과 같이 다양한 답이 가능하다는 것을 표현하는 것이었다.

또, 많은 응답에서 "학생들에게 각자의 수준에서 해결할 수 있도록 함", "나름의 이해 수준에서 해결전략을 택함", "다양한 능력의 학생들이 해결할 수 있음" 등과 같이 준비도가 다양한 학생들에게 적합하다는 것을 언급하였다.

여러 교사들이 "전략의 공유에 초점을 둘 (필요성)", "일반화하고 규칙성 파악하기", "통찰한 것을 수학적으로 표현하기" 등과 같이 학생들의 행동을 핵심적으로 고려하여 답하였다.

요컨대, 많은 교사들이 연구진의 제안에 포함된 언어와 형태로 개방형 과제의 목표와 활용을 진술할 수 있었다. 이는 전문성 개발을 위한 지원이 있다면 교사들은 개방형 과제의 목표와 가치를 이해할 수 있음을 시사한다.

교사들이 좋다고 평가한 개방형 과제

교사들을 대상으로 했던 설문조사 문항 중 하나가 "올해 수업에 활용한 것 중 가장 좋았던 개방형 과제는 무엇입니까?"였다. 이어서 "다음으로 좋았던 개방형 과제 2개"도 제시하도록 하였다. 조사결과, 일부 과제가 아니라 여러 과제들이 고루 좋았던 것으로 제시되었다. 좋다고 언급된 과제들은 다음과 같다.

구글 지도를 사용하여 4km 길이의 학교주변 산책로를 설계하여라.
빈 칸에 알맞은 수를 넣어라. __×8 = __0

가능한 답이 여러 개이고, 교사와 학생이 함께 가능한 답의 종류를 알아볼 수 있으며, 해결하기 위해서는 학생 스스로 모종의 선택을 해야 하고, 단순한 절차의 적용으로는 해결되지 않는다는 점에서 전형적인 개방형 과제들이다.

다음과 같은 과제도 언급되었다.

학교에 있는 수도에서 1년간 낭비되는 물의 양은 얼마이겠는가?

이 과제 역시 학생 스스로 무엇이 중요하고 자료를 어떻게 수집해야 하는지를 결정해야 하고, 학생 개인의 주체의식을 허용한다는 점에서 개방형 과제의 특성을 가진다. 실제 맥락을 활용한 것이므로 5장에서 다룬 맥락 기반 과제의 특성을 가지기도 한다는 점에서 흥미롭다.

이와 같은 교사들의 응답을 보면, 연구진이 교사들의 전문성 개발을 위하여 교사들에게 지원했던 개방형 과제 관련 자료를 그들의 수업에 활용할 수 있었으며, 용어와 개방형 과제에 익숙해졌고, 개방형 과제의 특성도 명확하게 표현할 수 있게 되었음을 알 수 있다.

교사들이 생각하는 개방형 과제의 이점

교사들의 전문성 향상을 위한 모임에서 제시한 개방형 과제 활용의 이점은 다음과 같다.

- 해결전략과 해의 유형에 대한 선택의 폭이 넓다. 이와 관련하여 응답을 일반화할 수 있고 규칙성도 발견할 수 있다.
- 해결방법으로 가능한 것들에 대하여 토론할 수 있다.
- 가능한 해의 범위를 파악한 후, 그 다양성과 상대적인 효율성을 이해할 수 있다.

개방형 과제를 활용하여 수업한 후 교사들에게 다음과 같이 질문하였다.

개방형 과제를 활용하여 수업할 때의 이점은 무엇입니까?

가장 많이 나온 응답은, "학생들이 다양한 방법으로 해결할 수 있다는 것", "각 학생이 각자 나름대로 해결할 수 있다는 것"과 같이 학생들이 해결방법을 스스로 선택하는 것이었다.

학생들이 하게 되는 사고의 특성에 관한 응답도 많았다. 가령, "학생들이 사고의 폭을 넓히도록 격려하는 것", "창의성 촉진", "가능성을 열어둔다는 것", "학생들이 더 깊게 사고하게 된다는 것", 이와 약간 다르게 "학생들이 해결을 포기하지 않도록 한다는 것" 등과 같은 응답이 있었다.

또한, 일부가 아니라 모든 학생들을 끌어들일 수 있다는 것에 관련된 언급도 있었다. 예를 들어, "모든 학생이 어떻든 무언가를 해낼 수 있다는 것", "다양한 능력의 학생들이 접근할 수 있다는 것", "모든 학생들이 각자의 수준에 따라 활동할 수 있다는 것" 등과 같은 응답이 있었다.

프로젝트에 참여한 교사들이 개방형 과제를 활용하여 수업한 결과, 우리가 제안했던 바들이 잘 적용될 수 있음을 확인하였다. 참여교사들이 설문조사에 응답한 내용 역시 우리가 기대했던 바와 일치하였다. 교사들은 학생들이 특이한 방식으로 응답한 것들을 기록하였고, 이것들을 활용하는 것이 수업에 유용하다는 것을 인식한 것으로 보였다. 학생들의 개별적인 활동을 지원해야 한다는 것도 깨달은 것으로 보였다. 이는 참여교사들이 개방형 과제의 목표와 잠재력을 이해했음을 시사한다.

참여교사들이 생각하는 개방형 과제 활용을 제약하는 것

우리는 개방형 과제를 활용하는 수업에서 부딪힐 만한 제약, 특히 일부 학생들의 경우 과제가 제시하는 모험을 꺼린다는 문제[12)]에 대해 교사들과 논의했다. 개방형 과제를 활용한 수업 후 이에 대한 교사들의 생각을 알아보기 위한 설문조사 문항은 다음과 같다.

개방형 과제를 활용하여 수업할 때 겪었던 어려움은 무엇입니까? 어떤 도전이 있었습니까?

가장 많이 나온 응답은 위에서 언급한 바와 같이 일부 학생들이 닫힌 과제를 선호한다는 것이었다. "모험하려고 하지 않는 학생들이 있음", "곧바로 답을 얻으려는 학생들이 있음", "생각해야 하는 과제라는 것", "많이 생각해야 하고 지침은 별로 주지 않아서 일부 학생들은 어려워한다는 것"과 같은 응답들이 있었다.

학생들이 개방형 과제에 익숙하지 않아서 발생하는 어려움도 있었는데, "아무런 노력을 하지 않으려고 하는 학생들이 있었음", "어떻게 출발해야 할지를 어려워하는 학생들이 있었음", "학생들에게 확신이 부족했음", "어디서 시작해야 할지를 모르는 학생들이 있었음"과 같은 응답이 그런 어려움을 보여주었다.

개방형 과제가 다른 과제보다 더 어렵다는 것에 주목한 교사들도 있었다. "학생들의 제한된 수학적 지식이 어려움의 원인", "모든 학생들의 학습 수준이 과제를 해결할 정도에 이르지 않음"과 같은 응답이 그런 예이다.

교육적인 측면을 언급한 경우도 있었는데, "어떤 과제는 학생들이 그것을 해결함으로써 어떤 수학을 배울 수 있는지가 분명하지 않았음", "여러 답을 수정해주는 것이 어려웠음", "설명을 뒤로 미루는 것이 어려웠음", "어떤 일이 발생할지를 알고 준비하기가 어려웠음" 등의 언급이 그 예이다.

또, 개방형 과제를 활용하는 수업을 계획하는 것에 관련된 어려움도 있었다. "개방형 과제를 찾기가 어려움", "추가 자료가 부족함" 등이 이에 대한 언급이다.

지금까지 개방형 과제를 활용하여 수업한 교사들이 이에 대하여 성찰한 결과를 제시하였다. 이러한 제약들 때문에 개방형 과제를 활용하기를 꺼려할 수 있다. 우리는 이 제약들이 일으키는 교수학적 장애를 확인하고 교사들과 함께 그것들을 극복하는 방법을 개발하는 것에 목표를 두었다. 분명히 참여교사들은 개방형 과제를 활용한 수업에서 부

12) Desforges, C., & Cockburn, A. (1987)

닞힐 만한 어려움을 예측했으며, 많은 경우에 그러한 어려움에 대처할 수 있었다.

내용 기반 개방형 과제의 발굴과 개발

내용 기반 개방형 과제의 유용한 특징 중 하나는 다양한 주제와 다양한 학년 수준에서 만들 수 있다는 것이다.

개방형 과제를 구성하는 방법은 다음 두 가지를 제시할 수 있다. 두 방법은 어떤 주제에도 적용 가능하다. 참여교사들 중 많은 교사들은 첫 번째 방법이 더 효과적이라고 생각하였다. 이하에서 두 방법을 제시하고 어떻게 이를 적용할 것인지를 보여주는 예를 제시한다. 맥락은 닫힌 과제에 활용한 것과 유사한 것을 활용하는 것이 유용하다. 그러나 이하에 제시하는 예는 맥락을 활용하지 않은 개방형 과제이다.

방법 1: 거꾸로 하기

이 방법은 다음 두 단계로 이루어진다.

1단계. 전형적인 닫힌 질문과 그에 대한 답을 쓴다.
2단계. 답을 포함하거나 언급하는 개방형 과제를 만든다.

예를 들어, 전형적인 닫힌 질문과 그에 대한 답이 다음과 같다고 하자.

현재 우리가 머물고 있는 건물을 위에서 내려다본 모양은 무엇인가? L 모양이다.

이것을 개방형 과제로 다음과 같이 만들 수 있다.

위에서 내려다보면 L 모양인 건물은 어떤 것일까?

다른 예로, 전형적인 소수 문제와 그 답이 다음과 같다고 하자.

1.29를 소수점 아래 둘째 자리에서 반올림하면? 1.3이다.

이것을 다음과 같이 개방형 과제로 변형할 수 있다.

반올림하면 1.3이 되는 수는 무엇인가?

환율에 대한 전형적인 질문과 그 답은 다음과 같다.

환율이 $A1=$0.98US일 때, $US25인 상품은 호주 달러로 얼마인가? $A25.51이다. 이 과제에서 중요한 것은 25÷0.98=25.51을 계산하는 것이다.

이것을 개방형 과제로 다음과 같이 만들 수 있다.

$US로 가격이 표시된 상품을 $A43.10로 구매할 수 있다고 한다. 표시된 가격과 환율을 구하여라.

각각의 과제는 닫힌 과제와 학습에 대하여 다른 잠재력을 가진다는 것을 알 수 있다.

방법 2: 표준적인 질문을 수정하기

역시 다음과 같은 두 단계를 거쳐서 개방형 과제로 재구성할 수 있다.
- 전형적인 닫힌 질문과 그에 대한 답을 쓴다.
- 질문을 수정하여 개방형 과제로 만든다.

주요 수정전략은 질문의 일부를 점차 제거하는 것이다. 예를 들어, 다음은 전형적인 질문과 답이다.

$1.3+2.8=4.1$

질문의 일부를 제거하고 괄호로 바꾸어 다음과 같은 개방형 과제를 만들 수 있다.
빈 칸에 알맞은 수는 얼마인가? __.__ $+2.$__ $=4.1$

다음과 같은 분수 문제 역시 전형적으로 닫힌 것이다.

$\frac{1}{3}+\frac{1}{4}=\frac{7}{12}$

질문의 일부를 제거하고 괄호로 바꾸어 다음과 같은 개방형 과제를 만들 수 있다.

$$\frac{1}{?}+\frac{1}{?}=\frac{?}{?}$$

이 과제의 경우, 답으로 가능한 수들에 규칙성이 있어서 흥미롭다.

이렇게 수정하면 거의 모든 경우에 개방형 과제를 만들 수 있다. 다시 말하여, 교과서에 있는 전통적인 과제들을 수정하여 개방형 과제로 만들 수 있다.

요약

이 장에서는 개방형 과제들의 본성, 이것을 활용하여 수업할 때의 잠재력을 개관하고, 예시과제, 그리고 이 과제를 활용하여 수업한 사례를 살펴보았다. 또, 개방형 과제를 활용할 때 부딪히는 어려움들, 참여교사들이 개방형 과제에 대하여 응답한 것, 개방형 과제를 만드는 방법에 대하여 알아보았다.

프로젝트에 참여한 교사들은 개방형 과제를 활용하여 수업할 때 얻게 되는 기회와 어려움을 충분히 파악하였다. 또한, 수업에서 개방형 과제를 활용할 수 있으며 유용하다는 것도 확인하였다. 적용결과를 볼 때, 개방형 과제는 분명히 수학 학습 기회를 창출하였다고 할 수 있다.

Chapter 07

과제에서 수업으로의 이행: 과제 실행과 그에 관한 논의

앞에서 각각의 과제를 활용하여 수업할 때 여러 어려움과 고려해야 할 사항들이 있음을 확인하였다. 특히, 과제 선택, 교사의 내용 지식과 교수학적 내용 지식의 역할, 과제마다 학습 확장과 학습 지원을 위한 질문과 권고의 준비와 활용, 서로 다른 종류의 과제를 활용할 때 미묘하지만 중요한 차이점 등에 관하여 논의하였다.

요컨대, 과제가 좋건 나쁘건 그 자체로는 학습을 보증하지 않는다. 이 장에서는 과제에 포함되어 있는 학습 기회를 극대화할 수 있는 교사의 역할을 논의한다. 주요 역할은 다음과 같은 일곱 가지 행동이다.

- 과제에서 다룰 수학적인 내용과 목표를 명확히 하기
- 학생들이 과제를 해결할 때 사용할 만한 배경지식이 무엇인지, 이러한 지식을 어떻게 확보할 것인지, 예상되는 학생들의 과제해결 방법은 무엇인지 고려하기
- 과제 해결의 출발 단계에서 어려움을 겪는 학생들 그리고 빨리 과제를 해결하는 학생들에게 도움을 주는 방법 찾기
- 개별적으로나 집단적으로 학생들이 활동하면서 보이는 반응 확인하기
- 토론 시간에 결과를 공유할 수 있는 학생을 선택하기
- 연결, 일반화, 전이에 초점을 두기
- 다음 수업을 어떻게 진행할지를 미리 생각하기

위의 목록과 2장에 제시한 수학 지도의 여섯 가지 원리가 어떻게 연결되는지를 살펴보기 바란다. 스타인, 그로버, 헤닝센[1]이 제안했던 수업실행 모형 관련 논의와 이 책의 3장에 제시한 자세한 논의에서 알 수 있듯이, 교사와 학생 모두가 과제를 어떻게 활용하여 수업하게 되는가에 영향을 미친다. 교사의 목표, 신념, 태도가 어떠한가에 따라 같은

1) Stein, M. K., Grover, B. W., & Henningsen, M. (1996)

과제를 다른 방식으로 활용하여 수업할 수 있다. 다른 방식으로 환경을 조성할 수도 있고, 학생들에게 요구하는 도전의 수준을 낮출 수도 있다. 학생 역시 교실 규범, 가지고 있는 지식과 스키마 등 많은 요인들에 기초하여 나름대로 해석하기 때문에 교사가 의도한 것과 다르게 과제를 대할 수 있다.

과제를 선택하고 활용하여 의미 있는 수학적 경험을 창출하는 것이 어떤 뜻인가를 논의하기 위해, 개방형 과제인 '세 사람 찾기 과제'를 살펴본다. 이 과제를 활용하여 수업했던 한 교사가 어떻게 가능한 한 많은 학생들에게 진정한 학습 기회를 극대화하여 제공하는지를 알아볼 것이다. 이 수업에서 확인한 교사와 학생들의 활동은, 이 과제를 활용하여 수업할 때 추구했던 것, 그 동안 수업을 관찰하여 확인했던 것, 성공적으로 가르쳤다고 생각했던 것이 잘 혼합된 것이었다는 것을 강조하고 싶다.

세 사람 찾기: 평균 개념의 강화를 위한 개방형 과제

> 교실에 있는 사람들 중 4명을 골라 평균 키를 구하니 148cm이다. 자신이 그 4명 중 하나라고 할 때, 나머지 셋을 찾아보아라.

이 과제는 설리번과 릴번[2]의 연구에서 사용한 과제를 수정한 것이다. 학생들이 다양한 답을 제시할 수 있고 다양하게 적용할 수 있는 내용도 포함하고 있는 개방형 과제이며, 5학년에서 10학년 사이의 학생들에게 적용할 수 있다. 이 과제를 "전형적인 교과서 과제"와 비교해볼 필요가 있다. 교과서에서는 4명의 평균 키가 148이고 그 중 1명의 키가 150일 때 나머지 3명의 키를 구하도록 한다. 위의 과제는 개별 학생들이 자신의 키를 이용하여 과제를 해결하며, 학생들에게 의미 있는 맥락인 키를 활용하였다는 점에서 학생 참여를 유발한다.

이하에서 평균을 나타내는 용어로 average를 쓸 텐데, 다른 말이 없으면 그냥 평균, 곧 mean을 뜻한다.

이하에서는 위 과제를 활용하여 좋은 수업을 하려고 노력한 교사 그리고 학생들이 수업 전, 수업 중, 수업 후에 어떻게 했는지를 살펴본다. 이로부터 과제를 활용하여 수업하는 일반적인 원리와 '세 사람 찾기' 과제가 어떻게 수행되었는지에 대한 구체적인 특징들을 관련지어 논의한다.[3] 이하의 논의는 직접 수업에 참관하여 기록한 것과 사후에 작

2) Sullivan, P., & Lilburn, P. (1997)
3) [저자 주] 이 장에 나온 사진들은 사전 허가를 받았으며, 학생들의 경우에는 학생과 학부모 동의를

성한 논평을 종합하여 작성한 것이며, 논의를 부드럽게 따라가도록 하려고 두 자료를 구분하여 제시하지는 않았다.

과제에 포함된 수학내용과 목표를 명확히 하기

너무 당연하지만, 교사는 어떤 수학내용을 다룰 것인지에 대하여 명확한 생각을 가지고 수업에 임해야 한다. 사이먼[4]은 "학생들이 배우기를 바라는 것 그리고 교사가 학생들의 수학적 사고에 민감하게 반응할 책임을 느끼는 것 사이에는 창의적인 긴장"이 존재한다고 보았다. 좋은 과제는 교사와 학생들을 예상하지 못했던 방향으로 가도록 한다는 특징을 가진다. 그러나 좋은 교사라면 이런 과제를 활용하여 수업할 때도 초반에 어떤 방향으로 수업이 진행될 것 같은지를 생각할 수 있다.

지도할 수학내용을 명확히 하는 것과 관련하여, "학생들이 수업 전에 알지 못했고 할 수도 없었던 무언가를 이번 수업을 마치면 알게 되고 할 수 있게 된다는 것이 무슨 뜻인가?"라는 질문이 중요하다. 이 질문에 대한 이상적인 답은 교사 스스로 과제를 해결해보고 동료교사들과 토론함으로써 알게 될 것이다.

'세 사람 찾기 과제'를 활용한 수업에서 지도할 수학내용을 목표의 형태로 제시하면 다음과 같다.

- 평균에 대하여 개념적 이해와 절차적 이해를 할 수 있다. 평균을 개념적으로 이해한다는 것은, 이를테면, 모든 점수들을 한 직선 위에 놓았을 때 균형점과도 같은 것이며, 이것은 점수들을 "공정하게 분배"한 결과라고 생각할 수 있게 되는 것이다. 절차적으로 이해한다는 것은, 점수들의 평균을 계산할 줄 알고, 평균으로 n개의 점수의 총합을 구할 수 있으며, 점수가 일부 달라지면 평균이 어떻게 달라지는지를 아는 것으로 볼 수 있다.
- 자신의 키가 몇 센티미터인지 알고, 5, 6학년 또래 친구들의 키로 전형적인 값이 얼마나 되는지를 안다.
- 키를 측정하여 센티미터 단위로 나타내는 방법을 안다.
- 4명의 평균 키가 148이 되려면 어떤 값들이 키로 적당한지를 대략적으로 알고 있으며, 이 조건을 만족하는 4명의 키로 어떤 경우가 가능한가를 알 수 있다.

받았다.

4) Simon, M. A. (1995)

학생들이 과제를 해결할 때 어떤 지식을 활용할지, 이런 지식을 어떻게 확보할지, 학생들이 과제를 어떻게 해결할지 등에 대한 배경 지식 고려하기

모든 수학 수업을 이렇게 준비하기는 어렵겠지만, 이렇게 잘 준비하면 분명한 이점이 있다. 학생들이 과제를 어떻게 해결할 것인가를 예상하기 전에, 교사 스스로 과제를 해결해보고, 전형적인 반응, 특히 학생들이 직면할 만한 어려움에 대하여 동료교사들과 토론하는 것이 바람직하다. 가능한 경우, 이전에 학생들을 지도했던 교사들과 학생들이 했을 법한 경험에 대하여 논의하면, 학생들의 경험과 지식의 배경을 이해할 수 있다. 교육과정 문서의 해당부분 그리고 관련 연구들을 찾아보는 것도 준비에 도움이 될 것이다.

'세 사람 찾기 과제'를 활용하여 수업한 교사는, 학생들이 평균 개념 또는 평균 계산 절차를 거의 알지 못할 것이라고 생각하였다. 이 생각이 수업 초반에 이 교사가 왜 그렇게 의사결정을 했는지를 이해하는 데에 도움이 된다. 이 교사는 과제를 스스로 해결한 후 역시 과제를 해결해본 동료교사들과 비교하였다.

출발 단계에서 어려움을 겪는 학생들 그리고 빨리 해결하는 학생들을 지원하는 방법 모색

앞에서 학습 지원과 학습 확장을 위한 질문과 권고를 준비하는 것이 바람직하다는 것을 논의하였다. 때로는 관련된 지식을 거의 가지고 있지 않으며 "아무 생각이 없는 학생들"에게 학습 지원을 위한 질문과 권고를 제시할 필요가 있는데, 과제를 해결할 준비가 잘 되어 있는 학생들에게도 지겹지 않은 것으로 준비해야 한다. 이 단계가 무사히 잘 진행되어 학생들이 과제 해결에 착수한 후에도 학습 지원을 위한 다른 질문과 권고를 제시할 수 있도록 준비해야 한다. 이에 대해서는 간략하게 살펴볼 것이다.

곧바로 과제를 해결하는 학생들에게는 더 도전적인 다른 과제를 제시해야 한다. 때로는 이 학생들에게 부족한 능력의 학생들을 "가르치도록 부탁"할 수도 있으며, 추가 과제를 제시하여 해결하도록 할 수도 있다.

위의 과제로 수업한 교사는 출발단계에서 어려움을 겪는 학생들에게 다음과 같은 질문과 권고를 준비하였다. "네가 속한 모둠의 평균 키를 구할 수 있을까?", "네 키와 내 키의 평균을 어떻게 구할 수 있을까?" 학습 확장을 위한 질문과 권고에 대해서는 다음 수업에서 다룰 내용 관련 논의에서 살펴본다.

3장에서 스타인 등[5]이 연구한 결과를 소개하면서, 교사들이 학생들의 어려움 또는 예상되는 어려움을 고려하여 과제의 요구 수준을 낮추는 경향이 있음을 언급하였다. 학습

5) Stein, M. K., Grover, B. W., & Henningsen, M. (1996)

지원을 위한 질문과 권고를 준비할 때 유의할 점은 바로 이런 교사들의 경향과 관련되는데, 학습 지원을 통하여 해당 수업에서 다루어야 할 과제로 빨리 나아갈 수 있는 도구를 제공하는 것이 중요하다.

학생들의 개별적인 또는 집단적인 과제해결 활동의 관찰

수업하기 전에 학생들이 어떻게 과제를 해결할지를 생각하면서 수업을 계획했어도 막상 수업이 시작되면 계획대로 진행되지 않기 때문에 학생들의 활동을 관찰해야 하며, 공통적인 전략이 있는지 그리고 어려워하는 것이 무엇인지를 파악해야 한다.

관찰한 수업에서 교사는 "평균에 대해 알고 있는 것을 누가 말해볼까?"라고 질문함으로써 평균에 대한 5, 6학년 이전의 경험과 이해 수준을 확인하는 것으로 수업을 시작하였다. 학생들이 가지고 있는 평균에 대한 지식과 기능을 더 발전시키는 것이 목표였다. 대부분의 학생들이 답하지 못했는데, 한 여학생이 "가장 높지도, 가장 낮지도 않고, 그 사이의 것"이라고 말했다. 몇몇 학생들은 이 말에 동의하였다.

다음 질문은 "평균을 사용하는 예를 말해볼 사람?"이었다. 운동경기가 한 가지 맥락으로 언급되었는데, 어느 축구팀의 평균 득점 또는 어느 축구선수의 평균 득점을 말할 때 평균을 사용한다고 말하였다. 어떤 학생이 평균을 가장 많이 등장하는 값이라고 언급하자, 수업을 진행한 교사는 그것이 최빈값이며 최빈값도 평균에 속한다고 말하였다. 교사는 해당 수업에서는 여러 종류의 평균[6] 중 산술평균에 초점을 둔다고 말하였다. 또, 운동경기에서 평균 득점을 구했을 때, 그 점수는 한 선수 또는 팀이 실제로는 득점하지 않는 것이 되기도 한다고 설명하였다. 그 예로는 크리켓 선수인 리키 폰팅의 평균 득점이 55.22였는데 그 선수가 실제로는 이 점수를 낸 적이 없다는 것을 제시하였다. 한 학생은 평균을 구하려면, "모든 수를 더한 다음 총수로 나누면 된다."라고 설명하였다.

관찰한 수업을 보면 학생들이 평균에 대하여 깊이 있는 지식을 가지고 있지 않다는 것이 분명하였다. 수업을 진행하지 않은 다른 교사들도 평균은 지난 5개월 동안 다루지 않은 주제라고 말하였다.

관찰한 수업에서 교사는 평균 개념에 관련된 두 문제를 해결할 텐데, 하나는 학급 전

---

6) [역자 주] average와 mean은 우리말로 모두 평균이라고 번역하는 것이 관례이다. 그런데 이 책에서는 average에 산술평균을 나타내는 mean과 중앙값, 최빈값 등의 대푯값 또는 중심경향값이 포함되는 것으로 사용한다. 그러므로 여러 종류의 평균이 있다는 말을 할 수 있다. 의미가 다른 두 단어를 동일하게 평균이라고 번역하는 것이 적절하지 않은데 그렇다고 하여 average를 다른 단어로 번역하는 것도 적절하지 않아서 그대로 두었다. 그러므로 평균이라는 단어가 어떤 맥락에서 사용되는지를 고려하여 의미를 파악해야 한다.

체가 공통으로 그리고 다른 하나는 소집단 활동에 의하여 다룰 것이라고 설명하였다.

이상의 관찰에 기초할 때 수업을 진행한 교사는 다른 교사들에게, 과제에 관련된 학생들의 이전 경험에 대해서는 물론이고, 평균과 관련하여 학생들이 무엇을 배우게 되는지에 대해서도 분명한 확신을 가지고 말했다는 것을 알 수 있다.

다음 과제는 학생 4명을 교실 앞으로 나오도록 하고 각각 $15, $50, $5, $30로 서로 다른 돈이 담긴 주머니를 나누어준 후 다음과 같이 질문하는 것으로 이루어진다. “만약 4명에게 돈을 공평하게 나누어주었다면, 어떻게 한 것이며, 공평하게 나누어졌다는 것을 어떻게 알 수 있는가?” 이 질문에 대한 학생들의 응답으로 교사가 기대한 것은, “줄리안이 더 많은 돈을 가지고 있고, 샤리니카는 덜 가지고 있어요.”와 같이 말하는 것이었다. 그러나 20초 동안 아무도 말을 하지 않았다. 잠시 후 한 학생이 “돈을 모두 합하면 $100이 되고, 4 곱하기 25를 하면 100이 되니까, 한 사람이 $25씩 가지면 됩니다.”라고 말하였다.

$15　　　$50　　　$5　　　$30

몇몇 학생들이 고개를 끄덕였고, 교사는 이 학생의 말이 옳다고 말하였다. 그리고 “$15를 가지고 있던 줄리안은 돈을 받아서 더 많이 가지게 되고, $50을 가지고 있던 샤리니카는 돈을 내주어서 덜 가지게 됩니다.”라고 설명하였다.

교사는 여러 개의 수 또는 여러 금액의 돈의 평균을 구하는 것은 “공정하게 분배하는 것”과 같다는 것, 이때 수를 모두 더한 다음 그것을 수의 총수로 나누면 그 결과가 공정하게 분배한 것이라고 설명하였다.

이와 같이 돈을 분배하는 맥락을 활용하여 평균에 대하여 도입하는 토론을 한 것은, 아직 평균 개념과 절차에 대하여 “안정되지 않은” 이해 수준에 있는 학생들에게 적합했으며, 이로부터 ‘세 사람 찾기 과제’로 옮겨가서 활동하도록 하는 것은 적절하였다고 할 수 있다.

교사는 이어서 그 수업시간에 다루어야 할 주요 과제를 해결하는 단계로 가겠다고 안내하였다.

위와 같이 간략하게 도입하면서 교사가 목표로 하는 것은 다음 두 가지이다. 먼저 이렇게 함으로써 교사는 적어도 일부 학생들이 평균에 대하여 무엇을 알고 있는지 파악할 수 있다. 다음으로 평균 개념의 일부를 다룸으로써 그 수업시간에 다룰 주요 과제를 위한 비계를 제공할 수 있다.

교사는 학생들이 자신의 키를 센티미터 단위로 알고 있는지 질문하였다. 2명만이 알고 있었는데, 이들은 측정도구들이 있는 것을 보고 수업시간 직전에 자신의 키를 측정했던 "부지런한 학생들"이었다. 중학생들은 물론이고 교사들도 자신의 키를 센티미터 단위로 알고 있는 경우가 많지 않다는 것을 알고 흥미로웠다.

교사는 교실을 순회하면서 설명하였고, 학생들에게 3명씩 모둠을 이루어 활동하게 된다고 안내하였다. 키가 크거나 작은 학생들을 각 모둠마다 1명씩 골고루 선정하여 스티커를 주었다. 그러고는 다음 과제를 제시하였다.

> 교실에 있는 사람들 중 4명을 골라 평균 키를 구하니 148cm이다. 자신이 그 4명 중 하나라고 할 때, 나머지 셋을 찾아보아라.

교사는 148이 평균 키로 사용하기에 최상의 수인지는 확신하지 못하였다. 과제에서 "학생들" 대신 "사람들"이라고 한 것은 교사들도 그 4명 안에 포함될 수 있다는 뜻이다(당시에 4명의 교사들이 참관하고 있었다).

각 모둠은 3명으로 이루어져 있으며, "스티커를 받은 사람"의 키와 교실의 나머지 사람들 중 세 사람의 키의 평균이 148cm가 되도록 해야 한다. 교사는 이 조건과 더불어 결국 조건을 만족하는 4명으로 이루어진 집단을 찾아야 한다고 설명하였다. 그러고는, "벤, 너희 모둠에서는 너와 함께 할 세 사람을 찾아서 4명으로 된 집단을 만들어야 해. 그 세 사람이 네 모둠에 있을 수도 있지만, 아마도 다른 곳에서 찾아야 할 거야."

이 교사는 중학생들을 지도한 최근의 경험에 비추어 대부분의 학생들이 자신의 키를 센티미터 단위로 알지 못할 것이라고 생각하여 교실의 세 장소에 줄자를 비치하였다.

측정활동에 익숙하지 않은 학생들 중에는 두 측정테이프를 합해서 측정해놓고는 136cm로 읽어야 할 자신의 키를 36cm라고 말하기도 하였다. 모둠 활동 초반에는 이런 일들이 많아서 바로잡아야 했다. 학생들은 자신이 속한 모둠 구성원들의 키를 측정하기 시작하였다. 교실에 참관한 다른 교사들도 모둠 활동에서 해야 할 일을 명확히 하는 식으로 도왔다. 예를 들어, 자기 모둠에 속하지 않은 학생들의 키를 측정해야 하는지 여부가 분명하지 않아서 혼동하는 경우가 있었다. 그런데 해결해야 할 문제를 제쳐두고 친구들의 키를 재느라 바쁜 것은 5~6학년 학생들이 일반적으로 보이는 패턴인 것 같다.

키가 148cm인 네 사람을 찾는 것으로 과제를 해결한 모둠들이 있었다. 물론 이렇게 하는 것도 과제를 해결하는 방법이지만, 이것은 과제에 담긴 수학내용을 적절하게 학습하는 것이라고 할 수 없다.

학생들은 이름과 측정한 키를 기록하였는데, 다음과 같이 기록한 학생이 2명 있었다.

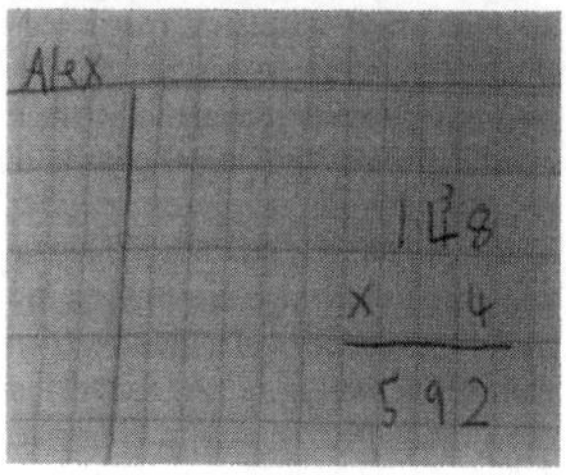

그렇게 기록한 학생 중 하나인 알렉스는 4명의 키를 합하면 592cm가 되어야 한다는 것을 생각한 것으로 보이는데, 이것은 수업 초반에 해결한 돈의 공평한 분배 문제를 해결하면서 얻은 지식이나 이전에 알고 있는 지식에 기초한 것이라고 할 수 있다.

다음 그림은 사만다가 활동한 모습을 나타낸다. 찾아낸 4명의 키를 모두 합하여 593cm를 얻었고, 평균을 계산하여 148.25cm라는 것을 알게 된 것으로 보인다. 이렇게 구한 평균은 원래 주어졌던 평균보다 조금 크다.

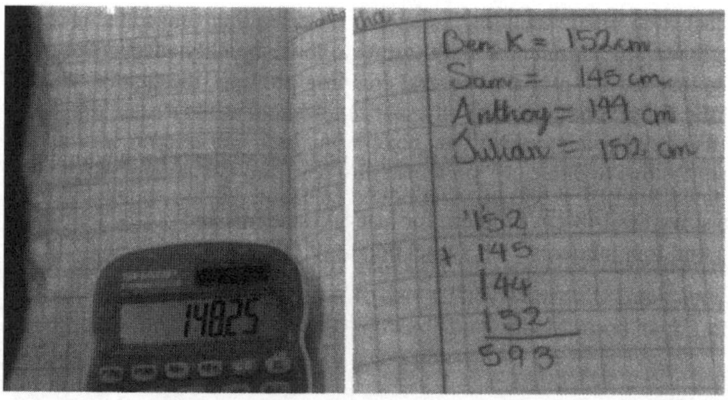

사만다의 모둠에서는 "주어진 평균보다 0.25cm 큰" 것을 어떻게 해결해야 할지에 대하여 토론하였다. 한 가지 의견은, 찾아낸 4명보다 각각 1cm 작은 네 사람을 찾아보자는 것이었다. 두 번째 의견은, 찾아낸 4명보다 각각 0.25cm 작은 네 사람을 찾아보자는 것이었다. 교사는 "그 사람들을 찾아서 키의 총합을 구하면 얼마가 될까?"라고 질문한 후 다른 모둠으로 갔다. 교사는 "씨를 뿌리는" 것처럼 이렇게 간단한 질문을 던졌는데, 이렇게 하면 학생들이 그것에 대하여 토론하고 적절하게 대처하리라고 생각한 것으로 보였다.

여기서 평가와 관련된 흥미로운 결과를 살펴보자. 9학년 대상으로 2009년에 시행한 호주 국가 수학 성취도 평가(계산기 사용 가능)에서 다음과 같이 유사한 개방형 문항을 출제하였다.

> 15회의 경기를 마쳤을 때, 샘의 평균 득점은 17점이었다. 20회의 경기가 끝났을 때, 샘의 평균 득점은 21로 증가하였다. 마지막 5회 경기에 대한 샘의 평균 득점은 얼마이겠는가?

이 문항에 대한 빅토리아 주 학생들의 정답률은 불과 10%였다. 이 문항은 9학년 학생들에게 어렵다. 더욱이 지금 논의하고 있는 수업에서 다루는 과제를 해결해본 적이 없는 학생들에게는 매우 어려웠을 것이다.

한편, 수업을 관찰하면서 우리는 교사가 수업을 아무리 잘 준비해도, "수업 중에" 많은 판단을 해야 한다는 것을 알게 되었다. 그러나 준비를 잘 하면 수업 중에도 잘 판단하게 된다고 생각한다.

과제 유형에 상관없이, 학생이 "결과를 공유할 때" 그 결과에 이른 경로를 나머지 다른 학생들이 충분히 이해하도록 이끄는 일은 쉽지 않다. 이것을 잘 하려면 교사 스스로 학생들이 제시한 다양한 전략을 잘 이해해야 한다. 그러므로 교사는 학생들이 개별로 또는 모둠을 이루어 활동하는 동안, 학생들이 어떤 전략을 택하여 어떻게 활용하는가에 대하여 명확하게 파악하여 토론을 준비해야 한다.

학생들의 활동을 파악할 때, 적어도 잠시 동안은, 뒤로 물러서서 학생들의 활동에 개입하지 않고 관찰하면서 경청하는 것이 중요하다. 램퍼트[7] 역시 자신이 진행한 수업을 기술하면서, 30분 동안의 모둠 활동 중 20분 정도를 관찰하면서 경청하고 나머지 시간에 상호 작용하였다고 한다.

과제를 활용한 수업을 준비할 때 학습 지원과 학습 확장을 위한 질문과 권고를 준비하여 초반에 어려움을 겪는 학생들과 빨리 끝내는 학생들에게 도움을 주어야 한다는 것을 누누이 지적해왔다.

위 수업을 진행한 교사는 다음과 같이 학습 지원을 위한 질문과 권고를 준비했는데,

---

7) Lampert, M. (2001)

이 중 첫 번째로 제시한 것은 여러 모둠이 실제로 유용하게 활용하였다.

- 측정하여 얻은 4명의 평균 키를 구하여 그것이 어떤 의미인가를 생각해보도록 한다.
- 2명의 평균 키가 148cm라고 가정한 후 과제를 해결해보도록 한다.
- 키 총합이 600cm가 되는 4명의 학생들을 찾도록 한다.

학습 확장을 위한 질문과 권고로는 다음 세 가지를 준비하였다.

- 평균 키가 148cm가 되는 다른 4명을 찾도록 한다.
- 추가 측정을 최소화하면서 평균 키가 149cm인 4명을 찾으려면 어떻게 할 것인지를 계획하여 실행하도록 한다.
- 평균 키가 148cm인 4명을 찾는데, 그 중 3명이 148cm보다 큰 경우 또는 작은 경우를 찾도록 한다.

그런데 수업에서는 학습 확장을 위한 질문과 권고를 사용하지 않았다. 수업에 활용한 주요 과제 자체가 이미 모든 학생들에게 충분히 어려웠기 때문이다.

토론 시간에 결과를 공유할 학생 선택하기

수업을 진행했던 교사는 누구나 발표하도록 "기회"를 주는 대신, 학생들이 활동하는 동안 누가 학급 전체에게 최대의 학습 기회를 제공할 수 있는지를 주의 깊게 살펴보고 미리 선택하여 발표하도록 하였다. 스타인, 엥글, 스미스, 허지스[8]는 "수업 중 토론과 수업내용을 요약하는 단계에서 발표할 학생들을 잘 선정하여 목표로 했던 수학내용을 다루고, 학생들의 발표순서도 목표를 고려하여" 정해야 한다고 제안하였다. 이 제안을 고려하면, 과제 전체가 아니라 일부를 해결하여 공통의 오개념과 어려움을 드러낼 수 있는 한 학생 또는 한 모둠에게 발표를 시키는 것도 좋은 방법이다. 과제를 특이한 방법으로 해결한 학생 또는 모둠에게 그 다음으로 발표하도록 하는 것이 좋다. 마지막으로 혁신적이면서도 우아한 해결방법으로 해결한 학생 또는 모둠이 발표하도록 하면 된다. 둘 또는 세 팀의 발표를 청해들으면 충분할 것이다.

위 수업에서 학생들은 30분 동안 측정하고, 계산하였으며, 추가적인 계산을 통하여

8) Stein, M. K., Engle, R. A., Smith, M. S., & Hughes, E. K. (2008)

어느 정도 과제를 해결하였다. 교사는 학생들을 주목시키고, 두 모둠에게 각각 과제해결 결과로 4명의 이름과 키를 칠판에 기록하도록 하였다. 나머지 모둠도 모두 과제를 해결하였으나, 이때까지 사만다가 속한 모둠은 과제를 해결하지 못하였다.

첫 번째로 모둠을 대표하여 발표하게 된 사만다는 어떻게 해결하였는지 그리고 4명 키의 총합이 593cm가 되어 어려움에 처했다고 설명하였다. 모둠의 나머지 학생들이 4명 중 한 사람을 1cm 작은 누군가와 바꾸면 키의 총합이 592cm가 되어 과제를 해결할 수 있을 것이라고 설명하였다.

두 번째 모둠에서도 해결과정에 활용한 여러 전략들에 대하여 설명하였다. 해결방법을 찾기 전에 겪었던 초반의 어려움들에 대해서도 솔직하게 발표하였다. 교사는 학생들이 서로 허심탄회하게 이야기할 수 있도록 "뒤로 물러서 있었다."

이어서 교사는 칠판에 148cm 높이를 표시하는 테이프를 붙였다. 그리고 평균 키가 148cm인 4명이 나와 서면 어떻게 보일지를 생각해보도록 하였다. 학생들은 다음과 같은 세 가지 종류의 응답을 하였으며, 각각 평균에 대한 서로 다른 이해를 보여준다.

- 4명 모두 테이프로 표시한 선에 위치할 것이다.
- 4명 모두 테이프로 표시한 선 가까이 위치할 것이다.
- 4명 중 일부는 선 위로 그리고 일부는 선 아래로 "균형을 이룰 것이다."

교사는 "세 명은 선 위로, 1명은 선 아래로 오면서 평균 키는 148cm인 경우가 가능할까요?"라고 질문하였다. 학생들 대부분은 이것이 불가능하다고 생각하였다.

이번에는 다시 4명이 칠판 앞에 서도록 하고, 이들의 평균 키가 148cm라고 할 수 있는지를 판단하도록 하였다. 이 4명은 선 멀리 위, 선 약간 위, 선 약간 아래, 선 멀리 아래로 이루어져 있었다.

교사는 이렇게 평균을 시각화하여 흥미롭게 다룰 수 있었으며, 이는 학생들이 평균을 개념적으로 이해하는 데에 효과적으로 활용되었다. 시간이 더 있었거나 다른 기회에 "선 위의 자료들"의 합과 "선 아래의 자료들"의 합을 더해보고 분산 관련 논점을 제기할 수도 있는 지도방법이었다.

연결, 일반화 그리고 전이를 강조하기

마무리 활동은, 서로 다른 해결방법을 연결하고, 이전 활동과 연결하면서 사고하는 것이다. 또, 배운 것을 일반화하고 새로운 과제로 사고를 전이해야 한다. 이렇게 함으로써 특정 과제를 통하여 달성하고자 하는 수학 학습을 할 수 있게 된다. 다음과 같은 질문들로 진행할 수 있다. "오늘 배운 것 중 다른 문제 해결에 도움을 줄 수 있는 것은 무엇일까?", "모든 수에 대하여 성립하는 방법이나 전략인가?, 이런 전략을 다른 종류의 과제에 사용할 수 있는 경우는?"

보울러[9]에 의하면, 학생들을 활동에 참여시키고 그로부터 개인적인 의미를 얻을 수 있도록 하면 관련된 수학에 대하여 깊이 이해하도록 할 수 있다. 이때 중요한 것은 수학적인 상황을 분석하고 중심이 되는 측면을 이해하는 것이다.

수업을 진행했던 교사는 다음과 같이 배운 내용을 요약하였다.

- average는 여러 방법으로 구할 수 있으며, 이 중 가장 널리 사용되는 것은 mean이다.
- 서로 다른 점수들, 서로 다른 측정값들이라도 평균은 같을 수 있다.
- 평균이 우리에게 일종의 "균형점"을 제공하며, 개별적인 값은 평균 위, 평균 아래, 평균 위와 아래의 혼합이 될 수도 있다.
- 각각의 점수가 평균에 영향을 주기 때문에 점수 중 하나를 바꾸어 평균을 조정할 수 있다.

9~10학년 학생들에게는 두 공식, $\sum x/n=\overline{x}$, $\sum(x-\overline{x})=0$으로 배운 내용을 형식화하여 제시할 수 있다.

학생들에게 배운 내용을 요약하도록 계속 기회를 제공했던 학급이라면, 학생에게 요약하도록 해도 교사가 한 것만큼 좋은 내용을 제시할 수 있다.

9) Boaler, J. (1993)

다음 수업을 구체적으로 예상해보기

전문성 지원 연수에서 교사들에게 "다음 수업은 구체적으로 어떻게 진행할 예정인가요?"를 자주 질문하였다. 이 질문을 하는 이유는, 대부분의 교사들이 어떤 과제를 활용하여 수학을 지도하였다면 그것으로 "끝"이고 다음 수업에서는 다른 과제를 다루어야 한다고 생각하기 때문이다. 2장에서 논의한 바와 같이, 어떤 수업에서 지도한 것을 강화하는 다른 과제를 제공하면서 연결하여 수업해야 학생들이 해당개념이나 절차에 숙련될 수 있다.

'세 사람 찾기 과제'를 활용한 수업에 연결하여 수업할 때 필요한 과제를 개발하려면 고려해야 하는 점은 분명하다. 다양한 맥락에서 평균을 구하는 과제를 제공하면 학생들이 배운 평균 개념을 필요한 상황에서 적절하게 활용하는 능력을 기를 수 있다. 맥락을 바꾸어 만든 과제가 학습 확장을 위한 질문과 권고에 해당할 수도 있고, 그렇지 않을 수도 있다. 다음과 같은 예를 생각해볼 수 있다.

- 5명의 멀리뛰기 평균 거리는 2.70m이다. 각 멀리뛰기 거리는 얼마일까?
- 5명 중 1명의 거리를 바꾸어 평균 거리가 2.80m가 되도록 하여라.
- 낚시 문제(8장 참고)에서 평균과 중앙값 조건을 함께 바꾸어 만들기:
  "일곱 명이 낚시한 결과 평균은 4, 중앙값은 6이었다. 각자 몇 마리씩 잡았을까?
- 최장신남으로 기록되어 있는 Bao Xishun(236cm)이 교실에 있다고 상상하자. 이 사람을 포함한 모둠의 평균 키가 148cm이도록 할 수 있을까? 최장신녀로 알려진 Yao Defen(233cm)은 어떨까?
- 교실 구성원의 키를 모두 조사하여 알고 있다고 하자. 4명을 모을 수 있는 가짓수를 모두 구하고 각 모둠의 평균을 표로 만들어보자. 예를 들어, 학급인원이 25명이면 4명을 모으는 가짓수는 12,650이다.

제시한 모든 과제를 활용할 필요는 없으며, 학생들에게 짝을 지어 활동하도록 하고 짝마다 하나씩 선택하여 탐구해보도록 할 수 있다.

과제를 활용하여 수업할 때 과제 유형 사이에 나타나는 차이

이하에서는 지금까지 논의하지 않은 다음 논점에 대하여 간략하게 다룬다. 과제를 활용하여 수업하는 과정은 과제 유형에 따라 어떻게 달라질 것인가 하는 것이 그 논점이다. 과제 유형별로 이에 대하여 살펴보면 다음과 같다.

유목적적 표현 과제

이 과제를 활용하여 수업할 때 동기부여를 위한 "장치"는 부족하다. 다루는 수학내용이 명확하며, 다소간 제한된 범위 내의 수학적 지식과 해결과정을 허용한다. 학급 전체가 관찰할 수 있는 게임의 형태로 만들어서 시범을 보이면서 진행할 수 있다. 나머지 두 유형의 과제에 비하여 우회적인 방법으로 해결할 가능성도 낮다. 이 과제를 활용한 수업을 마치고 난 후, "이와 같은 게임을 다시 한다면 또는 이런 종류의 과제를 다시 해결한다면, 다르게 하는 방법은 무엇일까?"와 같은 질문을 스스로에게 해볼 필요가 있다.

맥락 기반 과제

이 과제를 활용하여 수업할 때 그 첫 단계는 대부분 학생들이 과제에 포함된 맥락에 대하여 어떤 경험을 했고 어떤 인식을 하고 있는지를 토론하는 것이다. 앞에서 다룬 과제의 경우, "뉴스에서 이와 같은 이야기를 들어본 적이 있는가?", "평소에 축구를 하는 사람은 몇 명인가?", "여행하면서 다른 나라, 다른 방향에 있는 아홉 개 또는 열 개의 장소를 킬로미터 단위로 나타낸 표지판을 본 적이 있는가?"와 같은 질문에 대하여 토론하게 된다. 수업의 마무리는 대부분 그 수업에서 추구하는 수학적 목표를 개관하고 초반에 도입한 맥락을 다시 살펴보는 것으로 이루어진다.

내용 기반 개방형 과제

이 과제의 경우, 학생들에게 완전히 새로운 것이 아니라면 시작하는 데에는 대체로 어려움이 없다. 학습 지원 또는 학습 확장이 필요한 학생들에게 적절한 질문과 권고를 제공하는 것이 어려운 일이다. 또, 학생들에게 가능한 한 일반화를 시도하도록 이끄는 것도 어렵다. 일반화는 모든 수학 수업에서 지향해온 것이지만, 개방형 과제의 경우에는 특히 일반화가 중요하다. 수업실행을 성찰해야 학생들이 주어진 개방형 과제에 대하여 어떤 응답을 할 것인지를 파악할 수 있고 이것을 반영하여 해당수업의 수학 학습 목표를 도출할 수 있다.

요약

이 장에서는 개방형 과제를 활용한 수업을 관찰하여 파악한 몇 가지 사례를 바탕으로, 유의미하고 적합한 과제를 선택하여 좋은 수업을 설계하는 것이 수학교사가 담당해야 할 주요 역할이라는 점을 논의한 바 있다. 아무리 좋은 과제라고 해도 과제만으로는 충분하지 않다는 점도 이 장의 초반부에 지적하였다.

수업 이전에 과제에서 중점적으로 다루는 수학내용, 학습 목표, 학습 과정, 학습 지원과 학습 확장을 위한 질문과 권고에 대하여 신중하게 고려함으로써 어떤 이점을 얻을 수 있는지에 대해서도 살펴보았다. 수업 도중에는 교사가 먼저 "다 말하지 말고" 학생들의 생각 그리고 학생들이 개별적으로 또는 모둠을 이루어 어떻게 과제를 해결하는지에 대하여 살펴보아야 한다. 배운 내용을 되돌아보는 단계에서는, 발표할 학생들을 주의 깊게 선택하여 그들이 배운 바를 공유하도록 해야 한다. 마지막으로 배운 수학이 무엇인지 그리고 맥락을 다룬 경우에는 그 맥락에 대하여 요약한다.

이 장에서는 기본적으로 교사가 일곱 가지 행동을 통하여 수학을 지도해야 한다고 제안하였다. 그러나 물론 모든 수업에서 더더구나 동일한 방식으로 교사가 이 일곱 가지 행동을 해야 한다는 뜻은 아니다. 이 장에서 소개한 수업을 담당했던 교사와는 다른 방식으로, 그것도 매우 효과적으로, "세 사람 찾기 과제"를 활용하여 수업하는 교사들이 얼마든지 있을 수 있다. 시미즈, 카우어, 후앙, 클라크[10]는 여러 나라의 수학 수업이 서로 다른 교실규범과 서로 다른 교사의 행동에 의하여 진행되고 있음을 보고하였다. 그러므로 어떤 과제를 활용하여 수업하는 방법이 오직 하나라고 주장하는 것은 적절하지 않다.

다만 우리가 연구한 것 그리고 다른 연구자들이 연구한 것으로부터 분명히 알 수 있는 것이 있다. 교사가 효과적으로 자신의 역할을 수행하면서 수업하려면 다양한 차원의 고려, 정교한 준비, 수업도중의 심사숙고가 이루어져야 한다는 것이다. 바로 이 행동들을 교사 전문성 개발에서 중점적으로 개발해야 할 것이다.

10) Shimizu, Y., Kaur, B., Huang, R., & Clarke, D. (Eds.). (2010)

Chapter 08

수업 계열의 설계

교사는 과제를 기본 요소로 하여 과제의 잠재력이 구현될 수 있고 학생들에게 일관된 학습 경험을 제공해주는 수업 계열을 설계해야 한다. 이 장에서는 프로젝트에 참여한 교사들이 구성한 수업 계열 중 하나를 예로 하여, 어떻게 그 계열을 개발하였고 어떤 과제를 활용하였는지를 자세하게 살펴본다. 과제에 대한 정보, 다른 교사들에게 제공할 수 있는 지침, 활용한 과제의 목표에 관한 논의 등을 제시한다. 이와 같은 수업 계열을 어떻게 평가할 것인가의 문제는 실제로 참관하여 작성한 일지를 예로 하여 다룬다.

들어가는 말

이미 여러 차례 언급한 바와 같이 우리가 진행했던 프로젝트의 목표는, 과제를 활용한 수업의 다양한 측면에 대하여 살펴보는 것 그리고 교사들이 교수단위라고도 표현하는 수업 계열을 구성하고, 실행하며, 관련 논점에 비추어 평가하는 방식을 알아보는 것이었다. 집중적으로 살펴본 수업 계열은 네 개로, 셋은 5, 6학년, 하나는 8학년을 대상으로 한 것이었다. 각각의 수업 계열을 구성한 교사들은, 먼저 수업 계열의 초점내용을 정하고 관련 자료를 수집하였다. 이어서 프로젝트팀이 모여서 수업 계열의 초점내용을 확립하였으며, 4장부터 6장까지에서 논의했던 세 유형의 과제를 제시하였다. 교사들은 연구진이 제시한 과제 중 일부를 선택하여 나름대로 확보하고 있던 자료를 보완하였다.

이와 같이 구성한 수업 계열에 따라 진행되는 수업을 관찰하고 분석하였다. 수업 전에 교사들과 면담하였고, 교실마다 2명의 연구자가 참관하여 일지를 쓰고 사진을 찍었다. 학생들 사이의 상호작용을 포함한 구조화된 수업관찰을 시도했고, 수업 후에도 교사들과 면담하였다. 수업 계열을 모두 실행한 후 학생들의 수업에 대한 생각을 조사하였다.

놀랍게도 교사들은 다양한 유형의 수업 계열을 구성하였다. 5, 6학년 대상의 수업 계열 중 하나는 맥락 기반 과제를 활용하였고, 다른 하나는 매우 개별적인 활동에 기초한 것이었다. 나머지 두 수업 계열은 연구진에서 기대했던 형식을 따른 것이었다. 이 둘 중 하나에 대하여 자세히 살펴본다.

수업 계열 개발에 자원하여 참여했던 교사들로 이루어진 팀은 그렇지 않은 팀보다 분명히 더 많은 확신과 모험심을 가지고 있었다. 그러나 우리는 수업 계열을 구성하는 일이 매우 개인적인 성격을 띤다는 것을 알게 되었다. 이하에서 제시하는 사례도 전형적이거나 대표적인 것이라고 보기는 어렵다. 가능한 수업 계열이 어떤 것인지, 수업 계열을 고려하는 것이 얼마나 유용한지, 그리고 특정한 과제가 학습에 어떻게 기여하는지를 보여주기 위한 사례일 뿐이다.

자료의 표현과 해석에 관한 수업 계열

멜버른 외곽의 중산층 주거 지역에 위치한 한 학교에 적용한 수업 계열에 대하여 살펴본다. 5학년을 담당하는 Y교사와 6학년을 지도하는 Z교사가 구성한 수업 계열인데, 두 교사는 수학 학습에서의 과제 유형 프로젝트에 주도적으로 참여하였으며, 여러 과제 유형에 대해서도 잘 알고 있었다.

해당학교에서는 두 교사가 수업 계열을 연구하도록 전일 출장을 허가하는 등 다각도로 지원하였다. Z교사와 Y교사는 수업 계열의 초점내용을 “자료의 해석과 표현”으로 정한 후 연구모임에 참석하였다. 지난 여러 해 동안 두 교사는 자료를 수집하고 원그래프와 막대그래프로 표현하는 것에 대하여 지도했던 경험이 있다. 수업 계열을 구성함에 있어 두 교사는 자료의 분석과 그래프 표현의 해석을 조화시키는 것을 목표로 하였다.

Z교사와 Y교사가 제시한 목표는 다음과 같다.

- 학생들에게 도전의 기회를 제공한다.
- 학생들을 참여시키는 과제를 활용한다.
- 연구에 참여하여 경험했던 유형에 따른 과제를 활용한다.
- 지속 가능한 환경이라는 주제를 다루면서, 학생들이 계속 공부했던 개념과 관련지을 수 있는, 프로젝트 과제를 활용한다.

교사들은 수업이 90분 동안 진행된다는 점을 고려하여, 모둠활동과 학급 전체 활동을 오가면서 참여할 수 있고 흥미를 끄는 과제를 우선적으로 활용하고자 하였다. 수업의 후반부에 배운 내용을 성찰하고 검토하는 시간을 포함시키는 것도 중요하게 고려하였다.

Z교사와 Y교사는 학생들이 일상적으로 쓸 수 있는 컴퓨터가 네 대뿐이고, 더욱이 주말에는 컴퓨터실을 사용하지 못한다는 것이 제약 중 하나였다고 기록하였다. 5학년 3개 학급과 6학년 3개 학급을 대상으로 하는 수업의 계열을 구성해야 하므로, 과제를 서로 다른 학년에 맞게 조정해야 한다는 점도 제약이었다. 한편, Z교사가 담당하는 6학년 학생들은 직전 해에 Y교사에게 배웠기 때문에 과제를 바꾸어야 했다.

연구모임에서는 두 교사가 각각 생각해온 바를 파악하고 협력하여 수업 계열을 설계하였다. 먼저 두 교사는 수업 계열을 실행하면서 점진적으로 수행하는 프로젝트 과제를 개발하고자 하였다. 프로젝트에서 다룰 주제는 환경문제로 정하고 제목은 "날씨 프로젝트"로 잡았다. 프로젝트의 목표는 학교에서 기온과 강수량 자료를 수집하고 그것을 일간지에 나오는 도심 지역의 자료와 비교하는 것이었다. 2주(수업일로는 8일) 동안 12차시의 수업을 하는 것으로 계열을 구성하였다. 이 계열에 따라 수업하면, 학생들이 새로 배운 기능과 이해에 기초하여 기온과 강수량 자료를 수집하여 분석할 수 있게 될 것으로 생각하였다. 날씨 프로젝트를 수행하면서 자료를 수집하고 표현하는 활동에 의하여, 교육과정의 여러 측면들뿐 아니라 학생들의 삶과도 의미 있게 연결하도록 하는 것에 목표를 두었다.

이어서 학생들이 그래프에 대하여 알고 있는 것을 진단하기 위한 평가과제를 개발하였다. 늘 사용하던 교사용 지도서에서 해당내용을 확인한 후, 시험이 아니라 활동("사형집행인" 게임)에 의하여 평가하는 것으로 계획하였다. 이에 대해서는 나중에 살펴본다.

연구모임을 했던 날 오전 Z교사와 Y교사는 이전에 사용했던 과제, 교과서와 다른 자료들에 실린 과제를 조사하고 선별하여 활동목록을 작성하였다. 연구진에서는 과제 유형 각각에 대한 예제를 제공하였다. 오후에는 유목적적 표현 과제 4개, 맥락 기반 과제 6개, 내용 기반 개방형 과제 4개와, 다음 해에 사용할 의도로 마련한 대체 과제들로 이루어진 수업 계열을 만들었다. 각 수업에서 다룰 내용초점, 도입 과제, 주요 과제, 해당 수업시간의 학습을 점검하기 위한 질문들을 순서대로 작성하였다. 수업에 대한 자세한 계획은 이하에서 살펴본다.

어떻게 지도할 것인가와 관련된 내용들도 구체적으로 준비하였는데, 이 중 일부를 나중에 살펴본다. 이하에서는 수업 계열을 계획하는 단계에서 교사들이 세운 목표와 그 과제들을 활용하여 수업하는 방식을 논의하는 것에 목표를 둔다. 수업 계열 전체에 걸쳐 이루어질 자료 수집 프로젝트에 대하여 먼저 기술하고, 다음으로 개별 수업에 대하여 논의한다.

주요 학습내용이 되는 조사 프로젝트

교사들은 전날 멜버른 기상 센터에서 제시한 기온 및 강수량 자료와 멜버른 동쪽 40km에 있는 학교의 기상 관측소에서 수집된 자료를 기록하는 것이 수업의 도입활동이며, 이것이 날씨 프로젝트의 도입단계라고도 설명하였다.

참관일지에 기록한 과제에 관한 정보는 다음과 같다.

학생들은 2주 동안 기온과 강수량 자료를 수집하였고, 이 자료들을 손으로 그리고 컴퓨터로 그래프를 그려 표현하였다. 이어서 평균을 계산하고 멜버른 기상청 자료와 해당 지역의 자료를 비교하였다.

학생들에게는 강수량과 관련하여 다음과 같은 문제를 해결하도록 하였다.

- 2주 동안 멜버른과 우리 학교의 강수량은 얼마인가?
- 첫째 주에 비해 둘째 주에 얼마나 비가 더 왔는가?
- 그래프를 보고, 가장 비가 많이 온 날은 언제인지 말하여라.
- 최고 강수량을 기록한 지역은 어디인가?
- 두 지역 강수량의 범위, 평균, 최빈값, 중앙값은 각각 얼마인가?

기온과 관련해서도 다음과 같이 유사한 문제를 해결하도록 하였다.

- 하루 기온 차이의 최댓값과 최솟값은 얼마인가? 2주 동안은?
- 기온의 최댓값과 최솟값 변위, 평균, 최빈값, 중앙값은 얼마인가?
- 자료로부터 알 수 있는 일반적인 인상은 무엇인가?

전체적으로 볼 때 이 프로젝트 과제는 수업 계열 내내 일관성을 유지하였고, 학생들을 참여시키는 의미 있는 맥락을 활용하였으며, 자료의 수집을 위한 시간 안배도 적절하였고, 교육과정을 통합적으로 관련시켜 적용하였다.

이렇게 주요 주제를 되풀이하여 다루면서 목표에 초점을 두어 수업이 진행되었다. 이하에서는 설계하여 실행한 수업 계열 중 8차시 수업에 대하여 살펴본다. 각 수업은 90분 동안 진행하는 것으로 계획하였으며, 때로는 둘 이상의 과제를 활용하여 수업하였다.

수업 1: 가장 빈도가 높은 문자

이 과제는 수집한 자료를 표현하는 방법에 대하여 평가하는 데에 목표를 둔다.

먼저 문자의 다양한 빈도를 확인하고, 게임에서 이기는 전략을 파악하도록 하는 것에 목표를 두는 활동으로 사형집행인 게임을 도입한다. 이어서 가장 높은 빈도로 사용되는 문자를 예측해보는 토론을 진행하여 학생들이 좀 더 효과적으로 게임을 할 수 있도록 돕는다. 학생들에게 잡지, 편지, 교과서 등에서 발췌한 글을 제공한다. 글에서 100단어로 이루어진 부분을 택하여 사용된 문자의 빈도를 각각 기록하고, 표에 기입한 후 그래프로 나타낸다. 모두 모여서 파악한 정보를 기록하고, 어떤 문자가 가장 높은 빈도로 사용되는가에 대하여 예측했던 것을 평가한다.

5학년들을 대상으로 한 수업에서 학생들은 2시간 동안 엑셀 프로그램을 사용하여 표를 만들었고 각 문자의 빈도를 입력하였다. 교사는 학생들에게 차트 마법사 기능을 사용하여 어떻게 서로 다른 유형의 그래프를 만들 수 있는지 보여줬으며, 학생들도 차트 마법사를 다루어본 후 어떤 종류의 그래프가 다양한 유형의 자료를 나타내기에 가장 효과적인지 알아보았다.

이 과제를 해결하면서 학생들은 문자 빈도를 기록하여 누적하는 방법, 분석한 결과를 표현하는 방법을 배울 수 있었고, 교사는 학생들의 결과보고 방법을 평가할 수 있었다. 이 과제는 그 다음 수업에서 다룰 내용에 대하여 학생들이 얼마나 준비되어 있는가를 평가하는 유용한 도구로 보였다.

수업 2: 그래프 표현의 도입

이 수업은 자료 표현의 주요한 측면에 초점을 두는 두 가지 활동을 중심으로 한다. 첫 번째 활동은 라벨을 붙이는 것과 같은 관례적인 측면에, 두 번째 활동은 관련된 표현 형식들의 연결과 같은 측면에 초점을 둔다.

그래프 표현의 특징

교사는 학생들에게 두 개는 같은 높이이고 나머지 막대의 높이는 모두 다른 막대그래프를 제시하였다. 막대들의 배열은 내림차순도 오름차순도 아니었다. 또, 숫자, 라벨, 제목도 표시되어 있지 않았다. 교사는 학생들에게 "이 그래프는 무엇을 나타낸 것일까요?" 라고 질문하였다.

학생들에게 이 그래프가 나타낼 수 있는 세 자료의 집합을 찾아보도록 하였다. 필요한 정보를 추가하여 그래프를 완성하도록 하였으며, 그 방법은 아주 다양하다고 설명하였다.

이 활동은 학생들이 그래프와 자료에 대하여 이미 가지고 있는 지식을 적용하여 개방형 과제를 해결할 수 있는지 알아보는 것에 목표를 둔다. 또한, 자료의 유형에 따라 다른 그래프를 그려야 한다는 것을 지도하는 데에도 목표를 둔다.

교사는 학급 전체 토론을 통하여 그래프를 사용하는 예, 가령, 운동경기의 결과를 나타내는 것과 같은 예를 생각해보도록 하였다. 라벨을 붙이지 않은 그래프를 제시하고, 그래프가 나타내는 바를 설명하고, 라벨을 붙이며, 그래프가 나타내는 세 가지 서로 다른 자료를 제시하도록 하였다. 이어서 학생들이 서로 아이디어를 공유하도록 하였다.

이 과제는 학생들에게 무언가를 선택하고 결정할 수 있는 기회를 제공하며, 해석에 있어 창의성을 발휘할 수 있는 기회를 제공하기도 한다. 이와 같은 것들은 자료를 표현하는 데 주요한 요소들이다.

그래프 짝짓기

두 번째 과제는 스완이 개발한 과제를 수정한 것이며, 과제에 대한 자세한 논의는 13장에서 할 것이다. 12개의 막대그래프와 12개의 원그래프가 각각 그려진 카드를 준비한다. 아래 그림은 카드에 제시한 그래프의 예이다.

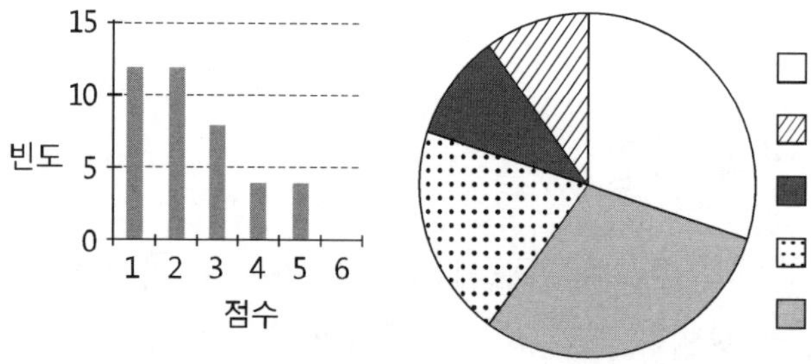

그림 8.1 짝지어야 할 서로 다른 자료 표현의 예

스완의 과제에는 상자그림도 포함되어 있는데, 이 수업에서는 막대그래프와 원그래프만 활용하였다.

같은 자료를 나타내는 막대그래프와 원그래프를 짝짓는 활동을 한 후, 다른 모둠에서 짝지은 것과 비교하는 것이 주요 내용이다. 스완은 수업에서 이 카드를 활용하여 지도하는 방법에 대한 자세한 지침을 제공하였다. 다음은 스완이 제시한 지침이며, 막대그래프를 칠판에 붙여놓고 질문하는 내용의 일부이다.

이 막대그래프는 페널티킥 성공 횟수입니다. 1인당 여섯 번의 페널티킥 기회가 있었습니다.
모두 몇 사람이 페널티킥을 찼습니까?
왜 그렇게 생각합니까?
1점을 얻은 사람들의 비율은 얼마입니까?
백분율로는 얼마입니까?
3점을 얻은 사람들의 비율은? 6점을 얻은 사람들의 비율은?

원그래프에 대해서도 유사한 질문을 제시하였고, 카드를 활용하는 방법 그리고 활동을 모두 끝낸 후 되돌아보는 방법에 대해서도 자세한 지침을 제시하였다.

이 과제는 서로 다른 표현방법을 비교하고 대조하며, 그래프에 포함되어 있는 다양한 정보를 읽는 것이 왜 중요한가를 지도하기 위한 것이다. 카드를 옮기기만 하면 되고, 실수해도 금방 확인할 수 있기 때문에 위험 부담이 적은 활동으로 이루어진 과제이다.

수업 3: 자료의 수집과 표현

이 수업은 학생들이 설문조사에 대해 이미 알고 있는 것을 바탕으로 원그래프를 다루는 데에 목표를 둔다. 수업의 첫 번째 단계에 대한 지침은 다음과 같다.

학생들이 자신이 속한 학급에 대하여 조사할 수 있는 질문을 정하여 설문조사를 수행하도록 한다. 조사결과를 상대도수로 정리하도록 한다.

두 번째 단계는 로빗과 클라크가 설계한 과제[1)]를 활용하여 진행하며, 이에 관한 지침을 다음과 같이 제시하였다.

띠그래프로 나타낸 자료를 원그래프로 바꾸어 표현하도록 하는 것이 목표이다. 먼저 "좋아하는 사탕과자"와 같이 해당학급에서 얻은 자료를 1m 길이의 띠그래프로 나타내도록 한다. 학생들이 띠를 일정한 간격으로 나누고 각 학생이 어떤 사탕과자를 좋

1) Lovitt, C., & Clarke, D. M. (1988)

아하는지를 나타낼 것이다. 다음으로 이 띠를 동그랗게 말거나 변형하여 원그래프를 만들 수 있는지를 확인한다. 각 항목은 상대도수이므로 그래프에 분수로 표현하고, 라벨을 표시하며, 가능하면 백분율로 바꾸어 나타내도록 한다.

그림 8.2는 한 학생이 이 방법에 따라 원그래프를 만든 사례이다.

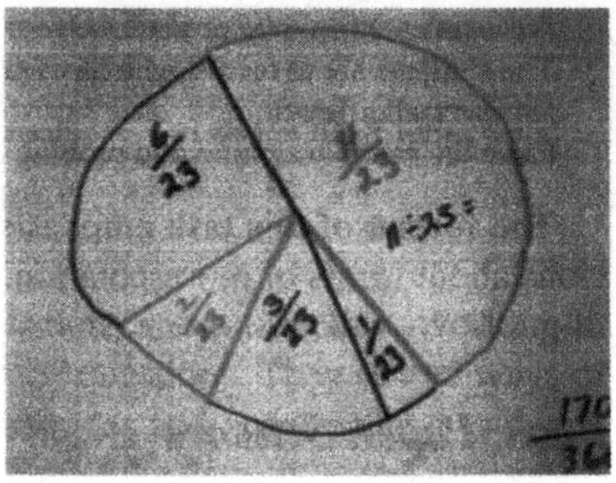

그림 8.2 한 학생의 원그래프

이 과제는 전체 수업 계열 중에서 상당히 중요한 역할을 한다. 원그래프는 다양한 매체에서 널리 사용하는 것이고, 만드는 것보다 해석하는 것이 더 쉽다. 이 과제는 원그래프를 어떻게 만드는지 이해하도록 하며, 나중에 다른 자료를 수집하여 엑셀 프로그램 또는 유사한 도구를 사용하여 원그래프로 나타낼 때 바탕이 될 것이다.

수업 4: 표현에 관한 의사결정

네 번째 수업에서는 상호 보완적인 측면을 가지는 두 가지 목표를 추구한다. 첫 번째는 그래프의 유형을 비교하고 대조하는 능력을 기르는 것이며, 두 번째는 적절한 그래프 표현이 무엇인가를 능동적으로 판단하여 결정하는 능력을 갖추는 것이다.

유사한 그래프 찾기

학생 개개인에게 신문, 잡지, 인터넷 등에서 구한 서로 다른 그래프를 나누어주고, 유사한 그래프를 가진 다른 학생들을 찾은 후, 유사점과 차이점, 그래프에 있는 정보의 유형을 기록하도록 하는 것이 첫 번째 과제이다. 학생들은 그래프에 라벨을 표시하고 세 가지 유형의 정보가 다루어지고 있음을 파악한 후 다른 학생들과 그것을 공유하였다. 이 과정에 대한 지침은 다음과 같다.

막대그래프, 원그래프, 선그래프, 산점도 등 다양한 그래프를 프로젝트나 전자칠판과 같은 공학적 도구를 활용하여 보여준다. 그래프들의 특성과 각 그래프가 표현하는 자료의 특성에 대하여 토론한다.
각 학생에게 다양한 매체 또는 해당학급에서 구한 서로 다른 그래프를 제공한다.
학생들에게 개별적으로 다음과 같이 탐구하도록 한다.
- 그래프의 유형 식별
- 그래프의 특성 파악
- 그래프에 나타난 정보 확인
- 주어진 그래프를 다른 그래프로 바꾸는 방법 확인
개별탐구가 끝나면 교실을 돌아다니며 유사한 그래프를 갖고 있는 학생들이 있는지 찾아보도록 한다.
유사한 그래프를 가지고 있는 사람이 누구이며, 유사점과 차이점은 무엇인지 기록하도록 한다.
교실을 순회하며, 학생들의 그래프에 대한 이해양상을 파악하고 조사한다.

학생들이 표현 형식을 정할 수 있다는 것에 초점을 두어 과제를 다루어야 한다.

가위바위보

두 번째 과제는, 짝을 지어 가위바위보를 100회 하면서 결과를 기록하고 그래프로 나타내도록 하는 것이다. 가위바위보는 학생들에게 친숙하며 세 가지 중 하나를 선택할 수 있는데 그에 따라 승부가 나는, 이를테면, 바위는 가위를, 보는 바위를, 가위는 보를 이기는 게임이다. 과제는 가위, 바위, 보 중 어떤 것을 내면 승산이 있는지를 알아보는 것이었다. 학생들에게 결과를 기록하는 방식과 그래프 유형을 자유롭게 선택하도록 하였다. 수업 마무리 단계에서 전체 토론을 통해 기록 방식과 그래프 유형에 따라 결과가 다른지를 다루었다. 교사들에게 제시한 지침은 다음과 같다.

가위, 바위, 보 중 어떤 것이 가장 승산이 있을지를 알아보는 과제이다.
첫 번째로 다음 질문을 제기한다. 가위바위보를 할 때 가장 유리한 것을 어떻게 알아낼 수 있을까?
어떤 자료를 수집해야 하는지 짝과 논의하도록 한다. 이에 대하여 전체 토론을 한 후, 실제로 게임을 하면서 정한 방식대로 자료를 수집하고 기록하도록 한다.
짝과 함께 가위바위보를 100회 하면서 이긴 상황을 기록하도록 한다. 이제 자료를 그래프로 표현하도록 한다. 이때 학생들에게 결과 기록 방식과 그래프 표현 방법을 선택하도록 한다.
전체 토론을 진행하여 결과를 확인하고 논의한다. 어떤 경우가 가장 많이 일어났는가? 이론적으로는 동일한 가능성을 갖는데 왜 다른 가능성이 나오는가? 집단 간 차이는 왜 발생하는가? 자료로부터 얻을 수 있는 결론은 무엇인가?
다음으로 자료를 기록하고 표현하기 위하여 사용한 방법을 공유하도록 한다. 다양한 방식들이 가지는 자료 표현도구로서의 장점과 단점을 논의하도록 한다.

이 과제는 상당히 어렵지만 학생들에게 친숙한 게임을 내용으로 하고 있으며, 게임 결과를 기록하는 효율적이고 효과적인 방법을 택하지 않았더라도 진행하는 데에는 문제가 없다. 이번 수업에서도 자료와 표현방식 사이에 어떤 관련성이 있는가를 다룬다.

수업 5: 이원배치표

이 과제는 범주 자료, 특히 두 변수가 있는 자료를 표시하는 방식 중 하나인 이원배치표를 지도하는 것에 목표를 둔다. 수업에서 다룬 이원배치표의 예는 다음과 같다.

“축구를 좋아합니까?”, “초콜릿을 좋아합니까?”의 두 질문을 한다. 각 질문에 대한 답, 곧, 예 또는 아니오라고 포스트잇에 쓰고 표의 해당 칸에 놓도록 한다. 결과를 표로 다음과 같이 나타낸다.

	축구를 좋아한다	축구를 좋아하지 않는다
초콜릿을 좋아한다	7	8
초콜릿을 좋아하지 않는다	4	4

이 자료를 분석하여 학급 전체에 대한 일반적인 의견을 파악할 수 있었다. 학생들은 짝을 지어 활동했으며, “예 또는 아니오”로 답할 수 있는 질문들을 만들었다. 자료수집 방식을 공유한 후, 급우들에게 설문조사를 하였으며 그 결과로 이원배치표를 구성하였다. 이어서 수집한 자료들을 공유하고, 표현한 후, 논의했으며, 다른 방법으로 나타낼 수 있는지 그리고 표를 분석하여 얻어낼 수 있는 일반적인 결론이 무엇인지를 논의하였다. 교사들에게 제시한 지침은 다음과 같다.

학생들에게 표가 말해주는 것이 무엇인지 설명하도록 한다.
다음과 같이 질문한다. 언제 이런 방식으로 정보를 나타내면 유용할까? 누가 이 방식을 사용할까?
학생들이 만든 표를 서로 공유하도록 한다. 그리고 어떤 결론을 도출할 수 있을지 질문한다.
도출할 수 없는 결론은 무엇인지 질문한다. 표본 개념을 강조하여 다룬다.

이와 같은 과정에 의하여 범주 자료들 사이의 관계를 표현하는 중요한 방식을 다룰 수 있다. 학생들에게 질문을 만들도록 함으로써 답을 구해도 계속 더 탐구하는 것이 중요하다는 것을 강조할 수 있다.

수업 6: 학급 학생들의 평균적인[2] 키

평균, 중앙값, 최빈값 등의 중심경향값과 산포도(범위)로도 자료를 표현할 수 있다. 이번 시간에는 학급 학생들의 평균적인 키를 구하는 맥락을 활용하여 평균 개념을 지도한다.

학급 학생들의 평균적인 키를 구하기 위해 먼저, 산술평균, 중앙값, 최빈값의 정의와 자료수집 방법에 대해 자유롭게 논의하도록 하였다. 다음으로 짝을 지어 키를 측정하고 종이 띠에 결과를 기록하도록 하였다. 교사는 학생들이 기록한 종이 띠를 키가 큰 순서대로 바닥에 놓고, 이것을 이용하여 여러 종류의 평균의 의미를 모델화하여 다루었다. 예를 들어, 길이가 긴 종이 띠와 짧은 종이 띠를 합한 후 길이가 같은 두 개의 종이 띠를 만드는 것으로 산술평균의 의미를 설명하였다. 다음으로 자료를 전자칠판으로 옮기고, 학생들이 짝을 이루어 산술평균, 중앙값, 최빈값을 구하도록 하였다. 그리고 구한 방법과 결과를 다른 학생들과 공유하도록 하였다. 6학년을 담당했던 교사는 엑셀 프로그램으로 평균, 중앙값, 최빈값을 찾는 방법을 설명하였다.

수업을 설계한 팀에서 다른 교사들에게 제공한 지침은 다음과 같다.

학급 학생들의 평균적인 키를 구하는 것이 과제라고 설명한다.

---

2) 앞에서 언급한 바와 같이 이 책에서는 평균을 두 가지 의미로 쓴다. 하나는 산술평균, 중앙값, 최빈값을 포괄하는 것이고 다른 하나는 산술평균만을 뜻한다. 이하의 수업에서는 산술평균만이 아니라 중앙값, 최빈값을 포괄하는 의미에서의 평균을 다루는 것에 초점을 둔다. 이에 평균 대신 "평균적인"이라는 형용사를 사용한다.

학생들에게 '평균적인 것이 무엇을 뜻하는지' 묻는다. 학생들은 평균의 정의에 대해 브레인스토밍을 하고, 수학 사전을 참고할 수도 있다. 토론 후, 산술평균, 중앙값, 최빈값의 정의를 제시하도록 하거나 노트에 기록하도록 한다.
두 종이 띠의 산술평균을 구하는 과정은, 긴 종이 띠의 끝에 짧은 종이 띠를 붙여서 똑같이 나누어 길이가 같은 두 개의 종이 띠를 만드는 것임을 설명한다. 이와 같은 방법으로 두 종이 띠의 산술평균, 그리고 키의 산술평균을 구할 수 있다는 것을 보여준다.
'우리 학급 학생들의 "평균적인" 키를 어떻게 구할 수 있을까?'라는 질문을 제기한다. 이 질문에 효과적으로 답하기 위해 자료를 수집하는 방법에 대하여 브레인스토밍하도록 한다.
짝을 지어 줄자 또는 띠를 사용하여 서로 키를 측정하도록 한다.
줄자를 사용하여 측정하고 종이 띠에 정확한 길이만큼 표시하여 잘라 내거나 또는 끈을 학생의 키에 맞춘 다음 나중에 끈의 길이를 재는 방식으로 측정하도록 한다.
학생들의 키와 이름을 기록하도록 한다.
넓고 개방적인 공간의 바닥에 키 순서대로 끈들을 늘어놓는다.
교실로 돌아와 자료를 내림차순으로 칠판에 쓴다.
짝 활동 또는 모둠 활동에 의하여 평균, 중앙값, 최빈값을 찾도록 한다. 필요한 경우 계산기를 사용하도록 한다.
전체 토론에서 찾은 값에 대하여 논의한다. 어떻게 구했는지를 다른 학생들과 공유하도록 한다. '범위'라는 용어를 도입하는 기회로 활용한다. '왜 구한 값이 서로 다를까요?, 어떤 값을 우리 학급 학생들의 평균적인 키라고 할까요? 왜 그렇게 생각합니까?'와 같은 질문에 대하여 생각해보도록 한다.
마무리 단계에서, 엑셀 프로그램의 공식을 사용하여 평균, 중앙값, 최빈값을 찾아 보여준다.

이 수업은 학생들에게 산술평균, 중앙값, 최빈값 개념을 도입하기에 적절한 것으로 보인다. 학생들이 끈을 쉽게 다룰 수 있는데다가, 이렇게 간단한 맥락에서 산술평균, 중앙값, 최빈값의 의미가 명확하고 시각적이며 구체적으로 드러나는 모델을 활용했기 때문이다.

수업 7: 산술평균과 평균

일곱 번째 수업에서는 문장 만들기 과제와 측정하여 계산하는 과제를 활용하여 산술평균에 대한 학습의 확장을 시도한다.

다섯 단어로 된 문장

다음과 같은 개방형 과제를 제시하여 산술평균과 평균에 대하여 탐구하도록 한다.

다섯 단어로 이루어진 문장 하나가 있다고 하자. 각 단어에 포함된 평균 문자수는 4이다. 그런데 4개의 문자로 이루어진 단어는 없다. 어떤 문장이었을까?

개별적으로 과제를 해결하도록 한 후 전체 토론을 통하여 답과 전략을 공유하도록 한다. 실제로 학생들이 제시한 문장 중 하나는, “Bubbles float on hot air”이다.

이 과제는 창의적으로 생각하는 기회, 교육과정의 다른 측면들과 연결하는 기회, 평균이라는 단어의 가능한 의미들을 탐구하는 기회를 제공하므로 학생들에게 흥미로울 수 있다.

학교 학생들의 평균적인 키

두 번째 과제는, 학교 학생들의 평균적인 키를 구하는 것이다. 먼저 학생들이 이미 가지고 있는 여러 종류의 평균의 의미를 생각해보게 하고, 구해야 하는 학교 학생들의 평균적인 키를 예측한 다음, 3명으로 이루어진 모둠에서 해결전략과 표본의 크기에 대해 논의하도록 하였다. 이렇게 논의한 바를 전체 학급과 공유한 후, 다른 교실로 자료를 수집하러 가도록 하였다. 자료수집 후 각 모둠에서 여러 종류의 평균을 구했고, 산술평균, 중앙값, 최빈값 중 어떤 평균을 선택하여 어떻게 계산하고 어떤 결과를 얻었는지에 대하여 공유하도록 하였다. 왜 서로 다른 결과를 얻었는지, 상대적으로 정확하다고 생각되는 방법과 결과는 무엇인지를 생각하도록 질문과 권고로 이끌었다.

수업 8: 중심 측도와 산포 측도의 비교와 대조

이 수업에서는 이전에 학습한 중심 경향성과 산포라는 두 상보적인 개념에 대하여 다룬다.

일곱 명의 낚시

평균, 중앙값, 최빈값의 정의를 살펴본 후, 다음 과제를 개별적으로 해결하도록 하였다.

7명이 낚시를 갔는데, 잡은 물고기 수의 평균은 5, 중앙값은 4, 최빈값은 3이었다. 각각 몇 마리씩 잡았겠는가?

개별적인 활동 후 전체적으로 해결방법을 공유하도록 했으며, 관련 오개념들을 다루기 위하여 학생들이 제시한 오답들을 살펴보았다.

설계팀이 제시한 다른 교사들을 위한 지침은 다음과 같다.

과제해결을 시도하기 전에 평균, 중앙값, 최빈값의 의미를 명확하게 해야 한다. 도로의 중앙에 놓은 벽을 중앙분리대라고 부르듯이, 관련된 용어를 제시하여 주요 개념을 기억하도록 격려해야 한다.

처음에는 개별적으로 해결을 시도하도록 한다. 가능한 답이 여러 개 있다는 것을 강조한다.

활동을 마친 후에, 나름대로의 해결방법과 결과를 학급 전체와 공유하도록 한다. 평균이 5라는 것을 이용하여 5(평균)×7(사람 수)=35(물고기 수)와 같이 계산하여 전체 물고기 수 35를 구한 학생이 있었다. 한 행에 7개의 빈 칸을 만든 후 그 중 네 번째 칸에 중앙값인 4를 먼저 표시하고 과제의 해결을 시도할 수도 있다.

세 번째 가능한 방법은, 7개의 빈 칸을 따라 최빈값 3을 두 개 또는 세 개 채워놓고 과제해결을 시도할 수도 있다.

단서 카드

이 수업의 두 번째 과제는 단서 카드를 이용하여 자료를 재구성하는 것이며, 모둠 활동에 의하여 해결하도록 한다. 단서는 평균, 최빈값, 중앙값, 변위, 빈도 등을 활용한 것으로, "평균 점수는 5", "점수의 변위는 10"과 같은 것들이다. 다른 교사들을 위한 지침은 다음과 같다.

6명으로 모둠을 구성한다. 각 학생에게 자료의 재구성에 활용할 정보가 담긴 단서 카드를 한 장씩 나누어준다.

카드의 오른쪽 아래 귀퉁이에 특별한 기호를 넣어서 다른 모둠에서 동일한 기호를 가진 학생들이 '전문가' 집단을 이루어 토론하도록 한 후, 자료의 재구성을 시도하도록 한다.

전문가 집단은 가령, 최빈값과 같이 유사한 정보를 담고 있는 단서 카드를 가진 사람들로 이루어진다. 전문가 집단에 모인 학생들에게 자신이 가진 카드의 의미와 그 안에 담긴 정보가 어떤 것인지를 논의하도록 한다.

원래 모둠으로 돌아와서 자료를 읽고 처리하도록 한다. 재구성한 자료를 기록하고, 단서들을 다시 확인하여 정확한지를 점검한다.

학급 전체에게 자료의 재구성 방법을 공유하도록 한다. 이 과제를 해결하는 동안 배운 것을 되돌아보게 한다.

각자의 수학 저널에 용어에 대한 나름대로의 이해를 개별적인 재정의의 형태로 기록하도록 한다. 현재 이해한 것과 과거에 했던 이해를 비교하도록 하고 그 결과를 학급 전체와 공유하도록 한다.

이 수업에서 해결한 두 과제를 통해 학생들은 다양한 측도들의 의미에 대해 파악할 수 있으며, 유사한 용어들을 비교하거나 대조할 수 있고, 중심 경향을 나타내는 다양한 측도들의 특성과 의미를 탐구하게 된다.

학업성취도 평가 및 수업 계열에 대한 평가

수업 계열의 종반부에 연구자와 교사들이 함께 설문조사를 계획하여, 학생들에게 가장 즐거웠던 과제, 가장 많은 것을 배웠던 과제를 선택하고 왜 그렇게 생각했는지 설명하도록 하였다. 학업성취도 평가를 위한 과제도 준비하였다. 이 평가에서 교사들이 기대했던 학습의 특성이 무엇인지를 다음 평가문항의 일부를 보면 알 수 있다.

오른쪽 그래프에 표현한 자료를 원그래프로 나타내어라.	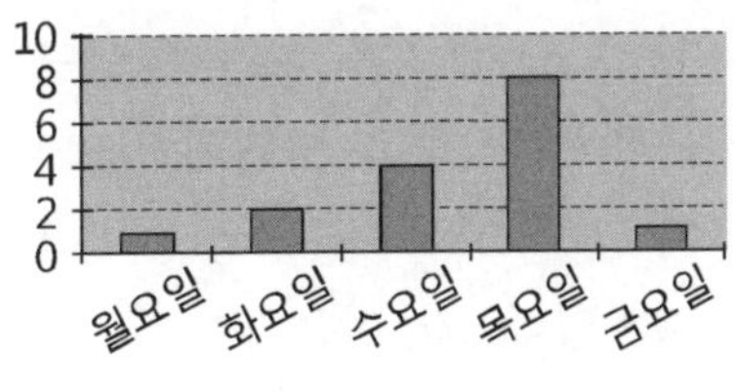

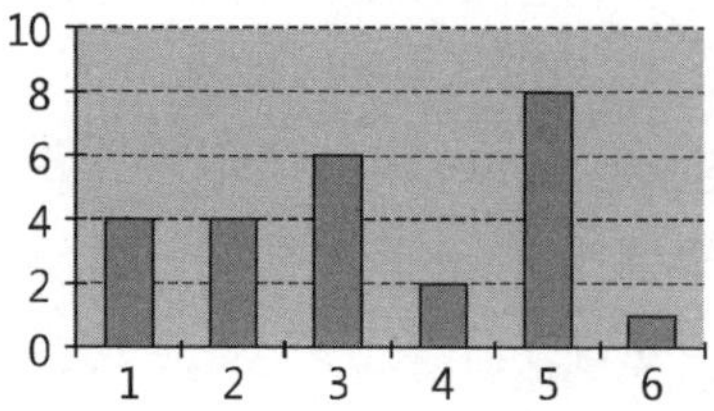

2. 무엇에 관한 그래프인가? 두 가지 서로 다른 답을 제시하고, 그래프에 필요한 정보를 기록하여라.

3. 그래프로 표현된 자료를 이원배치표로 나타내어라. 이 학급의 학생 수는 얼마인가?

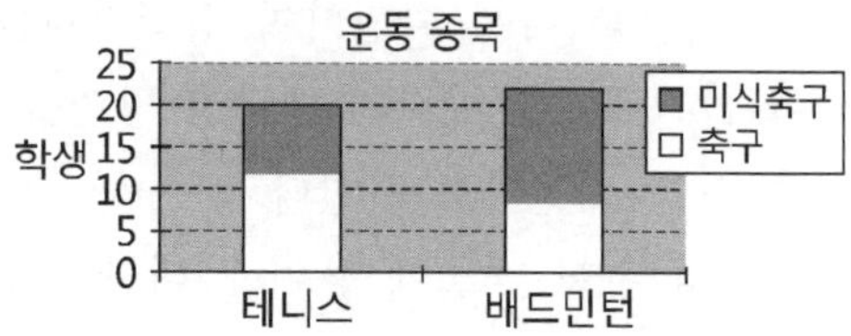

10장에서 이와 관련된 논의를 제시할 것이다.

수업 5를 비롯한 수업관찰

각 수업에 참관하여 구조화된 그러나 개방적인 관찰일지를 기록하였다. 이와 같은 자세한 관찰 덕분에 교사, 관찰자, 연구자들 사이의 토론이 활발하게 이루어졌다. 또, 수업관찰을 통해 과제가 작동되는 방식, 과제를 통해 창출되는 기회, 과제로 인해 발생하는 제약들에 대한 통찰을 얻을 수 있었다. 이하에서는 이와 같은 방식으로 수집된 자료의 본성을 보여줄 수 있도록 특별히 편집하지 않은 채로 수업 5의 관찰기록을 제시한다. 여기에는 다양한 사건들이 발생한 시간, 직접 관찰한 내용, 해석 등이 담겨 있다.

11:16. 교사는 학생들이 자리에 앉도록 한 후 수업을 시작하였다. 이원배치표를 보여주면서, 심슨가족을 보는지, 당근을 좋아하는지 질문하였다. 스티커 종이를 주고 이름을 쓰게 한 다음 이원배치표의 적당한 위치에 붙이도록 하였다. 이원배치표와 그 안에 담긴 자료의 특성을 논의함으로써 학생들이 잘 따라오고 있는지를 확인하면서 진행하였다. 각 질문마다 두 개의 답을 가진 두 개의 질문을 제시하였다.
11:38. 학생들은 각자 표를 가지고 질문을 해결하려고 노력하였다. Y교사는 먼저 개별적으로 문제를 해결하도록 했다. 학생들은 이전에도 그랬듯이 곧바로 해결을 시도하지 않고 관련 없는 일에 시간을 보냈다. 관찰한 학생들은 이원배치표 모델을 쓰지 않았다. 4개의 분리된 자료를 수집하는 학생들도 있었다.

11:45. Y교사는 학생들의 이름을 수집하는 활동이 아니라는 점을 분명히 짚었다. 그럼에도 불구하고 일부 학생들만 과제를 해결하는 주요한 방법인 이원배치표를 사용하였고, 다른 많은 학생들은 정보를 수집하기만 하였다. 질문을 하여 조사를 해야 할 텐데 그냥 표를 제시하고 이름을 쓰도록 하는 학생들이 많았다. 한 학생이 부적절한 방법을 사용하면 이론적으로는 다른 학생들이 다르게 할 수 있는 방법이 무엇인지 생각해야 한다. 그러나 실제로는 그렇게 되기까지 상당히 오랜 시간이 필요했으며, 매우 소란스러워졌다. Y교사가 이렇게 시끄러워진 교실 때문에 걱정할지 궁금했다. 그런데 Y교사는 생각했던 것보다 오랫동안 소란스러운 모습을 그대로 지켜보았고, 학생들과 계속 이야기를 나누었다. 나라면 학생들과 이야기하는 것을 줄이고 얼른 진행했을 것 같다. 이렇게 하는 것이 반드시 좋은지는 모르겠다.
11:58. Y교사는 C가 기록한 표에 문제가 있다는 것을 지적하였다. 교차하는 부분의 자료가 확실하지 않았기 때문으로 보이는데, 결국 C는 다시 자료를 조사해야 했다. Y교사는 학생들에게 자료를 수집하여 표로 나타낸 후에 표를 다시 점검해야 한다는 것을 상기시켰다.
12:26. 일정 시간이 지난 후, 학생들 중 상당수, 적어도 13명 정도는 자료로부터 다섯 가지 정보를 찾아내어 말하였고, 분석 결과를 제시하였다. Y교사가 이 과제는 학생들의 이름을 쓰는 것과 무관하다고 말했지만, 주변에 있는 학생들은 여전히 표에 학생들의 이름을 기록하였다.
12:38. 일부 학생들은 칠판에 결과를 기록하였고, 일부 학생들은 벤다이어그램을 그렸다. 초반에 잘못된 접근을 했던 주변의 학생들은 이제 적절히 활동하는데 아직 마무리하지는 못하였다.
12:40. 교사가 학생들에게 찾아낸 정보를 기록하라고 하였다. 학생들은 너무 천천히 앞으로 나왔는데, 나오는 데에만 3분이나 걸렸다. Y교사는 다음과 같은 아주 좋은 질문들을 제기하였다. 초록색과 분홍색 중에 어떤 것이 더 인기 있다고 할 수 있을까? 축구와 네트볼 중에 더 인기 있는 것은? 학급 인원수는 얼마일까?
교사가 정보를 제시하는 다른 방법을 제시하였다. 벤다이어그램을 소개하였는데, 아마도 이것은 이전에 다루었던 것 같다. 학생들에게 이 정보들을 어떻게 벤다이어그램으로 표현할 수 있을지 물었다. 교사는 매우 훌륭한 질문을 하였으며, 그로부터 가르쳐야 할 수학을 이끌어냈다. 수업종료 시간이 지났음에도 불구하고 교사가 계속 진행하였다. 학생들은 휴식시간을 가지지 못하였으며, 수업에 계속 집중하였다.

수업 후 교사와 면담하였는데, 시간 사용, 특히 수업의 속도에 관한 것, 학생들과 상호작용하는 방법에 대한 것, 수업 후반부에 했던 성찰 활동의 목표, 사전에 세운 수업 목표가 어느 정도나 수업에서의 행동에 반영되었는가에 대한 것을 논의하였다. 이 책에서는 수업관찰 내용을 자세히 분석하지는 않는다. 그러나 지금까지 제시한 예로부터 수업관찰이 우리가 프로젝트를 진행할 때 얼마나 중요한 역할을 하였는가를 충분히 알 수 있다.

요약

우리가 수행한 연구 프로젝트는 주로 과제에 관련된 것이었는데, 참여교사들은 내용의 도입, 의미와 연결 탐색, 사고의 확장 등 다양한 목표를 가지는 과제계열을 만들어냈다. 이 장에서는 연구 프로젝트의 전반적인 목표라고 할 수 있는 세 가지 유형의 과제를 활용하여, 내용의 특정한 측면을 가르치기 위한 수업 계열을 제시하였다. 이 수업 계열에 사용된 과제를 통해 학생들이 판단하고, 나름의 해결방법을 설계하며, 서로 다른 아이디어들과 표현들을 연결하도록 하였다. 이와 같이 수업 계열을 개발하여 적용함으로써, 교사들은 수업을 적절하게 계획하고 수업에 대하여 의미 있게 성찰할 수 있었다. 이로부터 교사들이 다양하고 도전적인 과제들로 구성된, 매우 효과적인 수업 계열을 개발하고 실행할 수 있음을 알 수 있었다.

Chapter 09

과제 유형에 대한 학생들의 선호도

이 장에서는 교사들이 설계한 과제들에 대하여 학생들이 어떻게 반응했으며, 이것이 학생들의 학습과 어떻게 관련되었는지를 주로 살펴본다. 서로 다른 과제 유형에 대한 학생들의 반응을 자세히 살펴보는 것은 프로젝트에서 추구했던 바이기도 하다. 이하에서는 학생들의 의견을 조사한 배경을 제시하고, 자신감과 만족도, 과제 유형에 대한 선호도 등에 대하여 수집한 자료를 제시한다. 기본적으로 학생들이 다양한 선호도와 의견을 가지고 있었다는 것을 확인하였다. 학생들이 흥미로워한 과제와 많이 배우는 기회를 제공한 과제가 달랐다. 교사들이 학습기회를 제공하기 위하여 과제를 선택할 때 이와 같은 다양한 측면들을 적절히 고려해야 한다.

과제에 대한 학생들의 의견조사

많은 연구들에서 수학 학습의 여러 측면에 대한 학생들의 의견을 조사하기 위하여 노력해왔다. 연구자들은 학생들이 수학을 좋아하는지 여부, 수학을 즐기는지 여부, 목표나 잠재력을 이해하는 태도는 물론이고, 정체성, 자율성 그리고 사회성과 같은 심리적인 요소들을 고려하면서 학생들의 태도에 관하여 정교하게 논의해왔다.[1) 2)] 수학의 본성과 수학 학습에 대한 학생들의 신념[3) 4)], 학생들이 수학과 수학 학습 그리고 수학의 유용성에 대하여 부여하는 가치[5)], 동기유발 방식[6) 7)], 학습기회와 자신에 대한 인식의 관련성(예

1) Hannula, M. (2004)
2) McLeod, D. B., & Adams, V. M. (1989)
3) Leder, G., Pehkonen, E., & Tőrner, G. (2002)
4) Pajares, M. F. (1992)
5) Bishop, A. J. (2001)
6) Middleton, J. A. (1995)
7) Middleton, J. A., & Jansen, A. (2011)

를 들어, 학습을 하면 자신이 총명해질 것이라고 생각하는 것), 자신에 대한 인식(예를 들어, 학습을 하면 성공할 수 있다고 생각하는 것)에 대해서도 지속적이고 다양한 연구가 이루어져왔다.[8]

앨런[9]이 언급한 바와 같이, 수학 교육과정, 평가방법, 교수법은 많은 변화를 겪어왔으나 지도법과 학급조직에 대하여 정작 학생들이 어떻게 느끼는가에 대해서는 연구가 거의 이루어지지 않았다. 앨런은 중학생들을 대상으로 반구조화된 면담을 실시하고 정량적으로 그리고 정성적으로 자료를 수집하여 분석하였다. 학생들은 어떤 성취수준에 있는가에 따라 긍정적이거나 부정적인 영향을 받고 있으며, 수학 학습자로서의 정체성을 형성하고 있는 것으로 나타났다. 학생들은 평가에 대해서도 중요하게 생각하고 있었으며, 평가결과가 곧 학습에 따른 보상이라고 생각하였다. 수학 학습을 정답에 이르는 것에 관련지어 보고 있었으며, 이는 과제를 해석함에 있어서도 마찬가지였다.

우리는 학생들이 과제를 통하여 얼마나 배웠다고 여기는지 그리고 특정 과제 유형을 얼마나 좋아하는지를 조사함으로써 과제에 대한 학생들의 의견을 파악하였다. 이 두 가지가 학생들이 과제를 해결함으로써 판단할 수 있는 주요한 것으로 생각하였기 때문이다. 조사문항에 대하여 예비조사를 했는데, 학생들은 부가적인 설명 없이도 두 질문에 대하여 충분히 답할 수 있었다. 우리는 정해진 척도를 확인하는 것만이 아니라 학생들이 자유롭게 서술한 자료도 확보하여 학생들의 실제 생각을 알아보고자 하였다. 이하에서는 두 유형의 자료를 조사하여 그 결과를 논의한다. 첫 번째로 수학 학습에 대한 학생의견 조사라고 이름붙인 설문조사 문항에 대한 응답에 대하여 논의한다. 두 번째로 4장부터 6장까지 논의했던 과제 유형으로 수업한 후 그 과제들에 대하여 학생들이 평가하고 반응한 자료에 대하여 살펴본다.

과제와 과제를 활용한 수업에 대한 학생들의 응답

조사는 수업과 과제의 여러 측면에 대한 학생들의 응답을 횡단자료로 얻을 수 있도록 설계하여 진행하였다. 참여교사들의 학급들뿐만이 아니라 프로젝트에 참여했던 학교의 5학년부터 8학년까지의 모든 학생들을 대상으로 설문조사를 실시하였다. 수업의 다양한 양상들에 대한 의견을 묻는 문항들 그리고 서로 다른 과제 유형을 비교하여 선호도를 말하는 문항들을 활용하였다.

---

8) Dweck, C. S. (2000)
9) Allen, B. (2003)

교수법의 일반적인 특징을 알아보는 문항은 클라크 등의 연구[10)]와 설리번, 프레인 등의 연구[11)]로부터 차용하였으며, 과제에 대한 문항은 연구목적에 맞게 개발하여 적용하였다. 프로젝트 참여 학교들과 유사한 학교에서 예비조사를 하였으며, 혼란스러운 응답에 대해서는 면담을 하여 확인하였다. 예를 들어, 수학 수업에서 계산기를 사용하는 빈도를 묻는 문항이 있었다. 예비조사에 참여한 학급들 중 하나에서, 일부 학생들은 계산기를 전혀 사용하지 않는 것으로 그리고 일부 학생들은 매 수업마다 계산기를 사용한다고 답하였다. 면담에서 어떻게 이런 일이 생겼는지를 확인하였는데, "저는 계산기를 전혀 사용하지 않지만 저 2명은 항상 사용해요."라고 말한 학생이 있었다. 이와 같은 확인과 논의를 반영하여 부분적으로 조사문항을 수정한 후 적용하였다.

프로젝트 참여교사들 중 1명에게 각 학교별로 대상 학년의 모든 학급을 다니며 학생들에게 개별적으로 그리고 진지하게 설문에 답하도록 하여 자료를 수집하였다. 자료의 입력은 정확성을 기하기 위하여 재확인절차를 거쳤으며, 전문가로부터 자문을 구하여 적절하게 진행되도록 하였다. 자유응답에 대한 분석 결과는 다음 절에 제시한다.

17개 학교, 96개 학급의 930명 학생들이 설문에 참여하였다. 7, 8학년 학생들은 상대적으로 참여율이 저조하였다. 이 프로젝트에 5, 6학년 학생들을 지도하는 교사들이 주로 참여했고, 중학교는 설문조사를 실시하기 어려운 이유가 있었기 때문이다. 예를 들어, 학부모 동의를 얻은 학생들만이 설문에 응답하였는데, 중학교 학생들 중 일부는 학부모 동의를 얻지 못하였다.

학생들의 태도

설문조사의 처음 두 문항은 "수학을 얼마나 잘 합니까?", "수학 수업 시간이 얼마나 즐겁습니까?"였고, 7점 척도로 제시하였다. 첫 번째 문항은 자신감을, 두 번째 문항은 만족도를 파악하기 위한 것이었다. 이 문항들에 대한 응답을 기초로 학생들을 분류하여 분석하였다.

학생들의 수학에 대한 자신감과 만족도는 1부터 7까지 다양하게 나타났지만, 대체적으로는 긍정적이었다. 놀랍게도 학년 별 응답에 큰 차이가 없었다. 수업관찰에서는 중학생들의 만족도와 자신감이 낮은 것으로 보였기 때문이다. 표. 9.1은 학년별 응답결과

10) Clarke, D., Cheeseman, J., Gervasoni, A., Gronn, D., Horne, M., McDonough, A., Montgomery, P., Roche, A., Sullivan, P., Clarke, B., & Rowley, G. (2002)
11) Sullivan, P., Prain, V., Campbell, C., Deed, C., Drane, S., Faulkner, M., et al. (2009)

이다.

많은 학생들이 만족도보다는 자신감에서 더 긍정적인 응답을 하였다. 각 학년 내에서는 긍정적인 응답과 부정적인 응답을 모두 얻었으며, 편차가 큰 것으로 나타났다. 자신감($F(3,926) = 4.11$, $p < .01$)과 만족도($F(3,926) = 3.34$, $p < .02$) 모두에서 학년 간의 유의미한 차이가 나타났고, 학년 내의 차이가 학년 간의 차이보다 큰 것으로 나타났다. 이는 학년에 상관없이 자신들이 지도하는 학급 학생들의 자신감과 만족도를 파악해야 한다는 것을 시사한다.

자신감과 만족도 사이에 어떤 관계가 있는지도 분석하고자 하였다. 이를 위해 자신감과 만족도에 대하여 7점 척도로 응답했던 자료를 대략 비슷한 크기의 다음 세 범주로 다시 분류하였다. 자신감과 만족도를 0, 1, 2, 3, 4점으로 표시한 학생들은 하위집단으로, 5점은 중위집단으로, 6, 7점으로 표시한 학생들은 상위집단으로 분류하였다. 분석 결과, 자신감과 만족도 사이에는 강한 상관관계($r = .53$, $n = 934$)가 있는 것으로, 자신감에서 상위집단으로 분류된 학생들 중 절반 이하가 만족도에서 상위집단에 속하는 것으로 나타났다. 이는 수학에 대한 자신감을 갖고 있다고 해서 수학 수업에 만족할 것이라고 가정하거나, 그와 반대로 수학 수업에 만족한다고 해서 자신감도 높을 것이라고 가정해서는 안 된다는 것을 의미한다.

표 9.1 학년별 수학에 대한 자신감과 수학 수업에 대한 만족도 조사결과

학년	응답자 수	자신감		만족도	
		평균	표준편차	평균	표준편차
5학년	302	4.70	1.38	4.40	1.65
6학년	392	4.95	1.24	4.28	1.52
7학년	126	4.61	1.33	3.82	1.55
8학년	110	4.91	1.25	4.15	1.76
합계	930	4.81	1.31	4.24	1.60

한편, 자신감($F(3,926) = 4.11$, $p < .01$)과 만족도($F(3,926) = 3.34$, $p < .02$) 모두에서 여학생들보다 남학생들이 유의미하게 높은 것으로 나타났는데, 집단 간 차이보다는 집단 내 차이가 교육적으로 더 중요하다. 다시 말하여, 여학생들 내 그리고 남학생들 내에서 확인할 수 있는 다양한 자신감과 다양한 만족도가 성차보다 더 중요하다.

더 놀라운 결과는 교사에 따라 담당학급 학생들의 응답범위가 상당히 달랐다는 것이다. 열 명 이상이 응답한 학급만 비교하면, 자신감에 대한 응답결과의 평균은 3.9부터 5.6까지 분포하였고, 만족도에 대한 응답결과의 평균은 3.7부터 5.2까지 다양하였다. 이

차이의 의미는 상당한 것이다. 교사들이 학생들의 수학에 대한 만족도와 자신감에 긍정적이건 부정적이건 영향을 준다는 것을 뜻하기 때문이다. 교사들이 일정 수준의 자신감과 만족도를 설정하여 추구하며, 부정적인 응답을 구체적인 행동에 의하여 논의하는 것도 바람직할 것으로 보인다.

또한, 과제 유형별로 학생들의 반응을 조사하였는데, 여러 유형의 과제들로 이루어진 두 세트의 과제들을 대상으로 가장 좋아하는 것, 두 번째로 좋아하는 것 등 선호도 순서, 그리고 가장 많이 배운 과제, 두 번째로 많이 배운 과제 등 학습도 순서를 정하도록 하였다. 학생들에게는 다음과 같은 작성지침을 제공하였다.

> 다음은 동일한 수학내용을 서로 다른 방식으로 다루는 과제들입니다.
> *과제를 해결할 필요는 없습니다.*
> 가장 좋아하는 과제에 1, 다음으로 좋아하는 과제에 2, 가장 덜 좋아하는 과제에 3을 표시하세요.

조사를 위하여 제시한 과제는 다음과 같다. 여기서 괄호 안의 내용은 조사지에 제시한 것이 아니라 나중에 응답을 분석할 때 참고하려고 표시한 것이다. 엄밀히 말하면 이 과제들은 본 연구에서 구분한 유형들과는 일치하지 않는다. 연구진에서는 연습 이상을 추구하는 과제에 주목했는데, 처음 두 과제는 전형적인 연습문제이다. 설문조사를 위해서는 학생들의 경험에 비추어 친숙한 정보가 담긴 과제를 활용하는 것이 적절하여 그렇게 하였다. 그래도 세 과제는 각각 연구진에서 구분했던 유형의 과제들이 강조하고 추구했던 형태를 어느 정도 반영한 것이다. 과제를 다음과 같은 순서로 제시한 것은 아니다.

수 계산 (표현형)	$2 \times 13 + 4 \times 7 =$
문장제 문제 (맥락형)	영화표 가격이 어른은 $13, 아이는 7$이다. 어른 2명과 아이 4명이 영화를 보는 데에 필요한 영화표의 가격은 얼마인가?
개방형 문제 (개방형)	어른 2명과 아이 4명이 영화관에 갔는데, 영화표의 가격이 총 $120이었다. 어른과 아이의 영화표 가격은 각각 얼마인가?

먼저 위의 과제들 중 다루고 싶은 과제의 순서를 제시하도록 하였고, 다음으로 각 과제를 통해 배운 것이 많은 순서를 표시하도록 하였다. 학생들이 처음 두 과제는 바로 해결할 수 있는 것으로, 세 번째 과제는 다소 어려운 것으로 생각할 수 있다. 표 9.2에

"선호도"와 "학습" 각각에 대하여 학생들이 가장 높게 평가한 과제의 비율을 제시하였다.

표 9.2 "선호도"와 "학습"에 관하여 가장 높게 평가한 과제의 비율(%, n=922)

과제	가장 좋아하는 과제	가장 많이 배운 과제
계산 문제	54	40
문장제 문제	35	23
개방형 문제	12	37

학생들이 가장 많이 좋아하는 과제는 계산 문제였다. 학생들이 왜 그렇게 각 과제의 순위를 표시하였는지를 알아보기 위하여 다음과 같이 나름대로 생각한 바를 서술하도록 하였다.

나는 ~ 때문에 이 과제 유형(1순위로 표시한 과제)을 좋아한다.

학생들의 응답을 정리하여 살펴보고 범주를 정한 후, 코드로 표시한 후 다시 범주를 확정하였다. 학생들의 응답을 여러 범주로 분류하였는데, 이하에서는 각 범주별로 대표적인 응답사례를 제시한다.

계산 문제를 가장 선호했던 학생들 497명 중 72%는 "쉽기 때문에" 선택한 것으로 나타났다. 이것은 학생들의 표현 그대로이며, 이외에 많은 범주들을 확인할 수 있었다. 이 범주의 대표적인 응답사례를 제시하면 다음과 같다.

빠르고 쉽게 해결할 수 있기 때문에
이런 유형의 수학에 자신 있고, 다른 것보다 이런 것에 대하여 더 많이 알고 있기 때문에
곱셈표를 잘 알고 있어서 매우 빠르고 쉽게 해결할 수 있기 때문에

문장제 문제가 가장 좋다고 표시했던 317명 중 58%의 학생들 또한 "쉽기 때문에"로 코드화할 수 있고 학생들이 기술한 응답내용도 비슷하다.

개방형 문제를 가장 선호했던 113명 중 33%의 학생들은 "도전"으로 코드화할 수 있으며 다음 응답들이 여기에 속한다.

다른 문제들은 많은 것을 가르쳐주기 않기 때문에 이 (개방형) 문제를 좋아한다.
개방형 문제는 도전적이고 나는 도전을 좋아하기 때문에
무언가 도전적이고 어려운 것을 좋아하기 때문에

절반 이상의 학생들이 쉽다는 이유를 들어 어떤 과제를 선호하는지를 결정하였는데, 이들은 계산 문제와 문장제 문제를 선택하였다. 도전적이기 때문에 좋다고 한 학생들은 개방형 문제를 선택하였다.

학생들의 정체성이나 성향에 따라 과제 선호도가 달라지는지에 대해서도 분석하였다. 표 9.3은 자신감 조사에서 하위집단에 속한 학생들과, 상위집단에 속한 학생들의 응답을 비교한 것이다.

표 9.3 학생들의 자신감과 가장 좋아하는 과제에 대한 응답 비교

과제	자신감이 낮은 집단	자신감이 높은 집단
계산 문제	44	60
문장제 문제	42	26
개방형 문제	12	16

스스로 답한 자신감 척도에서 상위 3분의 1에 속했던 학생들이 계산 문제를 더 많이 선택했다는 것은 예상 밖이었다. 아마도 이 학생들은 그런 과제에 능숙하다고 느끼고 있을 것이고, 그렇기 때문에 높은 자신감을 보인 것 같다. 스스로 수학에 대한 자신감이 낮다고 답한 학생들이 문장제 문제를 좋아한다고 응답한 것도 흥미로웠다. 자신감이 낮은 학생들은 맥락 문제를 더 어려워한다는 연구결과가 있는데,[12] 그런 학생들일수록 수학을 공부하는 이유가 명확하면 좋겠다고 생각하기 때문에 그것이 잘 드러나는 문장제 문제를 좋아하는 것으로 볼 수 있다.

표 9.2에는 학생들이 해결을 통해 가장 많이 배웠다고 느낀 과제들에 관한 자료도 제시되어 있다. 학생들은 계산 문제와 개방형 문제가 문장제 문제보다 비슷한 정도로 더 학습에 도움이 되었다고 답하였다. 역시 왜 그렇게 생각하는지를 알아보기 위해 다음과 같은 형식으로 질문하고 답하도록 하였다.

나는 ~ 때문에 이 과제 유형(1순위로 표시한 과제)이 학습하는 데 가장 도움을 주었

12) Bransford, J. B., Brown, A. L., & Cocking, R. R. (Eds.). (1999)

다고 생각한다.

마찬가지로 이에 대한 응답을 정리하고, 분석하여 범주화하고, 코드화한 후 범주를 일부 수정하였다.

학습에 가장 도움이 된 과제로 계산 문제를 택한 369명 중 44%가 도전이라고 코드화한 응답을 제시했으며, 그 예는 다음과 같다.

덧셈과 곱셈을 배우는 데에 도움이 된다.
나눗셈을 잘 못하는데, 더 배울 수 있다.

계산 문제가 쉬워 보이기 때문에 이것을 택하는 경향도 있지만, 이것을 배울 필요가 있다고 생각하는 학생들이 많은 것으로 보인다.

계산 문제에서 가장 많은 것을 배웠다고 답한 369명 중 28%는 "쉽기 때문에"라고 했으며, 다음은 전형적인 응답사례이다.

무엇을 해야 할지 알고 항상 그렇게 하고 있어서
핵심으로 바로 이어지기 때문에
다른 것들처럼 혼란스럽지 않기 때문에

이 학생들은 앨런의 연구[13]에서와 마찬가지로 학습을 정답과 관련지어 생각하고 있는 것으로 보인다.

문장제 문제에서 가장 많은 것을 배웠다고 답한 213명 중 42%는 "도전"으로 코드화할 수 있었고 다음과 같은 응답을 제시하였다.

문제가 어렵기 때문에 잘 읽어야 한다.
어렵기 때문에 도전심을 느끼게 한다.

개방형 문제에서 가장 많은 것을 배웠다고 답한 342명 중 79%가 "도전"으로 코드화되었다는 것이 가장 놀라웠다. 이들은 다음과 같이 응답하였다.

---

13) Allen, B. (2003)

문제가 까다롭기 때문에 많은 것을 할 수 있다.
더 많이 설명할 수 있어야 한다.
어려워서 더 많이 생각해야 한다.

자신감 척도에 대한 조사에서 상위 3분의 1에 해당하는 학생들은 개방형 문제를 학습에 도움이 되는 것으로 선택하는 경향이 있었다.

가장 좋아하는 과제와 가장 많이 배웠다고 생각하는 과제가 일치하는 경우는 거의 없었다. 이는 학생들이 자신감과 만족도를 다르게 본 것처럼 과제 중에서 좋아하는 것과 그로부터 많이 배운 것을 다르게 본다는 것을 뜻한다.

과제가 학습에 기여하는 것과 과제가 도전적인 것 사이에는 가장 강한 상관관계를 보였다. 절반 이상의 학생들이 과제 유형과 상관없이 학습과 도전적인 정도를 연결하여 답하였다. 이 결과는 학생들에게 직접 관련성을 질문하여 얻은 응답이 아니다. 학생들에게 과제에 포함되어 있는 학습 기회를 생각하고 그 이유를 제시하도록 하여 얻어낸 상관관계이기 때문에 오히려 더 학생들의 의견을 의미 있게 파악한 것으로 생각한다.

두 번째 과제세트에 대해서도 같은 방식으로 순위를 정하도록 하였다. 학생들에게는 세 과제 모두 넓이를 구하는 것에 관련되어 있음을 알려주었다. 첫 번째 세트와 마찬가지로 먼저 "선호도"를, 다음으로 "학습"에 기여한 정도를 순서로 표시하도록 하였다. 여기서는 더 어려운 과제가 실제 맥락에서 계산하는 것이었다.

단위를 세어 넓이를 구하는 문제(표현형)	다음 도형의 넓이를 구하여라(격자용지에 불규칙한 모양의 도형 그림 제시).
실제 맥락에서 넓이를 계산하는 문제(맥락형)	100m 길이의 직선 주로에 반원 모양의 주로가 연결되어 있는 경주로가 있다. 경주로의 넓이는 얼마인가?(경주로 그림 제시)
개방형 문제	10개의 단위 정사각형 넓이를 가지는 도형이 있다. 이 도형은 어떤 것이겠는가?

표 9.4에 학생들의 "선호도"와 "학습" 각각에 대하여 가장 순위가 높은 과제를 나타내었다.

표 9.4 "선호도"와 "학습"에 대하여 가장 순위가 높은 과제(%, n = 922)

과제	가장 좋아하는 과제	가장 많이 배운 과제
단위를 세어 넓이를 구하는 문제	39	33
실제 맥락에서 넓이를 계산하는 문제	20	44
개방형 문제	42	22

이번에는 표현형 과제와 개방형 과제를 선호하는 학생들이 많았다. 원둘레의 길이를 계산하는 것을 배운 학생이 거의 없었기 때문에, 실제 맥락에서 넓이를 계산하는 문제는 매우 어려워 보였을 것이다. 이 점을 감안하면 학생들이 다양한 과제를 모두 좋아했다는 점에 주목해야 한다. 학생들은 어느 하나만이 아니라 세 과제를 골고루 좋아한다고 선택하였으며, 마찬가지로 가장 많이 배운 것으로 느끼는 과제도 다양하게 선택하였다.

이렇게 선택한 이유를 쓰도록 하였을 때, 위에서 살펴보았던 이전 과제세트에 대한 것과 유사한 이유를 제시하였다. 이번에도 학생들의 응답에서 강한 경향성을 발견하였는데, 이것들은 학생들에게 직접 관련성을 질문하여 얻은 응답이 아니기 때문에 의미가 있다. 한편, 학생들의 응답을 여러 가지 방법으로 코드화할 수 있었다.

단위를 세어 넓이를 구하는 문제를 가장 좋아한다고 답한 358명 중 49%가 "쉽기 때문에"라는 이유를 제시하였다. 실제 맥락에서 넓이를 계산하는 문제를 가장 좋아한다고 답한 179명 중 39%는 "쉽기 때문에"라는 이유를, 30%는 "도전적이기 때문에"라는 이유를 제시하였다. 개방형 과제를 가장 좋아한다고 답한 382명 중 43%는 쉽기 때문이라고 하였다. 자신감 척도조사에서 상위 3분의 1에 속한 학생들은 낮은 학생들보다 개방형 과제를 더 많이 택했으며, 자신감이 낮은 집단과 만족도가 높은 집단은 단위를 세어 넓이를 구하는 문제를 적게 선택하는 경향이 있었다.

표 9.4에는 가장 많이 배운 것으로 택한 문제가 무엇인지도 담겨 있다. 많은 학생들이 실제 맥락에서 넓이를 계산하는 문제를 통해 가장 많이 배운다고 답하였다.

단위를 세어 넓이를 구하는 문제를 가장 많이 배운 것으로 택한 305명 중 54%는 "도전적"이기 때문이라고 하였다. 실제 맥락에서 넓이를 계산하는 문제를 택한 408명 중 75%와, 개방형 문제를 택한 학생들의 33%도 도전적이기 때문이라고 답하였다. 자신감 척도조사에서 상위 3분의 1에 속한 학생들은 실제 맥락에서 넓이를 계산하는 문제가 도전적이기 때문에 가장 많이 배운 것으로 택하는 경향을 보였다.

실제 맥락에서 넓이를 계산하는 문제의 경우 학생들이 쉽다고 생각하여 많이 배운 과제로 택하지는 않았다는 것을 알 수 있었다. 이와 달리 단위를 세어 넓이를 구하는 문제와 개방형 문제는 쉽기 때문에 많이 배운다고 답하는 경우가 있었던 것으로 보였다. 과제의 답이 하나로 정해지지 않아서 어렵다고 생각하는 학생들도 있었던 것으로 보였다. 학생들이 좋아하는 과제와 많이 배우는 것으로 느끼는 과제는 다양하지만, 대체로 쉽게 느끼는 과제를 좋아하고, 도전적이라고 느끼는 과제로부터 많이 배우는 것으로 생각하고 있음을 알 수 있었다.

요약

설문조사 결과를 요약하면, 중학생들의 만족도와 자신감은 다양하다는 것, 교사들은 지도하는 학생들 각각의 입장을 인식해야 한다는 것이다. 교사들은 학생들의 응답이 어떻게 다른지를 파악해야 하며, 학생들의 만족도와 자신감의 수준을 인식하는 것에서 더 나아가 학생들의 부정적인 응답에 대처하는 전략을 가지고 있어야 한다. 과제 유형 각각은 모두 가장 좋아하는 것과 가장 잘 배울 수 있는 것으로 선택되었으며, 그러므로 교사들은 과제 유형 모두를 골고루 활용해야 한다. 현재의 중등교과서에 포함된 과제 유형은 다양하지 않기 때문에 이런 시사점은 중등학교 교사들에게 특히 적합하다. 여기서 제기되는 논점 하나는, 학생들이 좋아하지 않는 과제, 잘 배울 수 없다고 생각한 과제도 적절히 활용하여 수학을 지도하도록 지원해야 한다는 것이다. 학생들에게 과제의 목표, 즉 그 과제로부터 학습하기를 바라는 것이 무엇인지를 인식시키는 것이 중요하다. 설문조사로부터 학생들은 쉬운 과제를 좋아하지만, 도전적인 과제로부터 가장 잘 배울 수 있다고 생각하는 것을 확인하였다. 학생들이 쉽다고 생각하는 과제로부터 잘 배우고, 도전적인 과제들도 좋아할 수 있도록 하는 것이 필요하다. 결국 교사들이 과제의 역할과 과제의 도전적인 측면을 잘 설명하거나 강조하는 것이 중요하다.

수업 계열에 포함된 과제에 대한 선호도

8장에서 언급한 바와 같이, 연구진과 교사들이 협력하여 루트벤, 라보르데, 리치, 티비가이엔[14)]이 제시한 형식에 따라 수업 계열을 개발하였다. 교사들은 자발적으로 참여하여 주제와 시기를 정하였다. 이어서 연구진과 교사들이 함께 아이디어와 가능한 활동들에 대하여 논의하였다. 교사들에게 여러 과제 유형을 고려하도록 요청하였고, 계열의 구조를 최종적으로 결정하도록 하였다. 수업 계열의 목표를 포함한 자세한 계획도 작성

---

14) Ruthven, K., Laborde, C., Leach, J., & Tiberghien, A. (2009)

하도록 요청하였다. 이하에서는 이렇게 개발한 수업 계열 중 하나에 대하여 논의할 텐데, 주로 학생들의 반응에 초점을 둔다.

이 수업 계열은 15차시 수업으로 이루어지며, 90분 정도의 수업에 대한 자세한 계획을 담고 있다. 수업 계열의 초점내용은 통계이다.

수업 계열을 실행한 후 학생들에게 실제로 해결했던 15개의 과제들 중 가장 좋아한 것, 두 번째로 좋아한 것, 가장 많이 배운 것, 두 번째로 많이 배운 것을 표시하도록 하였다. 표 9.5는 과제마다 총 50명의 학생이 선호도를 표시한 결과를 담고 있다. 이 과제들은 8장에서 살펴보았다.

표 9.5 가능성과 자료 수업 계열에서 과제 선호도와 학습에 대한 학생들의 응답

	선호도 1순위	선호도 2순위	학습 1순위	학습 2순위
유사한 그래프 찾는 과제	0	0	1	3
단서 카드 과제	0	3	9	5
엑셀로 자료를 표현하는 과제	7	3	6	3
가위바위보 과제	11	14	0	2
그래프 짝 맞추기 과제	1	0	1	5
이원배치표 과제	1	4	3	3
평균적인 키 과제	0	3	4	1
상관관계 과제	2	1	2	7
가장 많이 쓰이는 문자 과제	3	1	4	1
학교 학생들의 평균적인 키 과제	13	9	4	8
5단어로 문장 만들기 과제	2	6	4	2
7명의 낚시꾼 과제	5	2	9	6
설문조사 과제	1	1	2	1
날씨 프로젝트 과제	4	3	1	1

좋아하는 과제와 많이 배운 과제 모두 매우 다양하다는 것이 매우 놀랍다. 과제와 과제 유형 모두 매우 다양하게 선택되었다. 다수가 선택한 단 하나의 과제는 없었다. 다른 두 수업 계열에서도 학생들은 유사한 다양성을 보였다. 모든 학생이 첫 번째 또는 두 번째로 택한 과제는 없었다. 아마도 우리 연구의 주된 성과 중 하나는 학생들이 과제를 좋아하고 과제를 통해 학습을 하는데 매우 다양하다는 점을 확인한 것이다. 이는 교사들

이 수업 계열을 설계할 때 의식적으로 다양한 유형의 과제를 선택할 필요가 있음을 함의한다.

학생들이 생각하는 "학습"의 의미는 다소간 모호한 점이 있었다. 예를 들어, 가위바위보 과제를 좋아하는 학생들이 가장 많았는데 이 과제로부터 무언가 배웠다고 답하지는 않았다. 가위바위보 과제로부터 "학습"했다고 택한 두 학생들 모두 그것을 좋아한 과제로는 택하지 않았다. 친숙한 게임이면서 많이 배운 것으로는 선택되지 않은 유일한 과제가 바로 가위바위보 과제이다. 학생들은 가위바위보를 100회 하고 나름대로 결과기록 방법을 생각하여 기록하였다. 많은 학생들은 그래프로 결과를 기록하려고 하지 않는 경향이 있는데 그래서 이 과제를 해결할 때 예상하지 못한 도전에 부딪힌다. 다시 말하여, 학생들은 과제를 해결하고 결과를 어떻게 기록해야 하는지에 대한 통찰을 분명히 얻었을 것으로 생각한다. 이 사례를 포함하여 학생들의 응답을 보면, 학생들이 "학습"이라는 용어에 부여하는 의미가 모호하며 이에 대해서는 좀 더 설명이 필요하다.

학생들의 과제 선호도와 학습 사이에 연결성이 있는지에 대한 분석은 본 연구의 관심사 중 하나였다. 이를 위해 수업에서 활용했던 과제와 유사한 평가문항에 대한 학생들의 응답을 분석하였다. 다음은 이 중 한 가지 사례이며, 다른 문항들에 대한 응답도 유사하였다. 평가문항은 다음과 같다.

> 다섯 명의 교사가 네트볼 자유투 경기를 위해 공을 10번씩 던졌다. 10번 중 성공한 횟수만큼 득점하는 방식이었다. 득점평균은 6점, 최빈값은 4점, 중앙값은 5점이었다. 다섯 교사 각각 몇 점을 득점했는지 써라. (적어도 두 가지 답을 제시하여라.)

채점기준은 다음과 같다. 만약 세 대푯값인 평균, 중앙값, 최빈값 모두에 대해 하나 또는 그 이상의 정답을 제시했으면 2점, 셋 중 두 개의 대푯값만 정확한 경우 1점, 그 외는 0점이다.

이와 동일하면서 수업 계열에 속하는 수업에서 활용했던 과제는 다음과 같다.

> 7명이 낚시를 갔다. 그들이 낚은 물고기 수의 평균은 5, 중앙값은 4, 최빈값은 3이다. 각각 몇 마리씩 낚았는가?

평가문항에 대하여 0점, 1점, 2점을 얻은 학생 수와 과제선호도 1순위, 2순위, 선택 안함을 선택한 학생 수를 나타내어 평가결과와 선호도 사이의 관계를 표 9.6과 같이 나타내었다. 과제로부터 배운 것에 대한 학생들의 의견을 1순위, 2순위, 선택 안함으로 구분하여 괄호 안에 나타내었다.

표 9.6 낚시 과제 평가결과와 과제선호도(과제의 학습 기여도) 학생 수

	0	1	2
1순위	3(5)	1(2)	2(3)
2순위	1(3)	0(0)	1(3)
선택 안함	16(12)	5(4)	18(15)
합계	20	6	21

낚시 과제는 수업 중에 활용하거나 평가에 포함시키거나 간에 매우 어렵고, 교육과정 상으로도 대략 2년 후에 다루는 내용이다. 이렇게 어려운 과제이고 채점기준도 엄격하게 정했다는 것을 감안하면, 47명 중 27명의 학생들이 평가에서 점수를 얻었다는 것은 많은 학생들이 이 이 과제를 해결함으로써 평균, 중앙값, 최빈값에 대하여 배웠다는 것을 뜻한다. 배운 학생들 중에 평가문항을 제대로 해결하지 못한 경우도 있었고, 2점을 얻었음에도 불구하고 선호도와 학습의 측면에서 첫 번째와 두 번째에 해당되는 것으로 과제를 택하지 않은 경우도 있다. 아마도 후자의 경우는 이미 알고 있던 내용이었을 가능성이 있다. 결국 학생들은 선호도와 학습을 다르게 판단하고 있으며, 학습할 수 없는 과제도 좋아할 수 있고, 반대의 경우도 가능하다는 것을 알 수 있다.

표에 제시된 자료로부터 분명한 관련성을 발견하지는 못하였다. 이 과제를 가장 좋아한다고 답한 3명의 학생들은 평가에서 점수를 얻지 못하였다. 이 과제로부터 가장 많이 배웠다고 한 5명의 학생들도 평가에서 점수를 얻지 못하였다. 다른 과제를 더 좋아한다고 답한 18명과 다른 과제로부터 배웠다고 답한 15명은 평가에서 점수를 얻었다. 학생들이 수업 중에 작성한 활동지도 조사하여 3점부터 0점까지 점수를 부여하고 유사한 분석을 해보았지만 역시 분명한 경향은 발견하지 못하였다. 이 분석을 통해서 학생들의 과제선호도와 학습에 대한 판단과 성취도 사이에 관련성이 있는지에 대해서는 아무런 통찰도 할 수 없었다.

요약하면, 수업 계열에 포함된 과제들에 대한 학생들의 응답을 분석한 결과로부터 학생들이 좋아하고 배웠다고 느끼는 과제에 대한 인식이 다양하다는 것을 다시 한 번 강조한다. 그러므로 교사들이 다양한 유형의 과제를 활용하여 수업하고 과제 각각의 목표를 잘 설명하는 것이 매우 중요하다. 학생들의 과제선호도와 학습 그리고 평가결과 또는 활동지 평가결과 사이에는 어떤 관련성도 확인할 수 없었다. 학생들이 어떤 과제에 대하여 가지고 있는 “선호도”와 “학습”에 대한 의미는 모호하며, 과제를 통하여 학습한 것과

잘 연결되지 않았다. 이에 대해서는 후속연구가 필요하다.

요약

이 장에서는 4장부터 6장까지 논의했던 과제 유형에 대한 학생들의 인식을 드러내는 자료를 수집하여 분석하였다. 이로부터 모든 학급에서 학생들의 자신감과 만족도가 상당히 달랐고, 학급 간보다 학생 간에 차이가 있음을 확인하였다. 서로 다른 자료들로부터 발견한 공통점은 학생들이 좋아하는 것으로 택한 과제, 배웠다고 택한 과제가 매우 다양하다는 것이었다. 과제선호도와 학습에 대한 다양한 판단의 근거는 분명하지 않았다. 분명한 것은 교사들이 개별 과제의 목표를 명시적으로 제시해야 한다는 것 그리고 다양한 흥미를 고려하여 다양한 유형의 과제를 제시해야 한다는 것이다.

Chapter 10

학생들이 생각하는 좋은 수학 수업의 특징

스타인, 그로버, 헤닝센[1]은 과제 활용과 관련하여 세 번째 분석틀을 제안하였는데, 이것은 학생들이 실제로 과제를 해결하는 단계를 살펴보기 위한 것이다. 앞 장에서 학생들이 좋아하는 과제, 배울 수 있는 과제로 택한 과제에 대하여 살펴보았다. 이와 더불어 우리는 학생들이 좋아하는 수학 수업의 유형에 대한 의견을 조사하였다. 그런데 이미 실행한 수업에 대한 평가보다는, 학생들이 좋아하는 수학 수업의 특징을 알아보면서 이에 대한 통찰을 얻을 수 있을 것으로 기대하였다. 프로젝트에 참여한 두 학교에서 개방형 응답을 요청하는 문항, 자유 형식의 에세이를 쓰도록 한 문항을 활용하였다. 이는 태도를 측정하기보다 기술하는 쪽으로 옮겨가야 한다고 주장한 잔과 디 마르티노[2]의 연구에 기초한 것이다. 그들은 학생들의 행동을 이해하기 위해서는 대규모 설문조사와 더불어 내러티브적 접근이 필요하다고 주장하였다. 이 장에서는 학생들의 행동에 영향을 끼치는 요인들에 대하여 알아본다. 우리가 찾은 세 가지 주요 요인은 조 편성 방법, 수업의도의 명확성, 교사-학생 간 상호작용 방법이다.

좋은 수학 수업에 대한 학생들의 전반적인 의견

9장에 제시한 자료와 더불어 학생들을 대상으로 한 설문조사에서는 자유롭게 의견을 서술하도록 하였다. 9장에서 논의했던 문항들과 비슷한 형태의 문항을 활용하였다. 그 한 예는 다음과 같이 자유롭게 의견을 쓰도록 한 것이었다.

> 지금까지 경험한 모든 수학 수업들에 대해 생각해보아라. 그 중 가장 좋았던 수학 수업에 대해 생각해보아라. 그 수업에서 어떤 행동들을 했는지 서술하여라.

1) Stein, M. K., Grover, B. W., & Henningsen, M. (1996)
2) Zan, R., & di Martino, P. (2010)

응답들은 대개 간략했지만 유익한 정보를 담고 있었다. 응답의 예는 다음과 같다.

수학축구 최종전을 했다. 질문에 답했고, 맞추면 골대에 가까워졌다. 우리가 이겼다.
밖에서 멀리뛰기를 하여 측정하고 결과를 도표로 정리하였다.

학생들의 응답들을 확인하여 예비범주화를 시도하였다. 다음으로 코드화를 시도하였고 예비범주를 수정하였다. 다음은 코드와 예시 문장 및 구절인데 이로부터 학생들이 제시한 응답의 유형과 이에 대한 코드화 방법을 알 수 있다.

수학을 가르쳐준 게임: "컴퓨터로 수학 게임을 했다."와 같이 일반적인 내용의 문장, "두 개의 주사위를 던져서 나온 분수에 해당하는 색을 찾아 상자에 색을 칠했다."와 같이 구체적인 내용의 문장.

특정 주제: "분수 덧셈을 하였다. 분모가 다른 분수를 더하는 방법을 배웠다.", "대수 수업이 가장 좋았는데, 그 이유는 그 시간에 내가 잘했기 때문이다.", "백분율 수업이 좋았다. 학기 초에는 이해하지 못했지만 친구들과 선생님의 도움으로 덧셈과 뺄셈처럼 쉬워졌다.", "소수에 대해 배울 때 좋았다.", "대분수의 덧셈과 뺄셈, 대분수를 가분수로 고치는 방법을 배운 수업이 좋았다."와 같은 문장들.

특정 연산: "곱셈을 배우기 시작했는데 쉬워져서 곱셈을 배운 수업이 좋았다."와 같은 문장.

모델 사용 또는 모델 개발: "구체물을 활용했던 수업이 좋았다."와 같이 일반적인 내용의 문장, "스마티 수학. 분수를 배우면서 색칠할 때 스마티를 사용했다. 정말 재미있었다!", "24채의 집으로 이루어진 마을 지도를 작성할 때", "장미 모양 쌍곡선, Mystic Roses Hyperbola를 그렸을 때"와 같이 구체적인 내용의 언급들.

범주별 언급 횟수를 표 10.1과 같이 나타냈으며, 복수응답을 허용하였다.

표 10.1 "가장 좋은" 수학 수업에 관한 범주별 언급 횟수(n = 930)

응답의 범주	총 언급 횟수
수학을 가르쳐 준 게임	184
알고 있는 수학에 대한 시합 또는 시험	83
외부 활동	59
측정과 같은 특정 주제	395
탱크 안의 물, 요리를 위한 수학 등 실생활 문제	49
피타빵으로 분수 학습하기와 같은 모델 사용 또는 모델 개발	258
곱셈과 같은 특정 연산	119
이전에 알지 못했던 수학의 학습	16

학생들이 언급한 좋은 수학 수업의 요소들은 다양하다. 학생들의 응답유형이 다양해서 무척 놀라웠다. 학생들이 게임, 실생활 문제, 모델의 사용과 같은 교수법의 흥미로운 측면들은 물론 좋아할 줄 알았지만, 특정 주제에 초점을 두어 응답한 경우를 보고 많이 놀랐다. 표 10.2는 응답결과를 내용에 초점을 둔 응답인지, 교수법에 초점을 둔 응답인지에 따라 다시 범주화하여 나타낸 것이다.

표 10.2 최고의 수학 수업에 대한 응답결과 재범주화(n = 930)

응답 범주	총 언급 횟수
교수법에 초점을 둔 응답	633
내용에 초점을 둔 응답	530

절반 정도의 학생들이 "가장 좋은" 수학 수업의 특징을 기술함에 있어 특정 내용을 언급했으며, 절반 넘는 학생들이 흥미로운 교수법에 대해 언급한 것으로 나타났다. 놀라운 결과였다. 우리는 특정 주제를 언급한 학생들이 자신감 척도조사에서 어떤 집단이었는지를 알아보았다. 표 10.3은 자신감 척도조사에서 하위 3분의 1에 해당하는 학생들의 범주별 응답, 상위 3분의 1에 해당하는 학생들의 범주별 응답을 나타낸다.

표 10.3 가장 좋은 수학 수업과 자신감 척도조사 결과의 관계

응답 범주	하위 3분의 1(n = 337)	상위 3분의 1(n = 292)
교수법에 초점을 둔 응답	233	187
내용에 초점을 둔 응답	174	177

스스로의 자신감을 높게 표현했던 학생들이 약간 더 주제를 언급하는 경향이 있기는 하다. 그러나 스스로의 자신감을 낮게 표현했던 학생들 중 상당수가 주제를 언급했으며, 높은 자신감을 표현했던 학생들의 40% 정도가 게임, 실생활, 모델을 언급한 것이 여전히 흥미롭다.

지금까지 논의한 결과를 종합하면, 과제를 활용하여 좋은 수업을 하려면 창의적인 교수법뿐만 아니라 내용에 초점을 두는 것으로도 가능하다는 것을 알 수 있다. 특정 주제를 학습하도록 돕는 흥미로운 교수법을 찾는 것이 가장 이상적인 조합이다. 바로 이것이 4장부터 6장까지의 논의에서 목표로 했던 바이다.

학생들이 가장 좋은 수학 수업에 대하여 기술했던 내용의 배경에 어떤 이유가 들어 있는지를 알아보기 위해 다음과 같이 자유롭게 서술하도록 하였다.

> 왜 그 수업을 가장 좋은 수학 수업이라고 생각했는가? (즉, 그 수업을 좋아한 이유는?)

역시 응답결과를 범주화하고 수정하였다. 다음은 주요 범주의 사례이며, 각 범주마다 학생들의 응답사례를 제시하였다.

도전 : "가장 도전적인 수학 수업 중 하나였으며, 답을 얻었을 때의 느낌이 아주 좋았다.", "생각하는 수학 수업을 좋아한다."

쉬움 : "어렵지 않아서 선택했다.", "뭘 하려고 애쓸 필요가 없었기 때문이다."

재미, 흥미 : "재미있었기 때문에.", "게임에서 이기려고 하는 과정이 즐거웠다."

새로운 것의 학습 : "소수의 곱셈방법을 배웠기 때문이다."

우수한 성취 : "나만 해결할 수 있었기 때문이다.", "내가 정말 잘 했던 수업이라 가장 좋은 수업으로 선택했다."

야외 활동 : "야외로 나가 신선한 공기를 마시며 실생활 수학을 했다.", "뛰어다니면서 머리도 썼다."

집단 활동 : "집단 활동을 좋아하며, 집단 활동을 할 때 생각을 더 잘할 수 있다.", "친구들과 함께 하는 것이 좋았다."

모델 만들기 : "지필보다 구체물 활용을 많이 했다.", "무언가 만드는 것이 좋은데, 그 수업에서 로봇을 만들었다."

이와 같이 코드화하여 응답빈도를 표 10.4에 제시하였다. 학생들이 얼마나 다양한 언급을 하였는지를 확인할 수 있다. 응답의 약 45%를 차지하는, 가장 많이 나타난 코드는 재미 범주였다. 학생들의 입장에서 수학 학습 경험을 설계하는 중요한 측면이 재미라는 것을 의미한다. 369명은 새로운 것의 학습, 과제해결의 용이함, 도전을 언급했으며, 일부 학생들은 이런 측면도 고려한다는 것을 알 수 있다. 이로부터 교사들은 학생들에게 도전이 되면서도 새로운 것을 학습하는 "재미있는" 방법을 고안해야 한다는 것을 알 수 있다.

표 10.4 가장 좋은 수학 수업으로 보는 이유 관련 응답(n = 930)

응답의 범주	전체 언급 수
도전	89
쉬움	65
재미와 흥미	502
새로운 것의 학습	179
우수한 성취	101
야외 활동	47
집단 활동	51
모델 만들기	80

요약하면, 학생들은 수업에 대하여 분명하게 말할 수 있었고 응답도 다양하였다. 학생들이 수업에 대하여 기술할 때 두 가지에 초점을 두었는데, 하나는 내용 주제를 효과적으로 가르친 것에 대한 기억이며, 다른 하나는 교수법의 흥미로운 측면에 대한 기억이었다. 가장 좋은 수학 수업으로 선택한 이유로는, 재미와 관련짓는 경우가 가장 많았고, 새로운 것을 학습하였기 때문이라는 것도 많았다. 그러므로 교사들에게 제언한다면, 내용의 학습을 중시하면서도 학생들의 참여를 촉진하는 흥미롭고 재미있는 방법을 선택해

야 한다는 것이다.

"이상적인 수학 수업"에 대하여 학생들이 작성한 에세이의 내용

학생들이 수학 수업과 지도방법에 대하여 다양한 시점에, 다양한 방법으로 내러티브를 작성하도록 하였다. 한 예로, 프로젝트에 참여했던 교사들은 학생들에게 다음과 같이 제시하고 에세이를 쓰도록 하였다.

> 이상적인 수학 수업에 대하여 이야기해주세요. 답하기 좋은 질문이나 문제가 어떤 것인지, 다루고 싶은 것은 어떤 것인지, 선생님이 어떻게 하면 좋겠는지에 대하여 쓰세요.

학생들이 수학 수업에 대해 무엇을 기억하는지를 알아보고 이로부터 학생들이 좋아하는 수업특성의 지표를 도출할 수 있을 것으로 보았다. 다음은 학생들이 직접 쓴 세 에세이의 일부이다.

> 내가 좋아하는 수학 수업은 선생님이 우리 모두에게 10분 동안 게임을 설명하는 것으로 시작하되 질문 시간을 허용하는 것이다. 게임은 2명 이상이 편을 이루어 시합하고, 사람 수가 홀수가 아니라면 모두 5분씩 25분간 게임을 진행하면 된다. 수업 후반부에 각 모둠에서 누가 승자인지 확인하고 사용한 전략을 공유한다. 공유는 10분간 진행한다. 두 번째로 좋아하는 수학 수업은 실생활 문제를 다루는 것이다. 가령, 250g의 설탕이 $10.50이면 750g의 설탕은 $33.15가 되는 문제 말이다. 실생활 문제들은 언젠가 나에게 도움이 될 테고 수학과 다르게 시작하기 때문에 좋다. 이 경우에는 5분간 설명하면 되는데 따로 설명할 규칙이 없기 때문이다.

> 내가 생각하는 이상적인 수학 수업은 무언가를 만들 수 있는 구체물을 활용하는 것이다. 그래도 측정, 덧셈, 분수, 백분율과 같은 많은 종류의 수학을 사용하는 수업이다. 수업은 도전적이어야 하고, 모둠을 이루어 진행한다. 난관에 봉착하면 선생님과 함께 해결한다. 우리가 만드는 그 무언가는 일상에서 사용할 수 있는 것이어야 한다. 또, 컴퓨터를 사용하여 또는 책을 보고 연구해야 한다. 계산기를 쓰면 실제로 배우는 것이 없기 때문에 계산기를 사용하지는 않는다.

구체물을 활용하거나 야외에 나가서 배우는 수학이 즐겁다. 구체물을 활용한 수업이 좋은 이유는 빵이나 초콜릿 먹을 수 있기 때문이다. 야외에 나가서 하는 수학을 좋아하는 이유는 가끔 밖으로 나갈 필요가 있기 때문이다. 그리고 다양한 답이 있는 수학을 좋아하며, 모둠 활동은 내가 다른 사람들에게 기여할 수 있기 때문에 좋아한다. 수학 학습을 도와주는 선생님이 좋다.

첫 번째 응답에는 게임과 실생활 문제 두 가지 요소가 있다. 두 번째 응답은 내용에 초점을 두고 있다. 세 번째 응답은 교수법에 치중하고 있다.

학생들이 어떻게 응답해야 하는가에 대한 지침이 학교별로 달랐던 것 같다. 한 학교에서는 학생들이 다음과 같이 짧게 답하였다.

4가 4개인 경우와 같은 활동
도전적인 활동을 좋아함
때로는 컴퓨터 기반 활동을 좋아함
공동학습 활동
소집단 또는 짝 활동
결과를 다른 방식으로 제시하는 활동
짝과 함께 포스터 만드는 활동을 좋아함
소집단 활동
구체물을 조작하는 활동
야외 활동

여기서도 응답이 다양하다는 것을 확인할 수 있다. 도전, 소집단 활동, 탐구 결과 발표, 구체물 조작 활동, 야외 활동 등 다양한 이유로 좋아하는 수업을 표현하고 있다.

먼저 응답들을 읽고 일차적인 코드화를 시도하였다. 두 번째로 일차적인 코드화에 따라 다시 응답들을 확인한 후 적절한 것들을 추가하였다. 두 가지로 범주화될 수 있는 진술이나 구절이 있어서 두 가지 코드에 모두 포함시켰다.

첫 번째로 확인한 특성은 학생들이 다양한 이유를 언급하고 있다는 것이다. 이는 합의 가능한 이상적인 수업이 없으며, 다양한 방법으로 잘 가르칠 수 있음을 의미한다. 이하에서는 응답들에서 드러난 경향 또는 주요한 논점에 대하여 다룬다. 학급과 학교마다 고유한 측면들이 있어서, 두 학교 학생들의 응답결과를 분리하여 논의한다.

교외 외곽에 위치한 한 학교에서는, 5학년(n = 21), 6학년(n = 18) 한 학급씩 총 39명이 조사에 참여하였다. 이하에서 다른 말이 없으면 두 학급의 학생들이 응답한 결과이다. 이 학교에서는 6학년 학생들이 주로 단답식으로 서술하였고, 많은 학생들이 다양한 측면들을 언급하였다.

이상적인 수학 수업을 설명하면서 구체물의 활용, 특히, 테디 베어, 로봇, 알람시계, 교실 시장, 지도와 같은 특정한 예들을 언급한 학생들은 30명이었다. 이 예들은 교사들이 학생들의 응답으로 기대했던 구조화된 구체물이 아니었다. 또, 야외 활동을 언급한 학생들은 25명(5학년 12명, 6학년 13명)이었다. 야외 활동을 좋아하리라고 예상하지 못했던 교사들에게는 이 결과가 매우 놀라울 것이다. 그런데 설문조사에서 이미 가장 좋은 수업으로 야외 활동을 언급했던 것을 생각하면 놀라운 일도 아니다. 음식, 화폐, 신문과 같은 실생활과의 연결을 언급한 학생은 14명이었다.

모둠 활동을 언급한 학생은 25명이었고, 짝 활동은 15명이 언급하였다. 혼자 활동하는 것을 선호한 학생이 9명이나 된다는 점에도 주목해야 한다. 어떤 규모로 활동하도록 할 것인가 하는 문제는 학생들에게 매우 중요한데, 활동의 목표와 왜 그것을 배워야 하는가가 학생들에게 명확하게 한다는 점도 마찬가지로 중요하다.

도전을 언급한 학생은 22명이었고, 15명의 학생들은 개방형 과제 또는 답이 여러 개 있는 과제를 언급했으며, 15명 모두 5학년들이었다. 교사의 도움을 언급한 학생은 21명이었는데, 대부분은 5학년이었다. 분수를 언급한 학생이 9명이었다. 자유롭게 서술한 경우와 달리 이 학급의 학생들은 특정 주제를 거의 언급하지 않았다.

목표와 교사의 명확한 설명을 언급한 학생은 16명이었다. 이에 해당하는 학생들의 응답사례는, "분명히 이해하도록 함", "예를 제시하려고 함", "수업의 초점을 설명함" 등이 있다.

교외에 위치한 학교에서는 5~6학년이 혼합 편성된 세 학급, 총 65명이 조사에 참여하였다. 이 학생들의 응답도 앞서 제시한 것과 유사했다. 집단 활동, 짝 또는 친구들과의 활동을 언급한 학생은 50명이었다. 도전을 언급한 학생은 26명이었으며, 22명은 문제해결을 좋아한다고 하였다. 재미 또는 흥미를 언급한 학생은 19명이었고, 22명은 게임을, 17명은 구체물 조작 활동을, 13명은 측정 활동을 언급하였다. 실생활과 관련된 학습을 언급한 학생은 15명이었다. 다른 학교와 마찬가지로 18명은 야외 활동을 언급하였다.

두 학교 모두 기술공학적 환경이 잘 갖추어졌음에도 이것을 언급한 학생은 극소수였다는 점이 흥미로웠다. 아마도 이 학생들은 기술공학적 도구를 활용하는 것을 당연하게 생각하고 있는 것 같은데, 그럼에도 언급을 적게 한 이유에 대해서는 추가연구가 필요하다.

요약하면, 교사가 어떻게 이끌었는가에 따라 이상적인 수학 수업에 대한 학생들의 응답은 달랐다. 응답을 종합하면, 학생들은 구조화되지 않은 것이라도 구체물을 사용하고, 삶과 연계되고, 게임을 포함하고, 측정에 중점을 둔 실제 맥락에서의 수업을 좋아했으며, 야외 활동을 하고, 집단을 어떻게 형성하는가 하는 것도 중요했다. 절반 이상의 학생들은 도전적인 것을 좋아했다.

학생들의 응답에 나타난 몇 가지 논점

두 학교 학생들의 응답을 관련지어 보면 다음과 같은 몇 가지 논점이 부각된다.

모둠 구성

모둠 구성은 "이상적인 수학 수업"에 대해 쓴 110명의 학생들에게 중요한 논점이었다. 모둠을 명시적으로 언급한 학생이 79명이었고, 다른 이유, 예를 들어, 게임을 하거나 서로의 키를 측정하는 활동을 말하면서 협력을 언급하는 등, 암묵적으로 모둠을 언급하는 경우가 많았다. 모둠이 아니라 독자적으로 활동하기를 원한 학생은 17명이었는데, 이 중 12명은 가끔 협력 활동을 하는 것이 좋다고 하였다. 이를테면, 한 5학년생은 "혼자 또는 짝과 함께 하는 것이 좋지만 문제를 해결하는 상황에서는 소집단을 이루어 활동하는 것이 좋다."라고 썼다. "모둠 활동, 짝 활동, 개별 활동을 하도록 하면 모두의 요구에 맞추어 학습할 수 있다."라고 말한 학생도 있었다. 결국 온전히 독자적으로 활동하길 원했던 학생은 5명이었다. 이 중에서 한 학생은 "문제해결을 하거나 독자적으로 활동하는 것이 이상적인 수학 수업이다. 모둠 활동은 좋아하지 않기 때문이다."라고 썼다. 이 5명의 학생들은 스스로 수학을 잘한다고 평가하였다. "수학을 얼마나 잘하는가?"라는 설문에 대하여 이 5명의 평균은 7점 척도에서 6.0이었다. 이는 110명 전체의 평균이 5.45 그리고 설문에 응답한 5, 6학년 학생들의 평균이 4.83인 것에 비하면 약간 높다.

"수학을 잘하는 것", "수학을 좋아하는 것" 모두에서 7점이라고 답한 학생은 교사, 급우, 수학과의 관계에서 가급적이면 자율적이길 원하였다. 다음은 다른 학생이 쓴 글이다.

> **도입**: 내가 생각하는 완벽한 도입은 선생님이 시간표대로 진행하는 것이다. 전체 과정을 설명한 후, 우리에게 해결방법을 생각하여 실행하도록 한다. 우리 스스로 생각해야 할 것을 선생님이 대신하지 않는다.
> **주요 활동**: 주요 활동은 각자 조용히 하는 것이 완벽하다고 생각한다. 그렇게 해야 스스로 활동하는 가장 좋은 기회를 얻을 수 있기 때문이다. 활동 결과를 선생님께

보여주면 선생님도 스스로 했다는 것을 알 것이다.
반성: 수업 후반부에 퀴즈를 해결함으로써 얼마나 학습했는지를 파악하는 것이 내가 좋아하는 반성 활동이다.

위의 응답은 특이한 것이었다. 대부분의 학생들은 모둠 활동 또는 짝 활동을 원했으며, 왜 그렇게 함께 활동하는 것을 좋아하는가에 대한 이유도 명확히 밝혔다. 모둠 활동 또는 짝 활동을 원했던 학생은 110명 중 74명이었다. 이 중 짝 또는 친구와 함께하는 것을 선호한 학생은 18명이었고, 나머지 학생들은 3명에서 6명까지 서로 다른 모둠을 이루어 활동하는 것을 좋아하였다. 이유는 다양했는데, 다음과 같이 즐거움을 제시한 학생들이 있었다.

재미있기 때문에 모둠 활동을 좋아한다.

다른 학생들과 활동하면 도전감이 생겨서 좋다는 학생도 있었다.

나는 도전하는 것이 좋은데 다른 사람들과 활동하는 것이 도전적이기 때문에 모둠 활동을 좋아한다.

협력하면 더 효율적이라는 이유도 제시하였다.

항상 모둠을 이루어 활동하면 쉽고 빠르다. 처음부터 함께 하면서 무언가를 찾는 것이 훨씬 빠르다.

전략을 공유하는 것이 좋다는 학생들도 있었다.

모둠 또는 짝과 함께 활동하면 문제 해결의 서로 다른 방식에 대해 이야기할 수 있기 때문에 좋다.
친구들과 이야기하는 것을 좋아하고, 이야기하면서 활동에 대한 아이디어를 얻는 것도 좋아한다. 그렇게 하면 과제를 해결하는 것이 더 재미있다. 다만 토론하다가 과제를 잊어버리지는 말아야 한다.

즉각적인 도움을 근처에서 얻을 수 있어서 좋다는 학생들도 있었다.

> 혼자 해결할 수 없는 것이 있는데 서로 도울 수 있기 때문에 모둠 활동 또는 짝 활동이 좋다.
> 함께 할 때 더 도전하게 되고 난관에 봉착했을 때 모둠 구성원에게 과제를 설명해달라고 요청할 수 있어서 좋다.

> 모둠 내에서 의견을 공유하면 발표하는 데에 도움이 된다는 것을 제안하기도 하였다.

> 소집단에서는 토론도 하고 다른 사람들의 의견을 들을 수 있어서 좋다. 그리고 편하게 발표하는 사람도 있게 마련이어서 좋다.

> 그러나 모든 학생이 협력하는 것을 원한 것은 아니다.

> 이해하지 못하는 친구가 있으면 같이 주저앉기 때문에 비슷한 수학 학습 수준의 친구들과 함께 해야 한다.

대부분의 학생들은 적어도 수업의 일부는 협력적으로 활동하기를 원했고, 다양한 방법으로 모둠을 구성하여 활동하면 자신들의 학습과 즐거움에 어떤 이점과 난점이 있는지를 명확히 알고 있었다. 이는 에세이 쓰기에 참여한 학급을 이끌었던 교사들이 수업에서 필요에 따라 개별 활동, 짝 활동, 모둠 활동을 하도록 했고, 때로는 임의로 그리고 때로는 수준별로 모둠을 구성하도록 했기 때문에 놀라운 일이 아니다. 학생들은 교사와 학생 사이의 상호작용뿐만 아니라 학생들 사이의 상호작용도 명시적으로 그리고 암묵적으로 지지하는 것으로 보인다. 이로부터 3장에서 논의했던 좋은 교사 역할의 네 번째 특성이 다음과 같이 드러난다.

> 학생들이 경험하도록 그들과 상호작용하고, 학생들 간에도 질의응답을 포함하여 서로 상호작용하도록 격려하며, 특별히 도움을 필요로 하는 학생을 지원하는 계획을 수립하고, 이미 준비된 학생들의 경우 도전할 수 있도록 하는 것(상호작용하고 조정하기).

이 조사에 참여한 학생들은 협력적으로 학습하였으며, 모둠 구성이 개별학습과 수학을 즐기는 데에 어떤 장점이 있는가를 명확하게 알고 있었다. 자신감이 부족한 학생들은 유용한 도움을 얻을 수 있어서 좋다고 생각했고, 그 외의 학생들은 함께 공부하는 것과 전략을 공유하는 것이 즐겁다고 답하였다. 교사의 역할에 대해서도 분명한 입장을 가지고 있었다. 흥미로운 과제를 활용하여 수업을 계획할 때 모둠을 어떻게 구성할 것인가에 대하여 의사결정 하는 것이 중요하다는 것을 알 수 있었다.

교사-학생 상호작용

이상적인 수학 수업에 대한 에세이 중 절반 이상(n = 63)에서 교사들의 행동에 대한 언급을 확인할 수 있는데, 이것은 그렇게 쓰도록 했기 때문에 놀랍지 않다. 교사 행동에 관한 언급은 총 106개였으며, 수학에 대하여 설명하는 행동에 대한 것(n = 52), 학생을 돕는 행동에 대한 것(n = 39), 활동을 바로잡는 행동에 대한 것(n = 9), 학생들의 의견을 듣고 이해하는 행동에 대한 것(n = 5)이 있었다. 학생들 대부분은 단지 교사가 과제를 도입한 것이 이상적인 수학 수업의 특징이라고 간단히 기록했지만, 다음과 같이 도움이 되었던 도입사례를 자세히 쓴 학생도 있었다.

> 선생님이 칠판에 활동 내용을 쓰고 말하며 우리가 벗어나면 칠판을 보도록 하여 다시 제자리로 가도록 해주는 것이 좋다.
> "표에서 합을 구해보자!"와 같이 짧게 도입하는 것이 좋다. 짧으면 지루하지 않기 때문이다.
> 선생님이 먼저 무엇을 해야 할지 말하고 예를 들어준 다음 우리가 활동하도록 하는 것이 좋다. 또, 선생님이 도와주고 다시 설명해주며, 함께 과제를 해결하는 것이 좋다.

학생을 돕는 교사의 행동에 대하여 언급한 39명 중 상당수(n = 21)는 교사가 교실을 돌아다니면서(n = 14) 필요할 때 도움을 주거나 도움을 필요로 하는 아이들을 알아보는 것이 좋다고 하였다.

일부 학생들은 어떤 도움 또는 이해가 필요한지를 언급했다.

> 열심히 노력하여 내가 해야 할 일을 하고, 선생님이 내게 올 때까지 끈기 있게 기다리고 싶다. 선생님도 그렇게 해주면 좋다. 우리의 말을 들어주면 좋다. 이미 그렇지만.

독립적인 학생들은 어려운 수학을 공부할 때에만 또는 다른 학생들에게 도움이 필요할 때에만 교사가 도와야 한다고 언급하였다.

선생님은 곱셈이나 대수 문제처럼 어려운 수학을 공부할 때 돕는 것이 좋다.
어떻게 활동해야 할지 모르는 학생들에게 선생님이 돕는 것이 좋다.

한 학생만 "선생님이 너무 엄격하면 지루할 것이다."와 같이 교사의 성격특질에 대하여 언급하였다.

요약

이 장에서 보고한 자료는 학생들이 선호하는 수업에 대한 언급에서 얻은 것이었다. 상당수의 학생들이 참여를 기반으로 하는 수업을 선호하였으며, 내용에 초점을 둔 수업을 선호한 학생들도 제법 있었다. 그러므로 교사는 학생들의 참여를 촉진하는 교수법과 더불어 내용에 초점을 두는 방법을 찾아야 한다.

학생들의 응답을 분석한 결과를 바탕으로 세 가지 주요 논점에 대하여 알아보았다. 먼저 모둠을 어떻게 구성하는가 하는 것이 학생들에게 중요하므로, 교사는 모둠 구성 방법을 학생들에게 설명할 필요가 있다. 다음으로 학생과 상호작용하는 방법도 학생들에게 중요하므로 개별 학생에게 도움이 되는 상호작용 방법을 찾아야 한다. 또한, 학생들의 선호도와 학습에 도움이 된다고 느끼는 정도 사이에는 긴장이 있었다. 교사는 이들 여러 측면에 대한 의도를 명확히 할 필요가 있으며, 학생들의 의견을 조사하는 것도 필요해보인다.

학생들이 제법 성숙하게 응답했다는 점도 추가로 제시할 만한 특징이다. 예를 들어, 설문조사의 마지막에 학생들에게 다음 질문을 제시하였다.

선생님이 되려고 교육 받고 있는 사람들에게 말할 기회가 주어졌다고 상상해 봅시다. 수학을 어떻게 가르쳐야 할지에 대해 어떤 조언을 해줄 수 있을까요?

학생들이 예비교사들에게 조언한 것을 다음과 같이 요약할 수 있다.

- 상냥하고 친절하고 참을성 있고 침착하며 열의가 있어야 한다.
- 수학을 알아야 하고, 학생들의 자신감과 인내심을 길러줄 수 있어야 한다.
- 의사소통을 잘해야 한다. 흥미롭게 학습하도록 하고 설명을 명쾌하게 해야 한다.
- 학생들의 이야기를 경청해야 한다. 학생들을 이해하고 격려해야 한다.

- 학생들에게 선택권과 자율성을 주면서도 재미있고 도전적인 수업을 해야 한다.
- 적절한 과제 또는 난이도가 점차 증가하는 과제를 제시해야 하며, 과제와 수준, 주제와 과제 그리고 학습 환경이 다양하도록 하면서 수업해야 한다.

이것을 보면, 교사 교육자들과 마찬가지로 학생들도 교사들에게 조언할 수 있음을 알 수 있다.

Chapter 11

과제 유형 비교: 세 수업 이야기

우리는 전문성 개발 프로그램의 일환으로, 교사들에게 동일한 내용을 다른 유형의 과제에 담아 살펴보도록 하였다. 각 과제 유형들에 대한 성찰의 기회를 제공하려는 의도였다. 교사들에게 자신들의 수업에 활용하기 위하여 과제의 순서를 고려하고 설명하도록 하였다. 이로부터 교사들 사이에 깊이 있는 토론이 이루어졌고, 과제 유형과 논리적인 순서를 결정하는 과정에서 발생하는 차이에 대하여 성찰하는 기회를 가졌다. 연구진의 입장에서 이와 관련하여 더 깊이 논의하고자 한다. 이 장에서는 세 과제 유형들을 비교하는 데에 초점을 두면서 교사들로부터 수집한 자료를 보고한다.

교사들에게 동일한 내용을 다룬 세 유형의 과제를 제공하고, 각각의 과제별로 수업 구조를 만들어보도록 하였다. 다시 말하여, 교사들은 과제 순서를 선택할 수 있었다. 교사들이 이렇게 과제를 제시하는 순서를 선택하여 구조화한 수업을 연속적으로 실행하면서, 교수학적인 의사결정과 실행의 여러 측면들에 대하여 많은 통찰을 얻기를 희망하였다. 우리는 세 수업에 대한 학생들의 선호도에 대한 자료도 수집하였다. 이와 같은 방식으로 세 과제 유형을 실행할 때 나타나는 차이를 성찰하는 기회를 창출할 수 있었다.

이 장에서 보고하는 교사들의 성찰기록은 프로젝트에 참여하면서 추가로 과제 유형들에 대한 충분한 이해를 발전시킨 교사들에게 요청하여 얻은 것이다. 과제의 초점은 넓이와 둘레 사이의 관계였다.

과제와 수업

다음은 교사들에게 제공한 세 과제이다.

과제명	과제 유형	출처
정사각형 내부와 외부	유목적적 표현 과제	출처 미상
디도 문제	맥락 기반 과제	Curriculum Support for Teaching Mathematics 7-12[NSW 교육부, 13권 4호(2008)]에서 발췌, 수정
L 도형 문제	개방형 과제	설리번, 릴번 (1997)[3]

세 권역에서 전문성 개발 프로그램을 운영하면서 위의 과제를 제시하였다. 교사들은 개별적으로 과제를 살펴보고, 그 결과를 다른 교사들과 공유하였으며, 학생들이 과제에 어떻게 반응할지에 대하여 논의하였다. 이하에서는 각 과제에 대해 간략하게 논의한 결과이다. 교사들에게 제공한 수업 개관자료는 그림으로 제시하였다.

정사각형의 내부와 외부

이 과제는 정사각형 격자무늬 종이에 넓이는 같지만 둘레의 길이가 다른 도형들, 둘레의 길이는 같지만 넓이가 다른 도형들을 제시하는 것으로 시작한다. 학생들에게 최소한의 정보만 제공하고 활동지를 해결하도록 하는 것이 의도였다(그림 11.1 참고). 교사가 토론을 주도적으로 진행하면서 "무엇을 알 수 있는가?", "왜 그렇게 된다고 생각하는가?"와 같이 질문하고 학생들은 이에 서술형으로 응답하도록 하였다.

이 과제는 개방형 질문도 포함하고 있지만, 격자무늬 종이 또는 일정간격으로 점이 찍힌 종이를 유목적적 표현도구로 활용하도록 한다는 의도를 담고 있다.

3) Sullivan, P., & Lilburn, P. (1997)

정사각형 내부와 외부 문제

다음 각 도형의 넓이와 둘레의 길이를 구하여라.

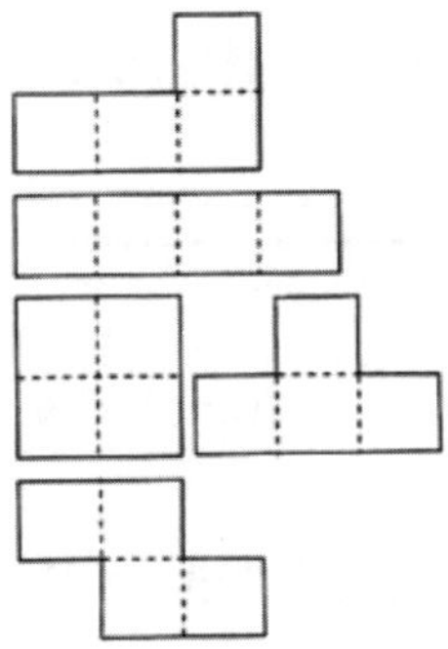

무엇을 알 수 있는가? 왜 그렇게 된다고 생각하는가?

다음 도형들의 둘레의 길이와 넓이를 구하여라. 무엇을 알 수 있는가?

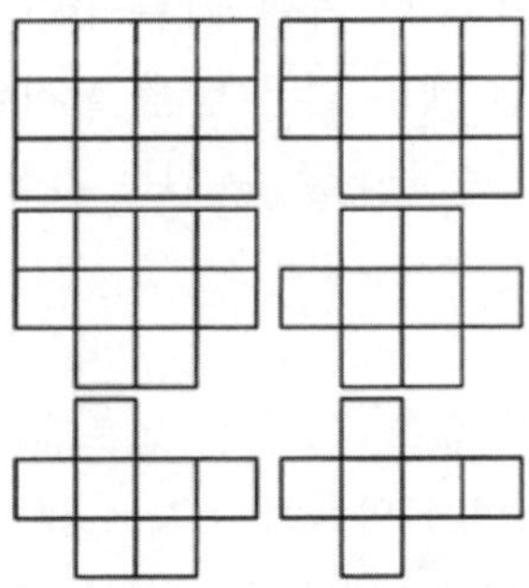

이와 같은 도형들의 둘레의 길이와 넓이 사이에는 어떤 관계가 성립하는가? 격자무늬 종이 또는 일정간격으로 점이 찍힌 종이를 활용하여 다음을 해결하여라.

(1) 넓이는 같지만 둘레의 길이가 다른 도형 네 개를 만들어라.

(2) 둘레의 길이는 같지만 넓이가 다른 도형 네 개를 만들어라.

그림 11.1 정사각형 내부와 외부 문제 관련 활동지

디도(Dido) 문제

이 과제의 의도는 학생들이 같은 둘레의 길이라고 하더라도 넓이는 다양한 닫힌 도형을 만들 수 있는 방법을 관찰하도록 하는 것이다. 다른 수업들과 마찬가지로, 학생들은 도형의 넓이 계산의 기초를 제공하는 것으로 덮기에 의한 넓이와 단위 세기를 경험했으며, 고정된 둘레의 길이를 갖는 닫힌 도형이 "둥글게" 될수록 넓이가 늘어난다는 것을 경험했다. 그림 11.2는 교사들에게 제시된 유인물이다.

디도(Dido) 문제

준비물 : 점 용지, 민트 캔디(학생당 2개면 충분), 노끈 뭉치, 자

도입

카르타고를 건국한 여왕인 디도에 대한 이야기이다. 역사에 따르면 디도는 오빠인 피그말리온 왕으로부터 탈출하여, 북아프리카 어느 바닷가에 도착하였다. 디도는 원주민들에게 임시 피난처로 쓸 조그마한 땅을 요청하였다. 디도는 소가죽으로 둘러쌀 수 있는 만큼의 땅을 요구했고, 원주민들은 이 제안에 동의했다. 디도는 소가죽을 아주 얇게 잘라서 훗날 카르타고 도시가 된 매우 넓은 땅을 둘러쌌다. 오늘 수업에서는, 둘레의 길이가 고정되어 있을 때 그것으로 둘러쌀 수 있는 가장 넓은 부분이 얼마나 되는지를 조사한다.

오늘의 과제 : [충분한 소가죽이 없으니, 대신 민트캔디 포장지를 사용합시다.] 아래 사진과 같이 민트캔디 포장지 하나를 완전히 조각은 내지 않고 얇고 긴 끈 모양이 되도록 한 후, 이것으로 둘러쌀 수 있는 최대의 넓이를 구하여라.

학생들에게 민트캔디 포장지를 나누어주고, 잘 찢어서 하나의 연속된 끈으로 만들도록 한다. 각자 만든 끈의 길이를 측정하도록 한다. 측정할 때는 끈이 "일직선이 되도록" 펼쳐놓고, "구부러진 부분"은 측정하지 않으면서, 처음부터 끝까지 잰다. 측정한 길이만큼 끈을 잘라낸다.

이제 잘라낸 끈을 둘레의 길이로 하는 닫힌 도형을 점종이 위에 만든다. 만든 도형을 점종이 위에 그리고, 정사각형의 개수를 세거나 다른 방법으로 넓이를 구하고, 매번 같더라도 둘레의 길이를 함께 기록한다.
둘레가 같은데 넓이가 빠르게 변할 수 있다는 것을 보여주는 아이디어로 심장 모양을 만든 다음 심장이 "열리는" 모습을 연출하여 곧바로 넓이가 커지는 것을 보여주는 것이 있다.

학생들이 발견한 것을 공유하도록 한다. 원래의 디도 이야기로 돌아가서 민트캔디 포장지처럼 작은 종이로도 끈 모양으로 찢으면 얼마나 넓은 부분을 둘러쌀 수 있는지 강조하면 더 많은 학생들을 참여시킬 수 있다. 마지막으로 소가죽을 끈으로 만들어 카르타고 도시가 된 넓은 지역을 둘러쌌다는 이야기가 놀랍지 않은 내용을 다루고 있음을 언급한다.

그림 11.2 디도 문제 관련 안내자료

L 도형 문제

수업의 목표는 둘레의 길이는 다르지만 넓이가 같은 서로 다른 모양의 도형이 있음을 깨닫고, 넓이와 둘레의 길이를 계산하는 방법을 탐구하는 것이다. 정사각형 격자용지에 도형을 하나 제시한 후 간단한 개방형 과제로 시작한다. 그림 11.3은 교사들에게 제공한 유인물이다.

L 도형 문제

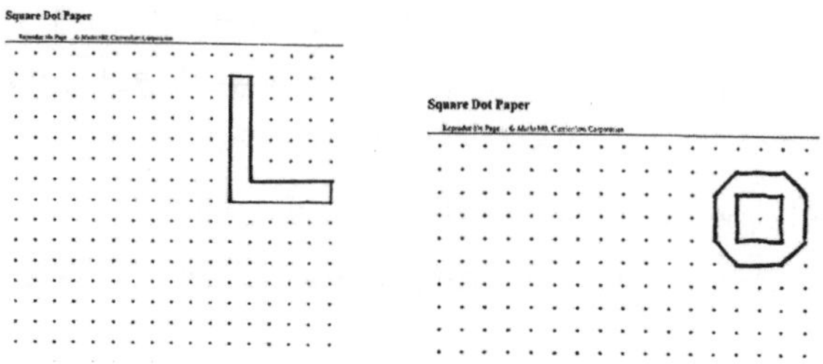

수업 목표는 학생들에게 도형의 둘레와 넓이에 주목시키는 것이다. 덮기에 의하여 또는 단위를 세어 넓이를 구하는 것을 다루고, 도형의 넓이와 둘레를 구하는 방법에 대한 통찰을 얻도록 할 것이다.
다음 제안 중 일부 또는 전체를 모두 다룰 수 있다.

1부. 주어진 넓이의 도형 그리기
격자용지에 정사각형 10개의 넓이를 갖는 알파벳 문자 모양의 도형을 그리도록 한다. 넓이가 같은 다른 알파벳 문자 모양의 도형을 그리도록 하되, 문자를 표현하는 데에 필요하면 정사각형의 반을 사용하는 것도 포함시킬 수 있다고 안내한다.

2부. 차원 이해하기
이 활동의 목표는 둘레는 다르지만 넓이가 같은 서로 다른 모양의 도형이 있으며, 넓이와 둘레를 계산할 수 있음을 이해시키는 것이다. 다음과 같은 문제를 제시할 수 있다. 격자용지에 문자 L 도형이 있다. 이 도형의 넓이는 100㎠이다. 둘레의 길이는 얼마일까?

교수 방법
다음 교수 방법에 따라 두 문제를 모두 다룰 수 있다.
- 활동의 목적과 목표를 제시하고 명확히 한다. 다양한 답이 가능하다는 것을 논의한다.
- 조별 활동을 준비하기 위한 개별 활동으로 시작한다.
- 학생들의 응답들에 관해 논의한다. 주요 수학 주제와 관련되어 있을 것으로 보이는 학생들의 응답을 선택하여 앞으로 더 어떤 것을 탐구할 수 있을지에 대하여 발표시킨다.
- 마지막으로 주요 수학 아이디어를 요약한다.

그림 11.3 L 도형 문제 관련 안내자료

지역 모임에서, 교사들에게 이 과제들을 해결하고 제안된 수업 계열에 대하여 토론하도록 하였다. 이어서 자료수집 방법을 자세히 소개하고, 순서는 자유롭게 하되, 세 문제를 연속적으로 수업하도록 하였다.

결과: 교사의 경험

세 문제를 적용하고 분석하는 과정에서 다음 자료들을 수집하였다.

- 수업 이전에 수업을 계획한 것에 대한 성찰을 주요 내용으로 하는 교사 대상 설문조사 결과
- 수업 후 과제선호도에 관련된 교사 대상 설문조사 결과
- 수업 후 과제선호도에 관련된 학생 대상 설문조사 결과

먼저 교사 대상 설문조사 결과, 다음으로 학생 대상 설문조사 결과, 두 결과의 비교결과를 제시할 것이다. 참여한 학생들은 5학년, 6학년, 그리고 5학년과 6학년 혼합반에 속해있다. 관련 자료를 제출한 13명의 교사 중 8명만이 사전, 사후 설문에 모두 참여했다. 먼저 교사 대상 설문조사 결과를 제시한다.

수업의 순서

수업 이전 설문조사에서 세 과제를 지도하는 순서 그리고 왜 그렇게 지도하려고 하는지를 알아보았다. 교사들이 실제로 이 순서로 수업했는데, 표 11.1에 그 응답이 제시되어 있다.

표 11.1 수업 이전 설문조사에서 과제 지도 순서에 대한 교사들의 계획

교사		A	B	C	D	E	F	G	H
순서	내부	1	1	2	2	2	3	1	1
	디도 문제	2	2	1	1	1	1	3	3
	L	3	3	3	3	3	2	2	2

디도 문제와 정사각형 내부와 외부 문제를 먼저 지도하겠다는 교사가 비슷한 정도로 많았다. 디도 문제를 먼저 지도하겠다고 한 교사들은 “상황을 설명하기”가 좋아서 또는

학생들의 참여와 흥미를 유발할 것 같아서 그렇다고 답했다. 'L 도형 문제'로 시작하겠다고 답한 교사는 아무도 없었다. 그 이유를 제시한 교사는 1명이었는데, "폐쇄형"에서 "개방형"으로 진행하는 것이 나을 것 같다는 것이었다. 개방형 문제가 더 어려워 보여서 그렇다는 것이다. 'L 도형 문제'를 마지막에 지도하겠다는 것과 같은 몇 가지 패턴을 찾을 수 있었지만, 수업하기에 최적인 순서에 대해서는 다양한 응답이 있었다.

많은 교사들이 이전의 경험에서 파악한 것에 근거하여 개방형 과제를 지도하는 것, 그 중에서도 처음에 지도하는 것은 어렵다고 생각하며,[4] 학생들도 어려워할 것이라고 가정하였다.

'정사각형 내부와 외부 문제'를 먼저 지도하겠다고 한 교사들 중 1명은 "이 문제를 해결하는 데에 필요한 이해와 능력들이 순차적인 성격을 띠기 때문에 비계 설정에 최상이라고 생각한다."고 말했다. 연구진의 입장에서는 세 문제가 대체로 동등하다고 생각했는데, 그래서 '정사각형 내부와 외부 문제'에 대한 교사의 설명을 어떻게 이해해야 할지 파악하기 어려웠다.

연구진의 입장에서는 오히려 'L 도형 문제'가 상대적으로 간단한 정사각형 세기로 시작하기 때문에 먼저 다룰 수 있을 것으로 기대했다. 사람마다 과제에서 다른 것을 본다는 것을 알게 되었고, 교사 전문성 개발에서 과제의 잠재성에 관하여 논의하는 일은 가치가 있다는 것도 깨닫게 되었다.

교수-학습에서의 도전에 대한 조사결과

세 문제를 활용한 수업을 실행함에 앞서 교사들에게 "이 과제들로 수업을 할 때 가장 도전적일 것으로 예상하는 측면은 무엇인가요?"라고 물었다. 수학뿐 아니라 교수법에 이르기까지 도전적이라고 생각한 측면은 다양했다. 교사들은 과제 유형의 차이를 고려하여 응답하는 경향을 보였다. 그림 11.4는 세 교사의 과제별 응답사례이다.

	정사각형 내부와 외부	디도 문제	L 도형 문제
H	이전에 경험한 것에 연결하면 가르치기 쉬울 것이다.	설명하지 않고 학생들 스스로 연결하도록 그리고 일반적인 명제를 만들도록 안내하는 것!	포기하지 않고 충분한 모델링 기회를 제공하는 것.

4) Anderson, J. (2003)

E	발견하도록 안내하는 것. 명확한 설명을 제공하는 것. 최상의 질문을 하는 것. 학생들이 좌절하지 않도록 돕는 것. 충분한 시간을 주는 것.	여러 아이디어를 연결하여 요약하는 것. 학생들이 수학적인 초점으로 돌아가도록 하는 것.	넓이를 구하기 위하여 정사각형을 세는 방법을 고안하도록 돕는 것(정사각형 부분도 고려하여 세기).
A	넓이와 둘레를 관련짓도록 돕는 것	넓이가 변해도 둘레는 변하지 않을 수 있음을 이해하도록 하는 것.	내 방식을 강요하지 않고 학생들 나름의 전략으로 L을 그리도록 하는 것.

그림 11.4 지도 관련 도전에 대한 교사들의 응답사례

위의 응답은 모두 사려 깊고 통찰에 기초한 것이며, 교사들이 그러한 과제의 잠재력과 도전을 모두 의식하고 있음을 보여준다. 과제 유형에 무관하게 전반적으로는 안내와 지원의 어려움에 초점을 두고 있다. 적어도 교사들은 과제 유형들에 대한 소통에 필요한 언어를 알고 있다. 개방형 문제와 관련된 공통의 생각은 학생들의 전략에 주의를 기울이고 학생들의 사고를 차단하지 말아야 한다는 것이다.

다음으로 교사들에게 "학생들에게 가장 도전적일 것이라고 생각하는 측면은 무엇입니까?"라고 물었다. 그림 11.5에는 두 교사의 응답사례가 제시되어 있다.

	정사각형 내부와 외부	디도 문제	L 도형 문제
A	넓이와 둘레를 관련시키는 것	민트캔디 포장지를 찢는 것! 곡선으로 된 불규칙한 도형의 넓이를 정확하게 계산하는 것	일부 학생들은 '차원' 개념을 이해하는데 어려움을 겪을 것이라고 생각한다.
B	발견한 것을 논의하고 설명하는 것	심장 모양에서 원까지 모양 변화에 따른 넓이 변화 이해하기	'O' 모양이 되게 하려면 정사각형을 반으로 잘라야 한다는 것을 아는 것

그림 11.5 학생들에게 도전적인 측면에 대한 교사들의 응답사례

지도 순서를 고려하여 계열화하는 것에 관련짓지 않고 개별 수업을 위한 과제로 간주하여 응답한 경우도 있었다. 예를 들어, 한 교사는 디도 문제를 처음으로 지도하겠다고 해놓고 '정사각형 내부와 외부 문제'에서 "넓이와 둘레의 차이를 알고 계산하는 것"이

학생들에게 도전적일 것이라고 언급하기도 했다. 이전 과제를 성공적으로 수행했다면 이것은 그리 도전적인 것이라고 할 수 없을 것이다. 교사들이 각 과제를 활용한 수업의 목표를 철저히 인식하고 이것을 성공적으로 실현하는 것이 중요하다는 것을 알 수 있다.

디도 문제와 관련해서는 민트캔디 포장지를 찢는 것이 어렵다고 답한 교사가 있는가 하면, 불규칙한 모양의 도형의 넓이를 구하는 것이 어려울 것이라고 답한 교사도 있다. 'L 도형 문제'와 관련해서는, 차원 개념, L 도형의 크기, 정사각형 개수 세는 것이 도전적일 것이라는 응답이 있었다. '정사각형 내부와 외부 문제'에서 도전적일 것이라고 예상했던 것은 자신의 추론내용을 어떻게 설명할 것인가 하는 것이었다. 이런 도전들은 과제 유형보다는 특정한 과제에서 무엇을 요구하는가에 더 관련된다. 응답은 간략했지만, 교사들이 수학적 도전을 포함한 과제의 주요한 측면들을 파악하고 있음을 알 수 있다.

교사들의 과제 선호도

수업을 실행한 후, 교사들에게 어떤 과제로 했던 수업을 선호하는지, 무엇이 학습에 가장 많이 기여했다고 생각하는지 물었다. 교사들의 응답을 표 11.1과 동일한 순서로 제시하면 그림 11.6과 같다.

교사	A	B	C	D	E	F	G	H
선호도	L 도형	디도	디도	L 도형	디도/정사각형	디도	디도	디도
학습기여	L 도형	디도	디도	L 도형	Inside	디도/L 도형		디도

그림 11.6 과제 선호도와 학습 기여도에 대한 교사들의 응답

교사들의 과제 선호도와 학습 기여도 면에서 디도 문제가 가장 좋은 것으로 나타났지만, 그 이유에 대해서는 다양한 설명을 제시했다.

과제 선호 이유	학습에 기여
학생 참여를 유도하기에 좋았다. 명확한 지침을 주어야 하는 경우가 많았는데 그렇게 하는 것이 나에게도 좋았다.	4수준 학생들에게는 '정사각형 내부와 외부 문제'가 충분히 도전적이지 않았었다.

디도 문제가 정말 좋았다. 학생들이 정말로 몰입하여 해결했다. 서로 토론하고 지원한 것이 좋았다.	실생활에 잘 연결되는 문제였다. 인터넷에서 그 이야기를 더 알아보았고, 넓이와 둘레를 시각화할 수 있었다.
디도 문제가 해결과정과 해법 모두 개방형이어서 좋았다. 학생 반응도 좋았고 더 많은 도형들에 대하여 실험하는 모습이었다.	구체물을 가지고 하는 활동이어서 학생들이 실제로 조작하고, 검증하고, 또 실험하였다. 이야기가 학생들의 상상력과 동기를 자극했다.
디도 문제가 좋았다. 학생들이 실제로 탐구한 것보다 더 자세히 탐구하고 싶은 문제이다.	
다른 무엇보다 이야기 자체가 학생들의 흥미를 유발했다.	디도 문제가 학습에 가장 많이 기여했다. 왜냐하면, 학생들 모두 정사각형과 직사각형 모양으로 시작했지만 다른 도형들에 대해 생각해보라고 했을 때 같은 둘레를 갖는 다른 도형을 찾을 수 있었다. 심장 모양 도형을 열어 바꾸면 둘레가 같지만 넓이가 다르다는 것에 관심을 보였다.

그림 11.7 과제 선호도와 학습 기여도에 대한 교사들의 인식

그림 11.7에 디도 문제로 한 수업을 선호하는 이유와 학습에 대한 잠재력에 관련된 교사들의 응답이 제시되어 있다. 이들 모두 명확하고, 분명하고 사려 깊다.

디도 문제와 정사각형 내부와 외부 문제를 모두 언급한 교사의 생각은 그림 11.8에 제시하였다.

과제 선호 이유	학습에 기여
디도 문제가 좋았다. 이야기가 좋았다. 학생들은 이야기를 계속해서 참고하는 내용으로 활용했다. 디도 문제를 시각화할 수 있었던 것도 좋았다. 정사각형 내부와 외부 문제는 학생들에게 논의거리를 많이 제공했다. 질문을 만드는 데에도 효과적이었고, 가장 도전적이었다.	학생들이 넓이와 둘레를 배울 수 있도록 돕는 가장 성공적인 방법이었다. 오개념이 어디에서 발생하는지를 보여주기도 했다. 시각화했던 것, 라벨을 붙였던 것은 좋은 전략이었다. 많은 단계, 가령, 활동하는 단계 그리고 활동을 끝낸 단계에 짝끼리 그리고 전체학급 토론을 할 수 있었다.

그림 11.8 디도 문제와 정사각형 내부 문제 모두를 선호한 한 교사의 응답

'L 도형 문제'에 선호도를 둔 두 교사의 생각을 그림 11.9에 제시하였다.

과제 선호 이유	학습에 기여
학생들이 다른 수업보다도 이 수업에서 수학에 더 많이 관여하는 것으로 보였다. 이것을 통해 개념을 더 쉽게 갖게 된다.	학생들 모두 과제에 머물고 관여했으며, 수학에 대해 토론하고 있었다. 넓이와 둘레 개념이 통합되고 “크기”가 도입되었다.
나는 아이들이 스스로 다양한 알파벳 문자에 도전하는 것을 즐길 수 있었다.	문제해결이며, 시행착오를 통해 스스로 다양한 발견을 할 수 있었다.

그림 11.9 ‘L 도형 문제’를 선호한 교사들의 응답

전반적으로 교사들의 응답은 모두 통찰력이 있고 성찰적이었다. 특정 과제를 선호하는 이유를 설명할 때는 학생들의 반응과 연결하였다. 이는 교사들이 학생 참여에 관심이 있으며 학습을 유도하려는 마음을 갖고 있음을 시사한다.

교사들의 응답들을 보면 학생들의 참여를 유발하고 즐거움을 느끼게 하는 과제의 측면을 떠올렸다는 점을 확인할 수 있다. 교사들은 개별 과제로 수업했던 것을 회상하면서 학습의 중요성을 인식하고 언급하였다.

학습에서 이룬 기여를 설명하는 과정에서 수학에 대하여 언급한 경우도 있다. 여기서는 자료, 구체물의 조작 활동, 시각화 등을 통하여 학생들을 참여시킨 것에 가치를 두고 있음을 알 수 있다. 원래 과제의 특성상 시각화를 유도하고 있고 이것이 각각의 과제에서 분명했으므로 놀랄만한 응답은 아니다. 교사들이 선호했던 과제와 학습 기여도가 높은 과제를 볼 때, 물리적으로 그리고 인지적으로 활발하게 참여시키는 역동적인 교수법이 좋다는 것을 이들 응답에서 알 수 있었다.

서로 다른 유형의 과제들에 대한 한 교사의 비교

설문조사의 마지막 질문은 “세 유형의 과제로 한 수업의 주요한 차이는 무엇입니까?”였다. 이 질문을 통하여 서로 다른 유형의 과제들을 비교하도록 하였다. 그런데 교사들은 차이에 대하여 언급하기보다는 특정 과제에만 초점을 두고 응답하는 경향이 있어서 의견을 많이 얻지 못하였다. 1명의 교사만이 과제 유형들 사이의 비교에 초점을 두고 응답했다. 이 교사는 서로 다른 유형의 과제들로 수업하면서 달랐던 점들을 나름대로 설명하였다.

실제로 가르치면서 어려움을 겪었던 측면들로는 다음을 제시했다.

맥락 과제 - 수학에 대한 초점을 유지하는 것
개방형 과제 - 학생들의 사고를 확장시키고 여러 선택사항 중 쉬운 것만을 택하지 않도록 하는 것
유목적적 과제 - 수학을 이끌어내는 것

학생들이 학습하면서 겪은 어려움에 대해서는 다음과 같이 응답했다.

맥락 과제와 개방형 과제 - 문제해결을 위한 전략을 찾는 것

지도 전략 및 교수법에 대해서는 다음을 제시했다.

맥락 과제 - 학생들만의 전략과 과정을 찾도록 함, 학생들 스스로 아이디어를 만들어내도록 함
개방형 과제 - 학생들에게 독자적이도록 함, 질문을 많이 하도록 함
유목적적 과제 - 교사 중심의 토론을 진행함, 수학을 이끌어냄

개방형 과제와 맥락 과제의 경우에는 학생들 스스로 전략을 만들어내도록 하는 것에 초점을 두었음을 알 수 있다. 이는 유목적적 표현 과제를 활용하여 수업할 때 수학을 이끌어내는 것이 어렵다고 답했다는 것과도 일맥상통하는 바이며, 그렇기 때문에 이 교사가 유목적적 표현 과제를 활용할 때는 명확한 초점을 가지고 진행한 것으로 생각된다. 이와 달리 개방형 과제를 다룰 때는 학생들이 참여하여 스스로 확장하도록 해야 한다고 인식하고 있음을 알 수 있었다.

학생 대상 설문조사 결과

학생 대상 설문조사는 12개 학년 227명에게 실시했다. 학생들에게도 과제 선호도, 학습 기여도, 쉬운 정도를 조사하고 그 이유에 대해 설명하도록 했다. 수업개선을 위한 제안점도 조사하였다.

학생들의 과제 선호도

그림 11.10은 학생들이 "좋아했던" 과제의 순서를 쓰고 그 이유를 쓰도록 한 결과를

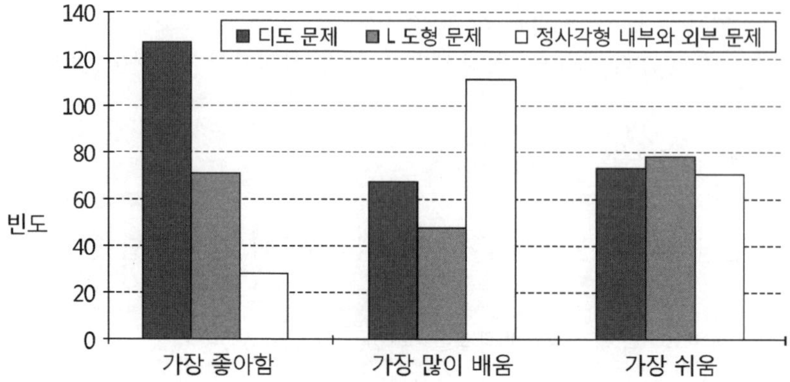

그림 11.10 세 수업에 대한 학생들의 의견

그래프로 나타낸 것이다. 또, "가장 많이 배운 수업에 활용한 과제", "가장 쉬웠던 수업에 활용한 과제"도 조사하였다.

학생들의 선호도는 다양했으며, 선호도, 학습 기여도, 쉬운 정도에 대하여 서로 다른 응답을 하였다. 절반 정도의 학생들이 디도 문제를 가장 좋아했고(120명), 그 다음으로 L 도형 문제(71명), 그 다음으로 정사각형 내부와 외부 문제(28명)를 가장 좋아했다. 비록 몇몇 학생들이 말은 했지만, 디도 문제를 다룰 때 사탕을 먹을 수 있어서 가장 선호했다고는 볼 수 없다. 왜 선호하는가에 대한 의미 있는 이유를 제시했기 때문이다.

학생들이 좋아했던 이유는 주로 과제가 재미있거나, 흥미롭거나, 구성적이거나, 창의적인 것이었기 때문이라는 것이었다(112명). 다음으로는 민트캔디를 먹을 수 있어서였고(31명), 실제적이라는 것과(24명) 사고를 자극하는 식으로 도전적이었다는 것이 그 다음으로 많이 제시한 이유였다(22명).

학생들이 가장 많이 배웠다고 생각하는 과제와 그 이유도 조사했다. 학생들은 정사각형 내부와 외부 문제(112명), 디도 문제(65명), L 도형 문제(47명) 순서로 가장 많이 배웠다고 응답했다. 그 이유로는 복잡하기 때문에, 단계가 많기 때문에, 생각해야 해서, 그리고 새로운 것을 배울 수 있었다는 것을 제시하였다(155명). 그 다음으로 다루기 쉬웠기 때문이라는 이유도 있었다(16명).

가장 쉽다고 생각하는 과제와 그 이유도 조사했다. 이에 대해서도 다양한 응답이 나왔다. 세 과제가 비슷한 수의 학생들에게 가장 쉬운 것으로 선택되었다. L 도형 문제를 선택한 학생들이 79명, 디도 문제를 선택한 학생들이 73명, 정사각형 내부와 외부 문제를 선택한 학생들이 71명이었다. 그렇게 생각한 이유로는, 114명의 학생이 이해하기 쉽고 해야 할 것이 많지 않기 때문이라고 했고, 다음으로 36명의 학생이 수업이 재미있었기 때문이라고 답했다.

종합해보면, 학생들은 각자 나름의 선호도를 갖고 있으며 왜 그렇게 생각하는가에 대한 명확한 설명도 할 수 있었다. 또한 학생들은 좋아하는 것, 많이 배운 것, 쉽다고 생각하는 것을 서로 다르게 판단했는데, 이에 대해서는 후속연구가 이루어질 필요가 있다.

수업 개선에 대한 조언

학생들에게 수업을 개선하는 방법에 대하여 의견을 제시하도록 했다. 암산을 하는 것이 포함되면 좋겠다는 것 그리고 좀 더 도전적이면 좋겠다는 것이 가장 많은 학생들의 의견이었다(52명).

다음으로는 다음과 같이 여러 전략을 사용하면 좋겠다는 것이다(41명): 변형, 암산, 디도 문제에서 찢는 대신 그리거나 자르기, 디도 문제에서 이야기 만들기, 절차의 순서 바꾸기, 내부에서 시작하기, 정사각형의 "내부"와 "외부" 설명하기, L 도형 문제에서 정사각형 개수 바꾸기, 예를 들어, 10개 대신 15개, 20개의 정사각형 사용하기, 서로 다른 크기의 도형 만들기, 좀 더 상호작용할 수 있는 것으로 바꾸기, 좀 더 시각적인 것으로 바꾸기, 활동 순서 바꾸기, 동물과 자동차 사용하기, 디도 문제의 경우 좀 더 개방적이고 좀 더 체험적인 활동으로 바꾸기 등.

과자가 더 많고 더 재미있는 수업을 원하기도 했다(30명). 그러나 35명의 학생들은 개선할 것이 없다고 했다.

학생 대상 조사결과 요약

학생 대상 조사결과를 다음과 같은 요약할 수 있다:

- 대부분의 학생들이 디도 문제를 좋아했으며, 그 이유로 "재미있다는 것"을 제시했다. "쉽다는 것"은 선호도에 영향을 미치는 중요한 요인은 아니었다.
- 학생들은 정사각형 내부와 외부 문제에서 가장 많이 배웠다고 했다. 학생들은 복잡하고, 단계가 많으며, 생각해야 하고, 새로운 것을 배우는 등 도전적인 수업을 선호했는데, 227명 중 155명이 이와 같이 답하였다. 선호도와는 달리, "재미있다는 것"이 가장 많이 배운 수업을 결정하는 데에 중요한 영향을 미치지는 않았다.
- 가장 쉽다고 생각한 과제는 세 유형 모두 비슷한 수의 학생들이 택하였다. 이해할 수 있고, 할 일이 많지 않으면 쉽다고 생각하는 것으로 나타났다.
- 이미 여러 차례 언급한 바와 같이, 디도 문제의 배경이 되는 이야기는 대다수가 아니라 일부 학생들에게만 동기를 유발했다. 학생들의 제안에 따르면, 더 도전적으로 만들고, 서로 다른 전략을 사용하고, 더 많은 과자와 함께 더 재미있게 만들

필요가 있다. 상당수의 학생들은 개선의 필요성을 느끼지 않았다. 학생들은 과제를 더 이해하기 쉽고 더 재미있게 만들며, 컴퓨터를 사용하고, 조별 활동을 하거나, 야외 활동을 하는 등의 수업 개선안을 제시하지 않았다.

전반적으로는 학생들이 분별력이 있으며, 배우고자 하고 도전하려는 태도를 가지고 있음을 알 수 있었다. 중요한 수학적 개념을 명확하게 기술하는 능력과 교사들의 행동 이면에 담긴 의도를 이해하는 능력도 가지고 있음을 알 수 있었다. 학습과 선호가 다르다는 것도 알고 있었는데, 이는 10장에서 논의한 바와 같이 그 차이가 미묘하다.

학생들의 의견과 교사들의 의견 사이의 관계

학생 대상 설문조사 결과를 학급 단위로 통합하여 교사와 학생들의 의견 사이의 관계를 알아보았다. 표 11.2는 교사들의 의견과 각 학급 단위의 의견을 함께 나타낸 것이다.

대다수의 교사들(8명 중 6명)이 디도 문제를 선호했고 대다수의 학생들도 그 문제를 선호했지만(227명 중 120명), 개별 교사와 그 교사가 담당하는 학급 사이의 선호도 사이에는 강한 상관관계가 없었다. 여덟 명의 교사들 중 4명이 담당한 학생들 중 절반 이상이 교사와 같은 과제를 선택했다. 흥미롭게도, 교사 E는 디도 문제와 정사각형 내부와 외부 문제 모두를 선호했는데, 그가 담당한 학급의 23명중 15명이 L 도형 문제를 가장 좋아한다고 답했다.

표 11.2 교사와 학생 의견 사이의 관계

교사	교사 의견		학생 의견					
	선호 과제	학습에 기여	가장 좋아하는 과제			가장 많이 배운 과제		
			정사각형	디도	L 도형	정사각형	디도	L 도형
H	디도	디도	1	14	5	5	8	5
A	L 도형	L 도형	0	20	3	10	3	10
F	디도	디도/L 도형	3	5	11	9	7	2
D	L 도형	L 도형	3	11	9	14	2	7
C	디도	디도	4	13	5	12	9	1
E	디도/정사각형	정사각형	3	5	15	11	12	0
B	디도	디도	1	4	1	2	0	4
G	디도		3	8	3	15	5	2

학습에 기여가 많은 것으로 교사가 생각한 것과 실제 학생들이 응답한 것은 서로 달

랐다. 교사가 학습에 기여가 많은 것으로 생각한 과제 중 학급 절반 이상의 학생들이 가장 많이 배웠다고 생각한 것은 하나도 없었다. F교사는 정사각형의 내부와 외부 문제가 학습에 가장 많이 기여할 것이라고 생각했는데, 절반 이상의 학생들이 이 과제를 선호하는 것으로 답했다. 이 문제에 대해서는 후속 연구가 필요하다.

요약

교사와 학생 대상 설문조사 결과는 과제들에 대한 유용한 통찰을 제공한다. 이 장에서 논의한 세 유형의 과제 모두가 가치 있는 것으로 나타났으며, 각각의 과제가 제공하는 서로 다른 기회와 도전에 대하여 자세히 알아볼 수 있었다. 이 기회와 도전은 모두 넓이와 둘레 사이의 관계라는 동일한 내용 영역에 초점을 둔 것이었다.

과제의 지도 순서와 관련하여 많은 교사들은 유목적적 표현 과제로부터 시작하여 개방형 과제로 마무리하는 것으로 생각했다. 맥락 과제는 마무리 과제나 동기유발을 위한 과제로 선택했다. 동기유발을 위해서는 대부분 처음에 지도하는 것으로 택했다. 교사들이 이와 같은 판단을 함에 있어 지도 순서를 실제로 지도 계열로 생각했는지 아니면 낱낱의 지도 상황으로 생각했는지에 대해서는 후속 연구가 필요하다. 수업 또는 과제를 낱낱의 상황으로 이해하고 판단할 수 있기 때문이다. 8장에서 수업 계열에 대해 논의할 때 이 문제에 대하여 다루었었다. 과제에 초점을 두기는 하지만 과제를 일관성 있게 연결하는 것도 중요하다.

앞장에 제시한 학생 대상 조사 자료와 마찬가지로, 학생들의 응답이 사려 깊어서 인상적이었다. 또한, 학생들이 학습에 도움이 된 과제, 좋아한 과제, 쉬운 과제를 잘 구분하는 것처럼 보여서 인상적이었다.

이 장에서 다룬 조사 결과를 보면, 서로 다른 유형의 과제들을 다양하게 선호하고 있으며, 동기유발과 즐거운 정도, 학습에 기여하는 정도에 대해서도 교사들과 학생들이 다양하게 생각하고 있음을 알 수 있다. 이 책 전반에 걸쳐 주장하는 것 중 하나는, 가능한 많은 학생들의 요구에 맞게 다양한 계열과 다양한 유형의 과제를 제공하는 것이 중요하다는 것이다.

Chapter 12

결론

수학 학습에서의 과제 유형 프로젝트 그리고 이 책에서 우리는 다음에 대하여 알아보고자 하였다.

- 서로 다른 유형의 과제들이 각각 수학 학습에 어떻게 기여할 수 있는가?
- 서로 다른 유형의 과제들 중 성공적인 사례의 특징
- 교사들이 과제를 사용하면서 겪는 제약
- 학습을 최상으로 지원하는 것에 관련된 교사의 행동

우리는 소수의 열정적이고 헌신적인 교사들과 강한 전문성 공동체를 이룸으로써 수학을 가르치고 배우는 것에 관한 중요한 측면들을 탐색할 수 있었다. 이 장에서는 이들과 함께하여 얻은 수학적 과제 관련 주요 연구 성과를 제시한다.

결론부터 제시하면, 과제를 선택하고 사용하는 것은 수학을 효과적으로 지도함에 있어 핵심적이며, 과제의 특성에 따라 학습의 잠재력이 결정된다. 우리가 권장하는 과제의 주요한 특성은 다음과 같다.

- 학생들이 중요한 수학을 다루고, 의미를 형성하고, 이해하며, 수학의 여러 측면을 연결하게 하는 과제
- 대다수 학생들에게 도전적이며, 해결 방법이 학생들에게 분명하지 않은 과제
- 학생들이 사고하고, 의사결정하고, 서로 의사소통하게 하는 과제
- 사고와 반성을 촉진하는 과제
- 학생들에게 친숙하고 잠재적으로 유용하며 그들의 삶에 연결되는 맥락 또는 상황을 사용한 과제

물론 이 특성을 모두 갖춘 과제는 거의 없다. 교사는 매 “식사”에서 이들 특성 중 일

부를 사용하여 전체적으로 균형 있고 건강한 식단을 만들어내야 한다. 서로 다른 유형의 과제를 활용하는 데에 필요한 교사 지식, 신념, 제약 등 주요 배경 변인에 대해서도 논의한 바 있다.

우리는 다음 세 유형의 과제를 중점적으로 살펴보았다.

유목적적 표현 과제 : 목표로 하는 수학을 기술하거나 예시하는 모델, 예, 또는 설명을 포함하는 과제이다.

맥락 과제 : 수학을 맥락에 포함시킨 과제이다.

개방형 과제 : 특정한 수학에 초점을 둔 개방형 질문을 포함하는 과제이다.

이 유형의 과제들 각각에 대하여 먼저 교사들이 확신을 얻도록 하려고 개별 과제 하나만 실행하고, 각 과제의 특징과 초점을 이해하며, 과제 실행의 교육적 측면과 수학적 측면을 비교하도록 했다. 이후 수업 계열을 개발하고 과제에 대한 학생의 반응도 조사하도록 하였다. 학생들이 어떤 과제를 선호하는지 그리고 그 이유는 무엇인지에 대한 조사 내용은 유용한 통찰을 제공했다. 이는 원래 프로젝트에 포함되지 않았었는데 추가로 알아본 것이었다.

서로 다른 과제 유형에 대해 배운 것

수학 학습에서의 과제 유형 프로젝트에서 과제를 세 유형으로 나누었던 것은 각 과제의 특성과 목표를 기술하는 데에 도움이 되었다. 우리는 교사들이 세 유형의 과제 모두를 활용하여 수업을 계획해야 한다고 생각한다.

과제를 세 유형으로 범주화하는 것에 대하여 연구자들과 교사들에게 여러 차례 설명했다. 설명 후 연구자들과 교사들은 우리가 분류한 유형을 잘 이해했으며, 각 유형의 과제를 구분하는 것에 대하여 토론도 했다. 세 유형이 서로 배타적이거나 한 유형이 다른 유형에 포함되지 않기 때문에, 범주를 명확히 나눌 수 있는 방법을 제공하지는 못했다. 그러나 교사들이 현재 다루는 과제는 이 세 유형을 적당히 혼합하거나 조정한 것일 수 있다는 점에서, 유형의 혼합이나 조정에 의하여 어떤 변화가 가능하겠는가에 대해 토론하도록 할 수 있었다.

교사들, 특히 열정적으로 전문성 프로그램에 참여하면서 다양한 과제들을 연구하여 수업에 활용했던 교사들은, 과제 사용의 모든 측면에서 큰 발전을 이루었다. 이제 세 유형의 과제 각각에 대해 배운 것들을 제시하고 과제의 실행에 대해 논의한다.

유목적적 표현 과제

이 유형의 과제는 전통적인 연습문제와 달리 구체적인 표현 그리고 다른 도구를 이용하여 수학적 개념을 풍부하게 다루는 기회를 제공하는 데에 목표를 둔다. 이 유형의 과제를 개발하고 실행함으로써 많은 중요한 결과를 도출할 수 있었다. 이 유형의 과제에는 보통 맥락이 없지만 여전히 학생들을 참여시키는 "장치"가 있다. 수학을 명시적으로 다루지만, 교사가 학생들로 하여금 수학적 아이디어와 정당화를 생성하도록 모델 또는 표현을 제공할 필요는 없다. 모델, 표현, 도구를 효과적인 것으로 만들다보면 학습해야 할 수학적 개념과 매우 가까워진다.

이 유형의 과제에서 가장 중요한 것은 수학이며, 맥락 과제보다 유목적적 표현 과제를 활용하여 수업할 때 담겨 있는 수학 내용으로부터 멀어지는 경우가 적었다. 이 유형의 과제를 활용할 때 학생들에게 지속적으로 도구 또는 모델을 제공하여 학습을 지원하는 역할을 하도록 해야 하며, 그렇기 때문에 너무 서둘러 도구나 모델을 도입하는 것은 좋지 않다는 것을 알게 되었다. 이 유형의 과제를 실행하면서 일부 교사들에게 균형 있는 수업을 위하여 이 유형의 과제를 활용하는 것이 중요하고 학습에 기여하는 면이 있음을 상기시켰다.

맥락 과제

학습의 특성과 수준이 과제의 특성과 과제 사용 방법에 의해 결정된다는 것에 대해서는 연구자들 사이에 폭넓은 공감대가 형성되어 있다. 높은 수준의 수학적 사고와 추론을 요구하는 질문을 다루는 수행평가를 위해서는, 학생들이 수학에서 의미를 찾도록 하는 과제를 개발하고 사용할 수 있어야 한다. 맥락 과제는 이런 측면에서 상당한 잠재성을 갖고 있다.

맥락 과제는 대다수 학생들을 참여시키며, 학생들에게 수학과 응용 사이의 관계를 파악하도록 하고, 수학의 눈으로 세상을 이해하도록 한다. 교사들은 맥락에 의하여 다루는 의미와 실제가 너무 부자연스럽지 않도록 그리고 맥락에 익숙지 않은 학생들도 이해할 수 있도록 해야 한다. 또한 맥락에 포함된 수학을 다룰 때 그 이면에 있는 맥락을 학생들을 끌어들이기 위한 "장치"로만 사용하지 않도록 해야 한다. 교사들과 함께 연구하면서 우리는, 교사들이 수학에 초점을 두거나 맥락에 대해 배우는 것 모두가 중요하다고 생각했다.

개방형 과제

다른 과제 유형들과 마찬가지로 개방형 과제도 수학 수업에서 주요한 위치를 차지한다. 특히, 개방형 과제는 모든 학생들에게 도전기회를 제공하는 잠재성을 갖는다. 연구과정에서 우리는 학생들이 해가 다양한 과제를 처음 접한다는 것을 알게 되었다. 심지어, 매우 우수한 학생들도 개방형 과제를 다룬 경험이 부족하면 위협을 느끼기도 한다는 것도 알게 되었다. 교사들은 개방형 과제가 낮은 수준의 학생들에게만 적합하다고 생각할 필요가 없으며, 어려움을 겪는 학생들에게는 학습 지원을 위한 질문과 권고를 그리고 과제를 빨리 해결한 학생들에게는 학습 확장을 위한 질문과 권고를 준비한다면 모든 학생들에게 도움이 되는 과제라고 말했다.

개방형 과제의 특징 한 가지는 이 책에서 이미 제시한 바와 같이 교사들에게 지침과 더불어 예시과제를 보여주면 교사들도 개발할 수 있다는 것이다. 프로젝트 수행 결과, 교사들이 개방형 과제를 사용하여 수업할 때 어떤 기회와 어떤 도전을 제공할 수 있는지를 모두 이해했으며, 개방형 과제를 수업에 활용하여 잘 다룰 수 있고 유익하다고 생각한다는 것을 알 수 있었다. 개방형 과제는 분명히 수학 학습의 기회를 창출하는 것으로 보인다.

다른 유형의 과제

과제 유형 프로젝트를 수행하면서 심화된 탐구 과제를 네 번째 유형으로 택하고 싶었다. 그러나 이 유형은 곤란하다는 점을 확인하였다. 제일 문제가 되었던 것 중 하나는 시간이 많이 걸린다는 것이었다. 또, 복합적인 교육과정이 필요하기 때문에 우리와 함께 연구했던 교사들이 공통적으로 받아들여서 실행할 수 없는 면이 있었다. 과제를 설계하는 것에 그치기보다는 수업에 적용하는 것에 초점을 두었고, 여러 차시에 걸쳐 적용하는 경우는 매우 드물었다. 연구가 진행되는 동안에도 가르칠 내용은 모두 다루는 방식으로 진행했기 때문에, 심화된 탐구 과제를 개발하고 적용하기는 어려운 상황이었다.

교사들은 유목적적 표현 과제가 수와 대수 영역에 있는 주제들을 다루는 데에 적합하다고 생각하였다. 수와 대수 영역에서는 본래 명확한 모델 또는 표현에 초점을 두기 때문에 이 영역에서 명확한 모델과 표현을 다루는 유목적적 표현 과제를 선호했던 것으로 볼 수 있다. 실제로 다루었던 여러 유목적적 표현 과제가 분수와 비례 추론에 대한 것이기도 했다. 측정과 통계 영역은 맥락 과제들에서 많이 다루어졌다. 그런데 교사들이 수업 계열을 개발하는 과정에서는 자료 표현, 비, 금융수학 등 다양한 영역을 서로 다른 유형의 과제들에 담아 다루게 되었다. 개방형 과제로 수학의 많은 측면을 쉽게 다룰 수 있었으며, 교사들 역시 특정 내용영역에 한하여 개방형 과제를 개발하거나 사용하지 않았다.

과제 실행 계획 또는 과제에서 수업으로의 이동

3장에 제시했던[5] 본 연구의 기본 입장에는 교사 스스로 각자의 수업에 과제를 적용한다는 것이 포함되어 있다. 이것은 과제 실행에 해당하며, 과제 개발자의 의도와 학생들의 경험을 연결하는 단계이다. 7장에서는 과제에서 수업으로 이동하는 과정에서 필요한 교사의 생각과 계획을 설명하기 위하여 실제 사례를 다루기도 했다. 이러한 논의에 근거하여 학습기회를 극대화하는 교사의 행동으로 다음을 제시한다.

- 수업에서 수학적인 초점과 목표를 분명히 하는 것
- 학생들이 특정 과제의 배경으로 가지고 있을 만한 지식이 무엇인가를 고려하고, 이 지식을 어떻게 갖추도록 할 것인지 그리고 학생들이 과제에 대해 어떤 반응을 할지를 고려하는 것
- 과제해결의 시작에 어려움을 겪는 학생들 그리고 과제를 빨리 해결하는 학생들을 돕는 방법을 고려하는 것
- 학생들이 개별적으로 또는 소집단으로 과제를 해결할 때 그 반응을 관찰하는 것
- 학급 전체가 되돌아보도록 돕는 해결과정을 발표할 학생을 고르는 것
- 연결, 일반화, 전이에 초점을 두는 것
- 다음 수업이 어떠해야 할지를 고려하는 것

이 행동들 중 다수는 수업 이전에 교사가 갖추고 있어야 하는데, 과제에 대해 확신하면서 과제를 편하게 생각해야 하고, 과제 실행에 앞서 과제의 수학적 가능성을 인식해야 한다.

과제 실행의 차이

서로 다른 유형의 과제를 수업에 사용할 때 과제 유형 간 차이도 확인할 수 있었다. 유목적적 표현 과제의 경우, 수학적인 내용에 분명하게 초점을 두고 있으며 해결 과정도

5) Stein, M. K., Grover, B. W., & Henningsen, M. (1996)

분명했다. 게임에 빗대어 설명할 수 있는데, 학급 전체가 볼 수 있도록 시범 게임을 하고 개별적으로는 어떻게 게임하는지를 안내하는 것처럼 하면 된다. 다른 유형의 과제들에 비해 우회로를 거치는 경우가 적다. 수업에 대한 성찰은 “이 게임을 다시 하게 된다면 또는 이런 종류의 과제를 다시 해결한다면, 어떻게 다르게 할 수 있을까?”와 같은 형식으로 또는 개별 학생들의 개념적 발달에 초점을 두어 기술하는 형식으로 할 수 있다.

맥락 과제를 사용하는 수업은 먼저 맥락에 대해 토론하면서 시작할 수 있는데, 이때 맥락에 관련된 학생들의 경험 또는 학생들의 인식이 드러나게 된다. 토론이 이루어지기만 하면, 문제에 흥미를 느끼게 할 수 있고 수학을 도입할 수 있거나, 학생들에게 수학을 발견하도록 할 수 있다. 그런 다음 초점이 되는 수학을 개관하고 다시 맥락으로 되돌아가서 마무리할 수 있다. 이런 식으로, 맥락 과제에서는 맥락을 동기유발, 참여, 그리고 중요한 수학 내용을 탐구하게 하는 도구로 사용할 수 있다.

처음 접하는 학생들만 아니라면 대다수의 학생들이 개방형 과제의 해결을 시도하게 된다. 교사들은 필요로 하는 학생들에게 학습 지원과 확장을 위한 질문과 권고를 준비하여 제공해야 한다. 또, 학생들이 가능한 한 일반화에 도전하도록 이끌 수 있어야 한다. 우리가 수행한 프로젝트에서는 모든 수학 수업에서 일반화를 지향했는데, 개방형 과제를 활용하는 경우에는 특히 그렇게 할 수 있었다.

연구를 진행하는 동안 과제 유형이 어떤 것이든, 교사가 장황하게 “말하는 것”보다 학생들의 사고과정을 살펴보고, 개별 학생들 또는 모둠의 구성원들이 과제를 어떻게 다루는지를 이해하는 것에 주목했다. 여기서 다시 한 번 강조하고자 하는 것은, 교사가 효과적으로 역할을 하려면 다양한 차원에 걸쳐서 많은 준비를 해야 하고, 실행에 대해서도 많은 고민을 해야 한다는 것이다.

수업관찰을 준비하면서, 수업마다 다른 교수법이 가능하거나 필요한가를 알아보기 위해 평가기준을 개발했다. 과제 유형에 상관없이 모든 수업에서 추구했고 평가했던 교사의 지도행동은 다음과 같다.

학생의 사고과정에 초점 두기. 학생들이 직접 사실과 아이디어를 결합하여 정보를 다루면서 종합하고, 일반화하고, 설명하고, 가설을 세우거나, 특정한 결론 또는 해석에 도달하는 수준을 평가함.

연결하기. 다루는 지식의 목표를 제시하고 어떻게 그리고 왜 그 지식을 다루는지를 강조하며, 과제가 이전 지식과 어떻게 연결되는지를 설명하는 수준을 평가함.

도전적인 과제를 제공하기. 어떻게 해결해야 할지 모르는 과제를 제시하는지를 평가함.

개방성. 해결 방법 그리고/또는 해가 다양한 과제를 제시하는지를 평가함.
명시적 기대. 학생들과 소통하면서 소통의 형식, 해의 형식, 기대되는 해의 특성을 정하는지를 평가함.
포괄성. 모든 학생들이 다룰 수 있는 과제를 선택하여 설명하는지 그리고 모든 학생들을 수업에 참여시키는지를 평가함.
적용과 전이. 지식을 실제로 적용하도록 그리고 다른 맥락으로 전이시킬 수 있도록 연결하여 다루는지를 평가함.
설명의 본성. 학생들에게 해결전략과 해에 대해 결정하도록 허용하는지를 평가함.
질문하기. 적절하게 학생들을 참여시키며, 학생들의 반응에 근거하여 질문을 제시하는지를 평가함.
수업의 주요 아이디어 이끌어내기. 전체토론, 모둠토론, 개별 학생과의 토론에 의하여 학생들이 과제를 해결한 것에 근거하여 주요 아이디어를 도출하는지를 평가함.
기회 포착하기. 수업에서 중요한 의사결정을 내려야 하는 순간을 놓치지 않고 적절하게 반응하는지를 평가함.
명시적인 학습목표. 수업의 초점과 학습목표에 초점을 두는지를 평가함.
도전의 지속. 명확한 지침에 의해 학생들이 도전하는 기회를 축소하지 않는 정도를 평가함.

관찰한 모든 수업에서 이 모든 지도행동이 나타나리라고 기대하지는 않았다. 그런데 수업관찰 결과, 서로 다른 유형의 과제를 활용한 수업에서 몇 가지 차이점을 발견하였다. 위의 평가기준은 우리가 수행한 프로젝트 내에서 얻은 제한된 자료에 기초하여 만든 것이지만, 교수실행에 대한 연구에 기초한 것이므로 가치가 있다.

과제 사용에서 기회와 제약

교사들은 과제 사용에서 기회와 제약을 상세히 설명했는데, 제약의 경우에는 교사들 내부에서 의견이 다소간 다르기도 했다. 개방형 과제와 맥락 과제를 활용하여 얻은 기회는 동기유발과 학생 참여의 증대라는 것에 대체적인 합의가 이루어졌다. 특히, 맥락 과제의 경우는 실세계 맥락과 연결함으로써 얻은 기회에 모두 주목했다. 이전에 언급한 바와 같이, 일부 교사들은 유목적적 표현 과제가 가치 있으며, 때로는 과제 유형을 혼합해야 한다고 주장했다.

교사들이 생각한 제약은 주로 외적인 것이었는데, 가령, 준비와 계획에 많은 시간이 걸린다는 것, 초등의 경우 다른 교육과정 영역에 대해 알아야 한다는 것, 장비와 재료를 마련하기 어렵다는 것이 있었다. 교사들은 바쁘고 학교에서 구할 수 있는 자원은 제한되어 있어서 이와 같은 제약들이 나온 것이다. 교사의 수학적 지식에 관련된 제약의 경우, 설문조사에 대한 응답이 아니라 토론, 수업관찰, 간접적으로 관련되는 질문들에 대한 교사들의 응답에서 확인할 수 있었다.

수학적 지식에 관련된 교사들의 어려움으로 우리가 확인한 것은 다음과 같다.

- 과제에 포함된 수학과 잠재적인 학습 기회를 파악하는 것
- 과제를 활용하여 좋은 수업을 하는 것
- 학생들의 반응에 대처하면서 "도전기회를 줄이지 않고" 유지하는 것
- 학생들이 어떤 방법으로 과제를 해결하고 어떤 전략을 쓸 것인지를 예측하는 것
- 학생들이 과제를 해결하면서 사용하는 새로운 전략을 이해하는 것
- 수업 후반부의 성찰 과정을 이끄는 것
- 새로운 내용에 과제 유형을 적용하여 과제를 개발하는 것

교사들이 제한된 지식을 가지고 있어서 좋은 과제를 활용하여 성공적으로 수업하는 데에 이런 어려움들을 겪게 되고 이것이 곧 제약으로 인식될 수 있다. 프로젝트를 수행한 결과에 비추어보면, 결국 교사들이 가능한 많이 새로운 과제를 다루면서 학생들의 역할을 생각해보게 하고, 관련되는 수학 그리고 교육적인 측면을 살펴보고 논의하도록 하는 것이 중요하다.

연구결과에 의하면, 교사가 어떤 신념을 가지고 있는가 하는 것이 과제 실행에 영향을 미친다. 수학을 기술자들의 도구 모음이라 생각하는 교사는,[6] 개방형 과제를 그리 가치 있는 것으로 생각하지 않을 수 있으며, 도전과 선택에 모종의 제한을 둘 것이다. 우리는 과제들을 계열화하거나 특정 유형의 과제를 선택함에 있어 교사의 신념이 영향을 준다는 것을 확인하였다.

초기에 과제와 수업을 평가할 때 교사들은 학생들이 어떤 수학을 배우는가보다 학생들의 흥미를 유발하고 학생들을 참여시키는지 여부에 초점을 두었다. 즐거웠던 게임이나 관심을 끌었던 맥락에 대해서는 논의했지만, 가르치는 수학과 관련시키면서 학생들 그리고 그들의 동기에 대해 논의하는 경우는 드물었다. 점차 프로젝트가 진행됨에 따라 교사들은 수학과 교육적인 통찰을 비롯한 더 섬세한 반응을 보였는데, 열심히 참여한 교사들일수록 더 그랬다.

6) Ernest, P. (1988)

교사들이 도전적이라고 생각한 것들은 과제 유형에 따라 조금씩 달랐다. 서로 다른 과제 유형들에 대한 교육적인 도전의 예는 다음과 같다.

유목적적 표현 과제: "발견하도록 안내하는 것", "학생들로 하여금 기다리도록 하는 것"
맥락 과제: "직접 가르쳐주지 않고 명제를 연결하거나 일반화하도록 안내하는 것", "학생들의 관심을 수학으로 다시 옮기는 것"
개방형 과제: "지속적으로 많은 모델을 제시하는 것", "학생들에게 나름의 전략을 사용하도록 지원하는 것"

과제 유형에 대한 선호도, 학생들이 가장 잘 다루었다고 생각하는 과제, 과제개발에서의 어려움, 일련의 수업 계열에서 과제를 도입하는 순서에 대한 교사들의 입장은 다양했다.

예를 들어, 일부 교사들은 유목적적 표현 과제로 시작하여 "더 도전적인" 개방형 과제를 도입하고, 그 안에 담긴 수학을 이해하면 응용의 성격이 있는 맥락 과제를 다루는 것이 좋다고 답했다. 맥락 과제로 시작하는 것이 좋다고 생각한 교사들도 있었는데, 맥락 과제를 통해 그 안에 담긴 수학을 왜 배워야 하는지 파악하도록 할 수 있다는 이유에서였다.

가끔 일부 교사들은 직접 과제를 해결해보지 않고 수업에 도입하기도 했다. 이렇게 하는 것은 바람직하지 않은데, 학생들이 어떤 과정에 따라 해결하게 될지를 모델링하는 기회이고 교사들이 이전에 다뤄보지 않은 유형의 과제이기 때문이다. 과제에 담긴 수학이 어떤 것인지를 살펴보고, 동료들과 과제에 담긴 수학과 수업의 방향에 대해 논의하지 않으면 수업할 준비가 충분히 되었다고 할 수 없을 것이다. 수업을 어떻게 진행할지 예측하기는 어렵지만, 과제에 담긴 수학과 과제 실행에 대해 충분히 고민해본 교사는 수업 중에 제기될 수 있는 이슈들과 여러 경로들에 대해 적절히 반응할 수 있게 될 것이다.

특수 내용 지식, 수학 지평 지식, 교육 과정 지식, 학생에 관한 지식 등을 포함한 교사들의 수학적 지식은 분명히 과제 선택과 사용에 영향을 미친다. 여기서 다음 두 측면을 생각해볼 수 있다. 첫째, 예비교사와 현직교사 교육 프로그램에서는 교사들에게 필요한 수학의 주요 측면들을 파악하여 제공함으로써 교사들이 이를 경험하도록 해야 한다. 예를 들어, 직관적인 방법으로 많은 실제 문제들을 해결할 수 있다는 것, 그리고 사람마다 다른 방법을 사용하고 있으며 이 중 많은 방법들이 효과적이라는 것을 경험하도록 할 수 있다. 실제 문제들이 매우 다양하다는 것과 다양하게 모델화한 전략들로 이 문제들을 다룰 수 있다는 것을 알도록 해야 하며, 충분히 열린 마음으로 학생들이 제안하는 직관적인 방법들을 이해하고 논의할 수 있어야 한다는 것도 다루어야 한다. 둘째, 수학교사가 교직생활에서 만나는 수학을 모두 안다고 생각해서는 안 된다는 것을 분명히 해야 한다. 중요한 것은, 교사들이 이미 가지고 있는 수학적 지식이 제한되어 있음을 인식하고, 필요할 때 필요한 수학을 어떻게 찾을 것인지를 아는 것이다. 때로는 "흥미로운데 내가 확실히 이해한 것 같지 않네요. 내일 다시 토론해봅시다."와 같이 언급할 수도 있다는 것을 알아야 한다.

학생들과 수학적 과제

이 프로젝트를 수행하면서 학생들 그리고 과제 사이의 관계에 대하여 파악한 것이 가장 중요한 통찰로 이끌었다.

학생들은 배움과 즐거움을 구분할 수 있었다. 해결했던 과제들의 선호도를 조사했을 때, 학생들은 과제를 해결하면서 즐거웠던 정도와 관련 내용을 학습하는 데에 기여한 정도를 명확히 구분했다. 학생들이 단지 즐거움을 기준으로 과제 선호도를 결정하리라고 예측했는데, 실제로 학생들이 학습 잠재성을 판단하여 답했다는 것을 확인하고 기뻤다.

학생들은 과제와 수업에 대한 선호도를 자세하게 또는 모호하게 설명했는데, 반응은 다양했다. 모든 학생들이 배우게 하고 즐기도록 하려면 과제의 유형과 수업의 구조 모두를 고려해야 한다는 것을 알 수 있었다. 만족도와 자신감에서도 5학년부터 8학년까지의 4개 학년 학생들은 다양했다. 학년이 높아지면 점점 덜 만족하고 자신감도 낮아질 것으로 예측했는데, 이런 경향을 조사결과에서 확인하지는 못했다. 그래도 여전히 중요한 것은 교사들이 지도하는 학생들의 자신감과 만족도를 알고 있어야 한다는 점이다.

학생들에게 이상적인 수학 수업을 기술하도록 했을 때, 내용의 특징부터 교수법에 대한 것에 이르기까지 다양했다. 굳이 묻지 않았는데 도전적인 것을 좋아한다는 의견을 제시한 학생들도 많았다. 보통 중학생들은 "편한 것"을 좋아할 것이라고 생각하는데, 일부는 그렇지만 일부는 수학 수업에서 도전하겠다고 답하기도 했다는 점을 생각하면 고무적이다.

조사결과, 학급마다 만족도와 자신감 수준이 다양했다. 그리고 학급 간 차이보다 학급 내 차이가 더 컸다. 전반적으로 볼 때, 학생들이 즐거워했던 과제 유형과 많이 배웠다고 생각한 과제 유형이 다양했다.

학생들이 자유롭게 서술한 수업 관련 회상 내용 역시 다양했다. 일부 학생들은 수업의 교수학적 측면을, 다른 일부 학생들은 내용을 주로 언급했다. 모둠을 구성하는 방법 그리고 교사와 학생들 사이의 상호작용의 수준과 시간은 거의 모든 학생들이 중요하다고 보았다. 위에 언급한 바와 같이, 학생들은 즐거웠던 과제와 많이 배웠다고 생각한 과제를 다르게 택했다. 이에 대해서는 교사들이 분명히 파악해야 한다. 다양한 과제 유형을 채택하는 것이 중요하다는 것을 다시 한 번 확인하였다.

프로젝트를 수행하는 동안, 교사와 학생들은 특정한 유형의 과제를 직접 해결하는 방식으로 탐구했다. 이렇게 실제로 적용한 과제를 대상으로, 각 과제의 수학적 잠재성 그리고 과제를 활용한 경험에 대해 토론하게 함으로써 각 과제 유형의 특성과 형식을 파악하도록 했다. 13장에서는 각 과제 유형별로 다섯 개의 과제가 어떤 수학적 잠재성을 갖는지 그리고 프로젝트를 수행할 때 각각의 과제를 어떻게 활용했는지를 자세히 논의할 것이다.

Chapter 13

세 유형별 과제 모음

과제 유형과 수학 학습 프로젝트를 수행하는 동안 과제 사용에 대해 다양한 경험을 했고, 앞에서 이에 대해 살펴보았다. 이 장에서는 세 과제 유형에 해당하는 15개의 과제를 제시한다. 교사들과 교사교육자들이 이 장에 제시하는 과제들과 그에 대한 설명을 그대로 따를 필요는 없다. 과제 사용에 대해 통찰한 내용을 과제와 더불어 제시했는데, 이 과제들을 사용할 때 고려해야 할 측면들로 받아들이면 좋겠다.

과제들은 공통적으로 다음과 같은 특징을 갖고 있다:

- 초등학교와 중학교에서 다루어야 할 중요한 수학 내용을 다룬다.
- 유목적적 표현 과제, 맥락 과제, 그리고 개방형 과제에 해당한다.
- 학생 참여가 많았다는 점에서 긍정적이었다고 평가된 과제이다.
- 학생들이 무엇을 알고 있으며, 무엇을 할 수 있는지에 대해 알아볼 기회를 제공한다.
- 수와 연산, 기하, 측정, 확률과 통계 등의 수학적 내용을 다룬다.
- 학생들이 다양한 방법으로 잘 해결할 수 있는 과제이다.
- 학생들로 하여금 문제해결을 위한 전략에 대해 사고하도록 한다.

각 과제와 더불어 다음과 같은 설명을 함께 제시했다:

- 과제의 출처
- 과제의 수준, 주제, 목표로 하는 행동, 가령, 이해와 추론의 형성과 같은 주요 학습 주제 개관
- 교사를 위한 관련 정보
  - 실행 후 얻은 통찰
  - 해결 방법
  - 잠재적인 어려움
  - 과제해결에 어려움을 겪는 학생들을 위한 학습 지원용 질문과 권고, 빨리 과제

를 해결하는 학생들을 위한 확장용 질문과 권고 제안
- 실행 과정에서 수집한 학습지
- 후속 수업에서 유용할 것으로 생각하는 제안

이하에서 제시하는 과제들은 프로젝트에 참여한 교사들이 사용했고, 과제 유형의 특징도 잘 보여주기 때문에 선정한 것이다.

유목적적 표현 과제

이하에서는 과제 유형과 수학 학습 프로젝트를 수행하는 과정에서 개발하여 적용한 유목적적 표현 과제를 제시한다. 초등학교와 중학교 수준의 다양한 내용을 다루고 있으며, 유목적적 표현 과제로 가능한 범위가 어느 정도인지를 보여준다.

다섯 가지 과제들을 간략한 배경 정보와 함께 나열하면 다음과 같다.

초콜릿 분배: 4장에서 언급한 바와 같이, 이 과제는 프로젝트 초기 단계에서 교사들에게 가장 인기가 있었던 과제들 중 하나였다. 이 과제는 초콜릿을 분배하는 맥락에서 시작하는데, 블록 모델과 몫으로서의 나눗셈이 중점적으로 다루어야 할 수학 내용이다. 강력하면서도 매력적인 과제라는 것이 입증되었다.

단서 카드: 이 과제에서는 학생들에게 답을 찾거나 과제를 해결하는 데에 활용할 수 있는 단서가 적힌 카드를 제공한다. 이 카드들은 로렌스과학관[1]에서 개발된 것들을 참고하여 만들었다. 8장에서 논의한 수업 계열 중 학생들이 가장 많이 배운 과제로 택한 것들 중 하나가 바로 이 과제였다. 다루는 주된 내용은 중심 경향 척도이다.

소수 미로: 이 과제는 게임 형태로 되어 있으며, 곱셈을 하면 값이 커진다는 오개념을 교정하기 위해 개발한 것이다. 짝을 이루어 해결하는데, 정교하게 설계된 게임판 위를 이동하면서 계산기로 점수를 구한다. 게임에서 이기려면 암산 또는 어림을 잘 해야 한다. 프로젝트 초기에 가장 인기가 많았던 과제들 중 하나이다.

초콜릿 예측: 이 과제는 학생들로 하여금 정보를 특이하지만 목적을 가지고 표현하도록 한다. 여러 색깔의 초콜릿이 들어 있는 봉지에서 한 번에 하나의 초콜릿을 꺼내면서 남은 초콜릿이 색깔별로 몇 개씩인지를 기록하도록 한다. 다음 회에 어떤 색

1) Erickson, T. (1989)

깔의 초콜릿을 꺼낼 것인지를 정확히 예측하면 보상을 하여 게임 또는 경쟁이 이루어지도록 한다. 확률을 언어적으로 그리고 간단한 계산에 의하여 다루는 것에 수학적 초점이 있다.

그래프 표현 짝 맞추기: 이 과제는 서로 다른 수학적 표현을 짝지어 보도록 하는 것으로 유목적적 표현 과제 중 중요한 예시과제였다. 짝을 맞추어보는 과정에서 그래프 표현 방법을 생각하게 될 뿐만 아니라 여러 표현 방법을 비교함으로써 개별 표현 방법을 명확히 하는 기회를 갖게 된다. 동일한 자료를 막대그래프, 원그래프, 상자그림으로 표현하여 제시한다. 자료를 적절하게 택하여 여러 표현들이 갖는 수학적 특징들이 시각적으로 잘 드러나도록 했고 학생들이 활발하게 토론하도록 했다.

초콜릿 분배

교실 앞에 의자 세 개를 나란히 놓고, 첫 번째 의자에는 초콜릿 블록을 한 개, 두 번째 의자에는 두 개, 세 번째 의자에는 세 개 놓는다.

열 명의 학생들에게 교실 밖으로 나갔다가 1명씩 들어오면서, 세 의자 중 하나의 뒤에 선다. 함께 줄선 사람들끼리 의자 위에 놓인 초콜릿을 똑같이 분배한다고 할 때 어떤 의자 뒤에 서야 초콜릿을 가장 많이 얻을 수 있는지를 알아보는 것이 과제이다. 마지막 두 학생이 어디에 서는 것이 좋을지 그리고 왜 그렇게 생각하는지에 대해 모둠을 이루어 토론하도록 한다.

출처

영국의 국가 교육과정 위원회 출판물에서 말콤 스완이 제시한 과제를 클라크2)가 변형하여 적용한 것이다.

주요 학습주제

이 과제의 주요 학습주제는 분수가 단지 "전체에 대한 부분"만이 아니라 나눗셈 또는 몫으로서의 의미를 가진다는 것이다. 분수의 상대적인 크기도 주요 학습내용이다.

---

2) Clarke, D. M. (2006)

실행 결과로부터의 통찰

시각화

함께 줄선 사람들이 초콜릿을 담은 쟁반을 머리 위로 들어 올리는 것으로 시각화할 수 있다. 만약 5명이 초콜릿 3개를 담은 쟁반을 들고 있다면, 쟁반은 분모와 분자를 구분하는 선이 되고, 5명은 분모가 되며 결국 $\frac{3}{5}$이 된다. 3개를 5명이 나눈다는 의미 그대로이다!

결과보고

전체 토론에서 다룰 수 있는 질문으로 다음과 같은 것이 있다:

마지막에 다른 의자로 옮길 수 있다면, 그렇게 할 것인가?
어느 줄에 설 것인가? 처음에 서는 것이 좋겠는가 아니면 마지막에 서는 것이 좋겠는가?
이미 줄에 서 있다면 어떤 전략을 사용할 수 있는가?

다음은 아홉 번째 사람이 결정한 후 상황이다. 열 번째 사람이 최대한 초콜릿을 많이 갖고 싶다면 어디에 서야 하며, 그때 얻을 수 있는 초콜릿은 얼마나 되는지를 구해보자.

초콜릿의 개수	3	2	1
사람 수	4	4	1
	4	3	2
	6	2	1
	5	2	2
	5	3	1

열 번째 사람이 어디에 서든 동일한 양의 초콜릿을 얻게 하려면 어떻게 배열할 수 있을까? (표의 음영 부분은 열 번째 사람이 어디에 서나 동일한 양의 초콜릿을 얻게 한다.)

확장을 위한 질문과 권고

우수한 학생들에게는 극단적인 경우들을 탐구해보도록 할 수 있다. 예를 들어, 열 번째 사람이 최대 또는 최소 양의 초콜릿을 갖게 되는 경우를 생각해보도록 할 수 있다. 어디에서든 모두 동일한 양의 초콜릿을 갖게 되는 경우도 생각해보도록 할 수 있다. 이

것이 가능한지 여부부터 생각해보도록 할 수 있다.

다음 수업

다음 상황에 대해 토론하거나 해결해보도록 한다.

이미 조각난 초콜릿에 대해 생각해보자. 이것은 초콜릿이 이산적인 경우에 해당하며, 24의 $\frac{1}{3}$ 또는 20의 $\frac{2}{5}$와 같이 분수를 연산자 개념으로 볼 수 있게 한다.

의자 위에 사람 수 보다 많은 수의 초콜릿이 있다. 이 경우는 가분수에 대해 다룰 수 있으며, 크기가 같은 대분수도 당연히 또는 쉽게 이해하도록 할 수 있다.

각 의자 위에 놓인 초콜릿 수를 바꾸어, 가령, 5개, 4개, 3개를 놓으면, 과제가 더 어려워진다. 의자의 개수와 초콜릿 개수를 늘리거나, 초콜릿을 나눠 가질 사람 수를 바꾸어도 과제를 더 어렵게 만들 수 있다.

단서 카드

• 양의 정수로 된, 5개의 점수가 적혀 있다. • 로빈은 어떤 자료를 가지고 있는 것일까?	• 평균점수는 2이다. • 로빈은 어떤 자료를 가지고 있는 것일까?	• 중앙값은 1이다. • 로빈은 어떤 자료를 가지고 있는 것일까?
로빈의 자료 ■	로빈의 자료 ●	로빈의 자료 ▲
• 점수의 변위는 4이다. • 로빈은 어떤 자료를 가지고 있는 것일까?	• 최빈값은 1이다. • 로빈은 어떤 자료를 가지고 있는 것일까?	• 점수 중 하나만이 짝수이다. • 로빈은 어떤 자료를 가지고 있는 것일까?
로빈의 자료 ☗	로빈의 자료 ✚	로빈의 자료 ★

단서 카드에 적힌 평균, 최빈값, 중앙값, 변위, 정수, 빈도 등의 용어가 무엇을 뜻하는지를 이해하면서 모둠활동에 의해 로빈이 어떤 자료를 가지고 있는지를 알아본다.

출처

굴드[3]의 연구에서 가져왔다.

주요 학습주제

학생들끼리 협력하고 정보를 공유함으로써 수학적 질문을 해결하게 한다. 단서를 해석하여 자료를 생성하는 과정에서 자료를 해석하는 기술이 필요하다. 평균, 최빈값, 중앙값, 변위, 빈도 개념을 이해해야 한다.

실행 결과로부터의 통찰

학생들에게 수학사전을 활용하도록 하면, 학생들이 기억하지 못하는 용어의 의미를 찾아보면서 자료를 생성하도록 할 수 있다.

이 과제를 시도해 본 교사들은 다양한 능력을 가진 학생들로 모둠을 구성하는 것이 중요하다고 말했다. 과제를 해결하는 데에 어려움을 겪는 학생들은 다른 학생들로부터 도움을 받을 수 있기 때문이다. 자료 해석을 왜 그렇게 했는지 정당화하도록 하면 모든 학생들에게 도움이 되는 것으로 나타났다.

학생들이 어려워하는 점

평균, 변위, 정수, 중앙값, 최빈값과 같은 개념과 용어들에 익숙지 못하면 어려워할 수 있다. 정보를 모아서 한 번에 여러 제약 조건들을 다루는 것에 어려움을 느끼는 학생들도 있다.

학습 지원을 위한 질문과 권고

처음부터 어려워하는 학생들에게는 우선 단서 카드 하나에만 초점을 두도록 한다. 예를 들어, 다른 카드는 우선 무시하고 "양의 정수로 된 5개의 점수" 단서 카드에만 주목하여 5개의 점수만 찾아보도록 할 수 있다. 그 다음에 다른 단서를 추가로 고려하여 가능한 범위가 좁혀지는 것을 알도록 한다.

다른 예로, 먼저 "변위가 6인 점수들"을 제시하도록 할 수도 있다.

---

3) Gould, P. (1993). Cooperative problem solving in mathematics. Sydney: Mathematical Association of N.S.W.

확장을 위한 질문과 권고

이미 과제를 해결한 학생들에게 이전에 다루었던 운동경기 점수 또는 시간 변화에 따른 온도 변화와 같은 자료를 사용하여 단서 카드를 만들어보도록 한다. 새로 만든 단서 카드를 다른 모둠에게 주어 해결하도록 할 수도 있다.

재구성한 자료에 부합되는 "비밀 이야기"를 만들어보도록 할 수도 있다. 다른 모둠의 학생들이 어떤 비밀인지를 알아내도록 돕기 위해 이야기에 단서를 포함시키도록 할 수 있다.

학생 활동 사례

다른 단서 카드로 활동하면서 학생들이 답한 사례를 제시하고자 한다.

• 점수의 총합은 48이다. • 피터는 어떤 자료를 가지고 있는 것일까?	• 평균은 8이다. • 피터는 어떤 자료를 가지고 있는 것일까?	• 중앙값은 7.5이고, 모든 점수들은 양의 정수이다. • 피터는 어떤 자료를 가지고 있는 것일까?
피터의 자료 ■	피터의 자료 ●	피터의 자료 ▲
• 점수의 변위는 3이다 . • 피터는 어떤 자료를 가지고 있는 것일까?	• 최빈값은 7이고, 7은 세 번 등장한다. • 피터는 어떤 자료를 가지고 있는 것일까?	• 정확히 두 개만 짝수이다. • 피터는 어떤 자료를 가지고 있는 것일까?
피터의 자료 ☗	피터의 자료 ✚	피터의 자료 ★

학생이 응답한 것을 보면, 주어진 단서를 체계적으로 고려하면서 자료의 재구성을 시도하고 있다는 것을 알 수 있다. 등장하는 용어들에 대해 정확히 이해하고 있다는 것도 알 수 있다. 예를 들어, 중앙값 7.5라는 단서를 보고 7과 8을 가운데 배치한 것을 보면 알 수 있다.

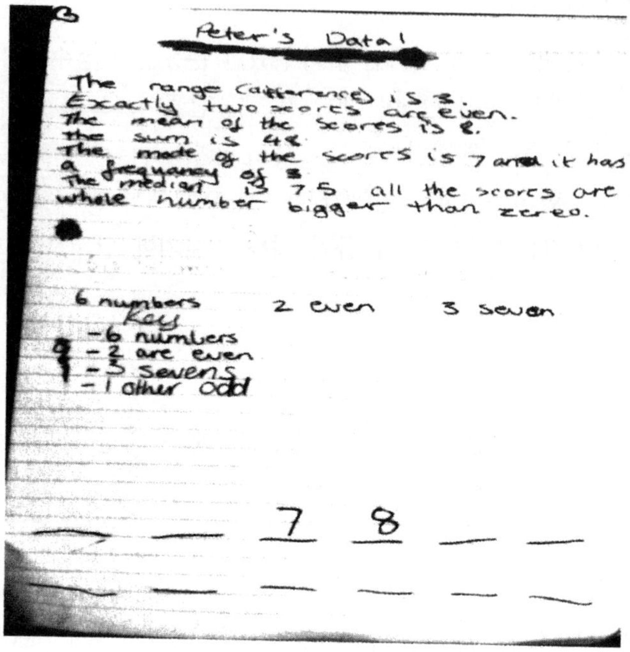

다음 수업

학생들에게 변위, 평균, 중앙값, 최빈값을 이용한 단서 카드를 만들도록 한다. 직접 만들게 하면 학생들의 경험에 가까운 내용을 활용하게 된다. 위의 확장을 위한 질문과 권고에 따른 것보다 더 학생들에게 직접적인 단서를 만들게 되며, 따라서 학급 전체에 더 관련되는 점이 된다는 것에 주목한다.

소수 미로

Maze
Playing Board

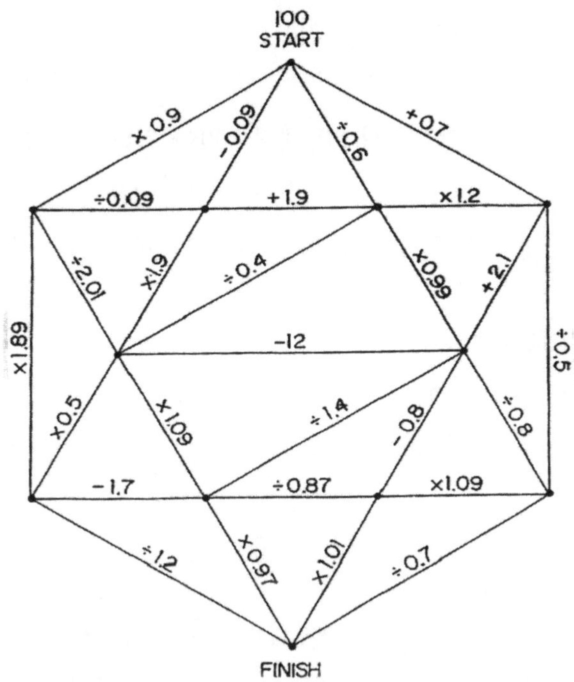

두 명씩 짝을 이루어 게임하도록 한다. 계산기를 사용할 수 있으며, 미로를 따라 한 번 움직이고 교대한다. 100에서 출발하여 주어진 조건대로 계산기를 써서 값을 구하고, 교대로 이동한다. 각자의 계산기에 계속 값을 기록한다. 종착점에 도착했을 때 더 작은 수를 얻으면 이긴다. 이 게임은 곱셈을 하면 항상 계산 결과가 커지고 나눗셈을 하면 작아진다는 오개념을 교정하는 데에 도움이 된다.
소수의 사칙 계산에 관련된 수 감각을 발달시키는 데에 도움이 되며, 참여를 유발하고 사고를 자극하는 게임이다.

출처

NCTM 홈페이지에서 이용할 수 있는 널리 알려진 과제이다.

준비물

모둠당 게임 판 1개 / 계산기(학생 당 1대) / 모둠당 말 1개

주요 학습주제

1보다 작은 수를 곱하면 더 작은 수가 되고 1보다 작은 수로 나누면 더 큰 수가 된다는 것을 중점적으로 다룬다.

소수의 나눗셈, 곱셈, 덧셈, 뺄셈의 어림도 다룬다. 곱셈 또는 나눗셈에 대해 개념적으로 도움이 되는 생각, 예를 들어, 0.6 몇 개면 100이 될까 또는 100의 $\frac{9}{10}$은 얼마일까를 알아볼 수 있다.

이길 가능성이 최대인 이동 경로를 찾는 식으로 전략적인 기술을 개발할 수도 있다.

실행 결과로부터 통찰

대략 15분 정도면 게임을 할 수 있었는데, 여러 차례 게임하는 것이 좋다. 게임을 하면서 이전에 배운 내용을 확실하게 다질 수 있고, 게임 후에 아이디어를 도출할 수도 있다.

학생들이 어려워하는 점

소수의 곱셈과 나눗셈은 대다수 학생들에게 어려운 내용이다. 어려워하는 학생들에게는 그림으로 그리고 언어로 표현해야 한다는 것을 알게 되었는데, 가령, $6 \div 0.5$를 도식화하여 나타내고, "6에는 $\frac{1}{2}$이 몇 개 있는가?"와 같이 언어적으로도 표현할 수 있어야 학생들이 개념을 이해하고 합리적인 어림을 할 수 있다.

학생들을 참여시키는 것은 가능한데 그때마다 항상 수학을 다룰 수 있는 것은 아니다. 이 경우에는 학습 지원을 위한 질문과 권고보다 전략적으로 질문하고 도와주는 것이 더 나았다. 어림하고 계산기를 사용하여 즉각적으로 돕는 것이 수학을 지도하는 방법이 되는 경우가 자주 있었다.

확장을 위한 질문과 권고

작은 수 대신 큰 수를 얻으면 이기는 것으로 과제를 바꾸어 제시하거나 상대방의 다음 이동을 고려하여 전략을 구사하도록 할 수 있다. 무엇을 알게 되었는지를 질문할 수도 있다. 알게 된 것을 기록한 한 학생의 응답을 이하에서 살펴본다.

학생 활동 사례

<table>
<tr>
<td>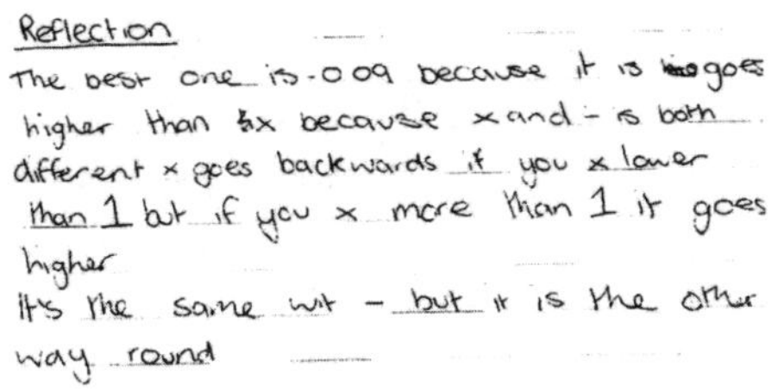
Reflection
The best one is ÷0.09 because it is goes higher than ÷x because x and ÷ is both different x goes backwards if you x lower than 1 but if you x more than 1 it goes higher
It's the same wit - but it is the other way round</td>
<td><u>되돌아보기</u>
제일 좋은 수는 0.09로 나누는 것인데, 왜냐하면 1보다 작은 수를 곱하면 뒤로 가고 1보다 큰 수를 곱하면 커지는데, 곱셈과 나눗셈 모두 결과가 커지게 할 수 있기 때문이다. 결과는 똑같고 방향은 반대이다.</td>
</tr>
</table>

위 학생은 0.09로 나누면 결과를 가장 크게 만들 수 있다는 것, 곱셈과 나눗셈 모두 결과를 크게 하거나 작게 할 수 있다는 것을 알아냈다. 곱셈 또는 나눗셈에 의하여 결과가 커지거나 또는 작아지는지를 알아볼 때 1보다 큰 수인지 아니면 작은 수인지를 고려해야 한다는 것을 알아냈다.

<table>
<tr>
<td>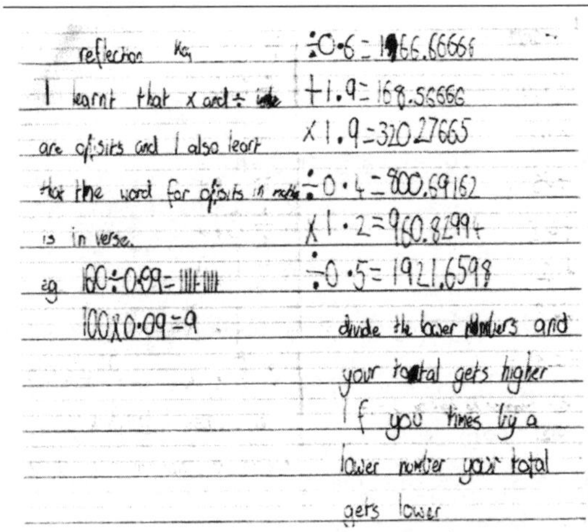
reflection
I learnt that x and ÷ are opisits and I also learnt that the word for opisits in maths is in verse.
eg 100÷0.09=
100x0.09=9
÷0.6=1966.66666
+1.9=168.56666
x1.9=32027665
÷0.4=800.69162
x1.2=960.82994
÷0.5=1921.6598
divide the lower numbers and your total gets higher
If you times by a lower number your total gets lower</td>
<td><u>되돌아보기</u>
곱셈과 나눗셈은 서로 반대라는 것 그리고 반대라는 것은 방향이 반대라는 것을 알게 되었다.

예)
100 ÷ 0.09 = 1111.1111
100 × 0.09 = 9</td>
<td>÷ 0.6 = 1966.66666
+ 1.9 = 168.56666
× 1.9 = 32027665
÷ 0.4 = 800.69162
× 1.2 = 960.82994
÷ 0.5 = 1921.6598

작은 수로 나누면 결과는 커지고 작은 수로 곱하면 결과는 작아진다.</td>
</tr>
</table>

위 학생은 곱셈과 나눗셈이 역 연산이라는 것을 분명히 알고 있는 것으로 보인다. 곱셈을 하면 항상 커지고 나눗셈을 하면 항상 작아지는 것도 아니라는 것을 알고 있다.

다음 수업

이 과제는 매우 구체적인 내용을 다루는 것으로 다양한 수업 계열에 포함시켜 지도할 수 있다. 소수 또는 분수의 곱셈 단원에 포함시켜 지도하거나 별도로 지도할 수 있다.

초콜릿 예측

M & M 초콜릿 봉지에 들어 있는 초콜릿을 보여주고 그것을 기록하게 한다. 이제 초콜릿을 봉지에 넣고 한 번에 하나씩 꺼낸다. 다음에 나올 초콜릿의 색깔을 예측해보도록 한다. 봉지에 들어 있던 초콜릿의 개수를 시작 점수로 하여, 예측이 맞으면 1점을 얻고, 틀리면 1점을 잃는다. 초콜릿을 모두 꺼냈을 때 가장 점수가 높은 사람이 이긴다.

출처

영국의 PriME 프로젝트에서 개발한 과제를 수정하여 활용하였다.

주요 학습주제

일어날 것 같은, 일어나지 않을 것 같은, 그리고 불가능한 사건 등 우연 사건의 결과에 대해 기본적으로 이해하고 있어야 하며, 이는 이 과제를 해결하면서 더 강화될 것이다. 이 과제를 해결하고 나면, 예측, 가능한, 확실한, 불가능한, 그리고 일어날 것 같은 등의 확률 관련 언어를 사용할 수 있게 된다. 우연 사건의 결과에 대해 기본적으로 이해하게 되고, 봉지에 남아 있는 초콜릿의 비율을 고려하여 확률을 추측할 수 있게 된다.

또, 게임 전과 게임 과정에 얻게 되는 정보를 체계적으로 기록하는 방법에 대해서도 다루게 된다. 결과를 적절하게 기록하는 서로 다른 방식들이 있다는 것을 알고, 관찰, 통찰, 그리고 토론에 의해 이를 다루게 된다.

실행 결과로부터의 통찰

두 가지 색깔의 모형과 봉지에 대해 질문하는 것으로 수업을 시작할 수 있다. 만약 같은 색깔의 모형 열 개를 봉지에 넣은 다음 하나를 꺼낼 때 어떤 색깔의 모형이 나올지를 예측해보도록 한다. 그런 다음 두 가지 색깔의 모형 9개와 1개, 5개와 5개로 다시 예측해보도록 한다. 학생들이 어떻게 답하는지를 보면서 이 활동을 더 할지 말지를 결정한다. 이 과제를 실행했을 때, 6학년 학생들 중 일부는 백분율을 구하여 정확한 확률을 구하기도 했다.

나온 초콜릿의 색깔을 표시하도록 하면 확률 예측에 도움이 된다. 나온 초콜릿과 더불어 남아 있는 초콜릿의 수를 기록할 수도 있다. 어떤 전략이 효과적일지에 대해 토론하도록 할 수도 있고, 다양한 전략을 구사하도록 격려할 수도 있다.

자신의 해결과정을 되돌아보게 하고 토론하게 하며, 표현 방법과 다음에 나올 초콜릿 색을 예측하기 위한 전략을 발표하게 할 수도 있다. 게임을 하도록 하면 더 효과적인 기록 방법을 찾을 것이다.

몇 가지 결정해야 할 것이 있고 다르게 접근할 수도 있다. 예를 들어, 도입 단계에서 확률에 대해 잘 설명할 수 있는 학생들에게는, 두 번째로 게임하면서 확률에 대한 예측을 백분율 또는 분수로 기록하도록 하는 것이 좋다. 이번 수업에서는 여기에 주목할 필요는 없으며, 대략적으로 가능한 범위를 찾아 확률 값을 부여하면 된다. 예를 들어, '6개 중 3개가 분홍색인데 분홍색이 나왔다면, 분홍색이 나올 확률은 얼마인가?'와 같은 정도만 확인하도록 한다. 7학년 또는 8학년에서 이에 대해 자세히 다루면 된다.

학생들에게 결과를 기록하는 다양한 방법을 발표하고 다른 학생들이 발표한 방법들을 평가하거나 그것들에 대해 고민해보도록 했는데, 이것이 유용했다. 수학 성적이 높은 학생들이 더 나은 방법을 찾아낸 것은 아니었다. 이 과제에 관련된 요소들이 많았기 때문으로 보인다. 그러므로 어떤 것이 성공적인 전략인가를 판단하기는 어려웠다. 교사들은 수업을 관찰하면서 어떤 학생들이 발표하는 것이 좋은지, 흥미롭고 유용한 표현 방법은 무엇인지를 미리 알 수 있었다. 이후 일부 사례를 제시한다.

봉지에 어떤 것을 담을지를 미리 생각해서 조정한 것은 다음과 같은 점에서 유익했다. 한 가지 또는 두 가지 색깔의 초콜릿이 많으면 확률을 예측할 때 성공할 가능성이 높아진다는 것이다.

학생들이 어려워하는 점

꺼낸 초콜릿의 수와 나온 초콜릿의 색깔을 기록하는 것에 어려움을 보이는 학생들이 있었다. 그런데 이것이 문제라고는 할 수 없다. 왜냐하면 이 과제로 하는 수업의 목표가 바로 이렇게 자료를 기록하는 방법을 지도하는 것이기 때문이다. 첫 번째 게임을 할 때 교사가 자료를 기록해주면 안 되는 이유가 여기에 있다. 첫 번째 게임을 되돌아보고 결과와 과정을 발표하도록 하면 두 번째 게임부터는 자료를 잘 기록하게 된다.

어떤 사건의 확률이 작으면 제대로 예측한 경우라도 실제로 예측한 결과를 얻을 수가 없다. 이것은 중요하지만 좌절감을 안겨주는 교훈이다. 프로젝트를 수행할 때 한 학생은 연이은 두 번의 시행에서 가장 나올 법한 색으로 갈색을 택했다. 그런데 첫 번째 시행에서 갈색이 나오지 않자 두 번째 시행에서는 앞서의 좌절 때문에 다른 색깔로 변경했다.

학생 활동 사례

"다음에 나올 초콜릿 예측하기"의 두 번째 게임: 사례 1

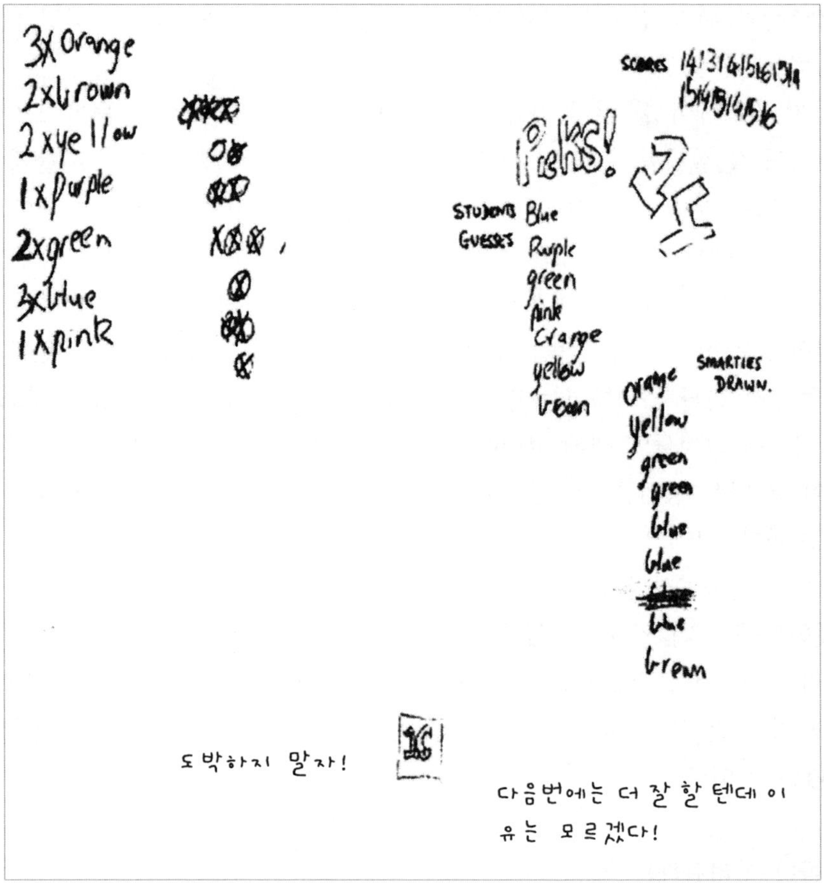

이 학생은 봉지에서 초콜릿을 하나씩 꺼낼 때마다 남아 있는 초콜릿의 수를 체계적으로 기록했고, 게임을 진행하면서 확률까지 기록했다. 하지만, 꺼낸 초콜릿의 수와 기록한 확률이 일치하지는 않았다. 이 학생은 다음번에 나올 가능성이 높은 초콜릿의 색깔을 예측한다는 의미를 이해하지 못한 것으로 보인다. 다음 게임에서는 더 잘할 수 있을 텐데 왜 그런지는 모른다고 썼다. 이 학생은 확률 개념을 충분히 이해하지 못한 것으로 보인다.

"다음에 나올 초콜릿 예측하기"의 두 번째 게임: 사례 2

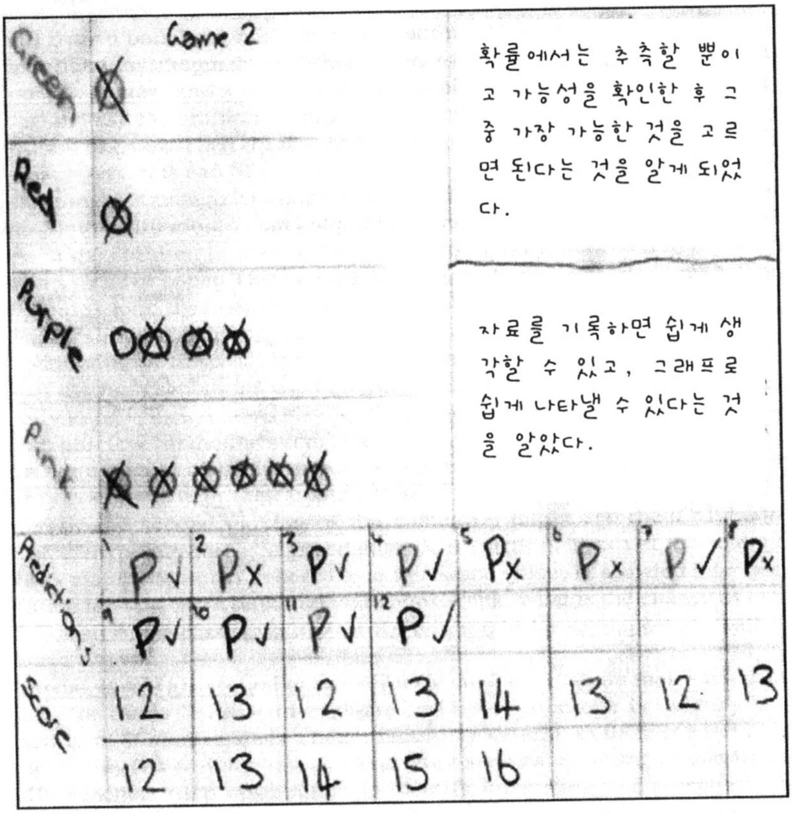

이 학생도 초콜릿을 하나씩 꺼낼 때마다 남아 있는 초콜릿 수를 기록했고 게임을 진행하면서 확률을 구했다. 기록을 하면 왜 유용한가에 대하여 성찰하기도 했다. 이 학생이 어떤 결정을 했고 어떤 것을 배웠다고 생각하고 있는지를 볼 때, 이 학생은 초콜릿을 하나 꺼낼 때마다 남아 있는 초콜릿 중 어떤 색깔이 나올 것인지를 잘 파악한 것으로 생각된다. 따라서 이 학생은 가능성과 확률에 대한 기본적인 원리를 이해하고 있는 것으로 볼 수 있다.

그래프 표현 짝 맞추기

상자그림, 원그래프, 막대그래프가 그려진 카드를 주고, 동일한 자료를 표현한 카드끼리 짝을 맞추어보게 한다. 짝을 지어 활동하도록 하며, 각 유형의 그래프에 나타나는 정보를 해석하고 각 유형의 그래프를 사용할 때 어떤 이점이 있는지를 생각해 보도록 한다.

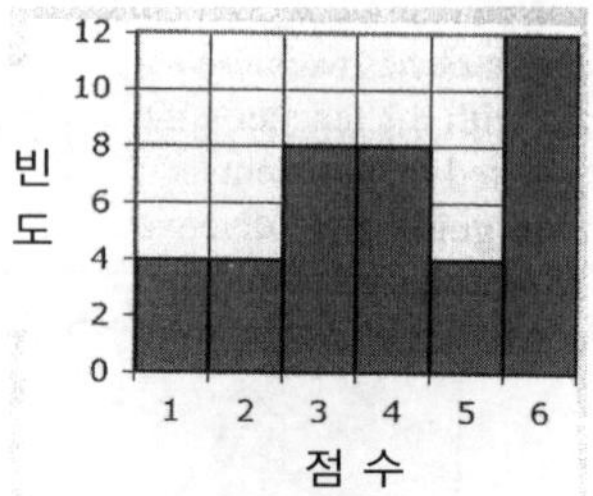

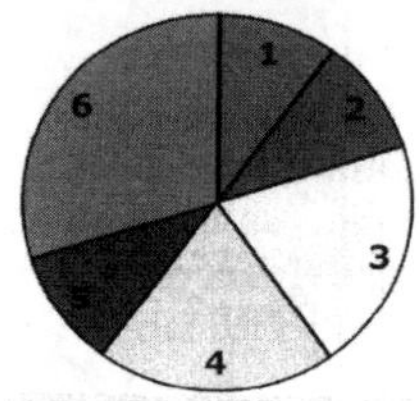

출처

영국의 수학교육 수월성 센터[4]에서 개발한 과제이다.

준비물

조별로 각 유형의 그래프가 그려진 카드 1세트

주요 학습주제

동일한 자료를 다른 종류의 그래프로 나타낸 것을 분석하면서 통계적인 측도에 대해 심층적으로 이해하게 된다. 원그래프, 막대그래프, 상자그림을 어떻게 해석할지에 대해서도 배우게 된다. 자료를 서로 다른 유형의 그래프로 표현하는 방법 그리고 그 유용성을 알게 된다.

실행 결과로부터의 통찰

교사들은 서로 다른 그래프를 간략하게 소개하는 것으로 시작했다. 이때 빔 프로젝터를 사용한 것이 유용했다.

영국의 수학교육 수월성 센터에서 자세한 안내 자료를 제공했는데, 이것을 각자 지도

4) National Centre for Excellence in the Teaching of Mathematics (UK)

하는 학생들과 상황에 맞게 수정하여 적용했다. 저학년 학생들에게는 막대그래프와 원그래프에 초점을 두고, 상자그림은 나중에 적절한 시기에 도입했다.

교사들은 상자그림에 대해 어느 정도 알고 있지 않으면 다른 그래프와 짝을 짓기 어렵다는 것을 확인했다. 7학년 또는 8학년에 상자그림을 해석하고 사용할 수 있을 때 다룰 필요가 있다.

학습 지원을 위한 질문과 권고

어려움을 겪는 학생들에게는 다음과 같이 질문을 하면 전략을 찾는 데 도움이 될 것이다.

최소 변위를 갖는 막대그래프는?
원그래프의 변위는 어떠한가?
막대그래프에서 최빈값은?
최빈값이 같은 원그래프는?

다음은 상자그림에 관련된 통계적 개념을 생각해보도록 하는 질문이다.

변위가 큰 것과 작은 것을 구분하여 카드를 정렬할 수 있는가?
중앙값이 큰 것과 작은 것을 구분하여 카드를 정렬할 수 있는가?
최솟값과 최댓값의 차이가 큰, 그래서 넓게 퍼져 보이는 것과 최솟값과 최댓값의 차이가 작은, 그래서 몇 개의 값에 집중되어 있는 것 중 어떤 것에 해당하는가? 대칭적으로 분포되어 있는가 아니면 어느 한쪽에 치우쳐 보이는가?

확장을 위한 질문과 권고

영국의 수학교육 수월성 센터에서는 "스스로 설계하여 그래프 카드를 만들어라."라는 것을 상위수준 학생들에게 제시하도록 했다. 이 권고에 따라 두 개나 세 개의 그래프를 설계하도록 할 수 있다. 만약 엑셀 프로그램을 활용할 환경이라면, 더 많은 그래프들을 스스로 만들고 발표하도록 할 수 있다.

다음 수업

'낚시 간 7명' 과제(7명이 낚시를 갔다. 7명이 잡은 물고기 수의 평균은 7, 중앙값은 6, 최빈값은 5이다. 각각 몇 마리씩 잡았을까?)를 활용하여 수업할 수 있다.

그래프 중 하나를 택하여 학생들이 흥미롭게 생각하는 맥락에서 자료를 수집하고, 그래프로 표현하도록 할 수 있다.

맥락 과제

이번에는 프로젝트 과정에서 개발하여 교사 전문성 프로그램에서 집중적으로 활용하고 수업에도 적용했던 5개의 맥락 과제를 자세히 살펴본다. 학생들에게 흥미롭기를 바라는 "현실"에서 출발하여 이것이 "도움닫기 판"이 되어 해당 학년의 수학으로 뛰어오를 수 있도록 이 과제들을 개발했다. 이 과제들을 통하여 학생들과 교사들이 가치 있고 중요한 수학을 배우는 동시에 수학의 눈으로 세상을 이해하는 방법도 배우도록 하는 것이 우리의 바람이었다.

이하에서는 간략한 배경 정보와 함께 5개의 맥락 과제들에 대해 살펴본다.

음악 카드 : 흥미로운 맥락에서 분수나 비례 추론을 다루는 과제는 드물다. 호주 가톨릭 대학교의 앤 로체가 개발한 "음악 카드"는 그런 과제 중 하나인데, 인터넷에서 유료로 음악을 다운받는 맥락을 활용했다. $24로 16곡을 다운받는 것과 $20으로 12곡을 다운받는 것 중 어느 것을 택할지 정하고 왜 그렇게 하는지를 설명하는 과제이다. 비례 추론과 가치 비교를 다루는 과제이다.

마이크와 숫자들 : 마이크가 따분함을 느끼며 TV를 시청하는 맥락을 활용한 과제이다. 마이크는 1부터 100만까지의 모든 수를 쓰기로 하고, 2년이나 걸려서 다 썼다. 마이크가 총 몇 개의 수를 썼는지를 구하는 것이 과제이다. 신문에는 '마이크의 성취'라는 제목으로 잘못 보도된 기사가 실렸는데, 이 기사와 스스로 구한 답을 비교하여 설명해야 한다. 수의 규칙성을 주요 내용으로 하는 과제이다.

여러 나라의 동전 비교하기 : 여러 나라의 화폐를 비교하고 상대적인 가치를 파악하는 맥락을 활용한 과제이다. 개별 학생에게 한 국가의 동전들을 주고, 호주 달러에 대한 그 동전들의 화폐가치를 조사하도록 한다. 그 동전들로 호주에서 무엇을 살 수 있는지를 알아보도록 한다. 관련 수학은 환율이다.

지휘관용 지도[5]) : 이 과제는 몇 년 전 방문한 네덜란드 프로이덴탈 연구소의 장 드랑이 개발한 맥락을 활용한 것이다. 지휘관이 도시점령 계획을 수립하기 위해 3명의 첩보원에게 각각 남쪽, 서쪽, 북동쪽에서 원 모양의 벽으로 둘러싸인 도시의 경관을 그려오도록 했다. 남쪽과 서쪽에서 도시경관을 그린 첩보원은 돌아왔는데, 북동쪽에서 도시를 그렸던 첩보원은 돌아오지 못했다. 두 그림을 이용하여 북동쪽에서 그렸을 도시의 경관을 그리는 것이 과제이다. 주요 학습주제는 서로 다른 위치에서 바라본 사물의 모양이다.

토지 구획 : 이 책의 저자들 중 1명에게 도착한 편지의 내용을 활용한 과제이다. 실제 넓이와 축척을 알 때 직사각형 모양 토지의 크기를 구하는 과제이다. 주요 학습주제는 축척, 직사각형의 넓이, 닮음비이다.

음악 카드

인터넷에서 유료로 음악을 다운받는 조건이 적힌 두 장의 카드 중 어떤 것이 더 유리한지를 알아보도록 한다. 학생들에게 친숙한 맥락이라서 참여를 유발하며, 여러 가지 수학적인 방법을 사용하여 문제를 해결할 수 있다.
어느 카드가 더 유리한가?

A	B
24달러에 16곡 다운로드 가능	20달러에 12곡 다운로드 가능

출처

호주 가톨릭 대학의 앤 로체 교수가 개발하였음

준비물

계산의 편의를 위해 계산기를 제공할 수도 있고, 나머지가 있는 나눗셈을 얼마나 이해하는지를 알아보기 위해 계산기를 제공하지 않을 수도 있다. 계산기 사용 여부는 교사가 상황에 맞게 선택하면 된다.

5) [역자 주] 해당 과제는 53쪽 참조.

주요 학습주제

일상적인 맥락에서 수학을 활용한다고 할 때 가장 중요한 개념 중 하나인 가치의 비교를 다루는 과제이다. 여기서는 두 가지 조건 중 어떤 것이 경제적으로 유리한가를 비교해야 한다. 이 과제를 해결하기 위해 하게 되는 비례 추론은 많은 학생들에게 어려운 주제이다. 이 과제는 1달러당 다운받을 수 있는 노래와 노래당 지불해야 하는 달러 등 다양한 계산을 해야 해결된다.

실행 결과로부터의 통찰

활동이 끝날 무렵 학생들의 해결과정을 발표하도록 함으로써 다른 학생들이 사용한 다양한 전략을 파악하도록 했다. 많은 학생들과 교사들이 더 유리한 카드를 결정하기 위해 사용할 수 있는 전략들이 다양해서 놀랐다고 말했다. 학생들은 이 과제에서 다루어진 "대중문화" 맥락을 즐거워했다.

해결 방법

두 카드에 대해 노래 한 곡당 다운로드 비용 비교하기

A = 24 ÷ 16=$1.50 (노래당)

B = 20 ÷ 12=$1.67 (노래당)

2. 동일한 비용에 대해 다운받을 수 있는 노래 수 비교하기

A = $24×5=$120. 16×5=80, $120으로 80곡

B = $20×6=$120. 12×6=72, $120으로 72곡

학생들이 어려워하는 점

공통적으로 나타난 오류는 다음과 같다.

- 다운받을 노래 한 곡당 비용을 계산할 때, 나머지를 소수의 자릿값으로 잘못 생각했다. 예를 들어, A의 경우, 24÷16의 몫은 1이고 나머지는 8인데, 이것을 1.8로 썼다. 이 카드, 또는 두 카드 모두 노래 한 곡당 $1.80을 지불해야 한다고 한 경우도 있었다.
- 다운받을 수 있는 노래가 네 곡만큼 차이난다거나 비용이 $4 차이난다는 것을 확인하고도 두 카드 모두 동일한 가치가 있다고 말한 경우도 있었다.

가능한 학습 지원을 위한 질문과 권고

- 두 카드 중 하나에 먼저 초점을 두도록 한다. 예를 들어, A 카드의 경우, 노래 가격에 대해 더 알 수 있게 된 것은 무엇인지를 질문한다. 8곡의 노래를 다운받는 비용은 얼마인가? 4곡의 노래를 다운받는다면? 2곡의 노래를 다운받는다면? 이라고 질문한다.
- 이 질문에 답했던 것이 두 카드의 가치를 비교하는 데에 어떤 도움이 될지를 질문한다.

확장을 위한 질문과 권고

- 더 유리한 카드를 찾아내기 위해 택했던 전략을 다시 한 번 생각해보자. 동일한 답이 나오는 다른 방법을 적어도 하나 찾아보자. 이런 종류의 문제를 해결할 수 있는, 일반적인 해법을 써보자.
- 가치의 비교에 관련된 문제를 만들고 해결해보자. 음악 카드 과제보다 더 어려운 과제를 만들어보자.

학생 활동 사례

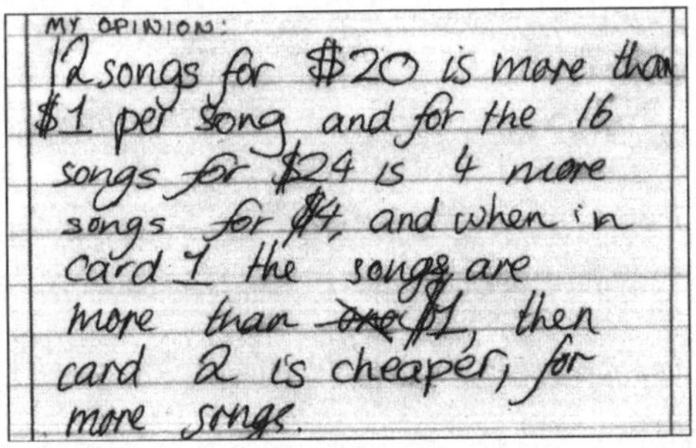
MY OPINION:
12 songs for $20 is more than $1 per song and for the 16 songs for $24 is 4 more songs for $4, and when in card 1 the songs are more than ~~one~~ $1, then card 2 is cheaper, for more songs.

내 의견:
20달러에 12곡이면 한 곡당 1달러가 넘는다. 24달러에 16곡이면 4달러 더 많은데 4곡이 더 많다. 첫 번째 카드는 한 곡당 1달러보다 비싸므로 두 번째 카드가 더 싸다.

이 학생이 해결한 방법은 인상적이었다. 이 학생은 두 카드로 노래를 다운받을 때 노래 한 곡당 1달러보다 많은 비용이 든다는 것을 알아냈다. 따라서 4달러가 더 비싼데 추가로 다운받을 수 있는 노래가 4곡이면 노래 한 곡당 평균 비용을 낮추는 것이 되어 유리하다고 설명했다.

다음 수업

더 많은 음악 카드 종류들을 제시하면서 각각의 맥락에서 비용을 비교하도록 하는 것이 적절해보인다. 다른 쇼핑 맥락에서 마찬가지로 비용을 비교하는 문제를 만들고 해결하도록 하며, 짝 또는 소집단을 이루어 문제를 제기하고 다른 학생들이 해결하도록 한다면 학습을 확장하는 기회가 될 것이다.

마이크와 숫자들

신문 기사에 따르면 데번포트에 사는 마이크가 1부터 100만까지의 수들을 모두 쓰는데 2년이 넘는 시간이 걸렸다고 한다.

그가 쓴 숫자는 모두 몇 개일까?

마이크는 수에 대해 강하게 집착했는데, 이제는 아니다. 지난 2년 넘는 시간 동안 1부터 100만까지의 수를 모두 썼고, 어제 끝났다. 얼마나 많은 시간이 걸렸는지는 생각하지 않은 채, 취미이자 습관으로, 오직 수만 생각하며 지냈다. 이는 2년 전 한 TV 프로그램을 시청하면서 시작되었다. 마이크는 "늦은 밤 관심을 둔 몇 가지 일만 생각했고," 그래서 "종이에 펜으로 1, 2, 3, ..., 이렇게 쓰기 시작했다."라고 말했다. 마침내 어제 오후에 마이크는 100만을 썼다. 끈기 있게 지난 2년여 시간을 기다려준 아내 루비에게 마지막 수 열 개를 세도록 했다고 한다. 100만까지 쓰고 나서 더 쓰고 싶지는 않았다고 한다. 이전에 누군가가 손으로 100만까지의 수를 쓴 기록이 있는지를 알아보려고 기네스북 사무실에 편지를 보냈다. 마지막 수를 쓰기까지 96쪽짜리 연습장 40권을 사용했고, 이 노트는 1권당 $1이다. 마이크는 한 쪽당 20열 26행의 수를 썼다. 97자루의 볼펜을 사용했고, 총 $66.50이 들었다. 마이크가 지난 2년 간 쓴 수를 이으면 총 176.36km가 된다. 마이크는 총 5,878,936개의 수를 썼다. 100만까지 쓰는데 1,292시간이 걸렸다. 하루에 8시간, 일주일에 7일씩 썼다면 26.3주가 걸린 것이다. 마이크는 직접 써보니 100만이 얼마나 큰 수인지를 알게 되었다고 말했다. 같은 식으로 10억을 쓴다면, 2,500년이나 걸린다! 이렇게 마이크가 수를 쓴 것을 시간 낭비로 볼 것은 아니다. 그 동안 마이크는 어떤 브랜드의 펜을 오래 사용할 수 있는지, 어떤 펜으로 쓸 때 얼룩이 많이 생기는지 알게 되었다. 이제 마이크는 전통적으로 시간 때우는 게임이었던 조각 그림 맞추기를 할 예정이다. 그는 오늘 3,000조각의 그림들을 맞추기 시작했다.

출처

마이크의 이야기는 1989년, 호주 태즈메이니아, 데번포트에서 발행된 The Advocate 신문에 실렸으며, 과제는 덕 클라크가 개발했다.

주요 학습주제

1부터 100만까지의 수를 모두 쓰도록 한 후, 쓴 숫자의 개수를 계산하라고 하면 학생들은 흥미를 느끼지 않을 것이다. 이 과제에서처럼 실제로 태즈메이니아에 살았던 사람이 그렇게 했다는 이야기를 활용하면 관심을 끌 수 있다. 좋은 과제들이 으레 그렇듯이, 생각했던 것보다 더 어려운 내용 요소를 다루지는 않는다. 이 과제의 경우, 두 자리 자연수가 모두 몇 개이겠는가를 알아내는 것이 어렵다. 이렇게 수에 있는 규칙성을 파악하여 활용하는 것이 주요 학습주제이다.

실행 결과로부터의 통찰

문제해결 경험이 풍부한 학생들에게 적합한 과제이다. 짧은 시간에는 해결할 수 없는 과제로, 50분에서 2시간 정도 걸렸다.

해결 방법

가장 많이 사용한 방법은 다음과 같다.

수의 범위	수의 개수	숫자의 개수	
1~9	9	9	(1×9)
10~99	90	180	(2×90)
100~999	900	2,700	(3×900)
1,000~9,999	9,000	36,000	(4×9,000)
10,000~99,999	90,000	450,000	(5×90,000)
100,000~999,999	900,000	5,400,000	(6×900,000)
1,000,000	1	7	(7×1)
총계		5,888,896	

학생들이 어려워하는 점

처음에 어떻게 해야 할지 몰라서 어려워하는 학생들이 많았다. 일부 학생들은 수와 자릿값에 대해 알고 있는 것과 과제가 관련되어 있음을 알아내지 못했고, 수의 규칙성을 알아내는 것도 어려워했다. 10부터 99까지 89개의 수가 있다는 식으로 잘못 생각하는 경우가 많았다. 1부터 99까지 몇 개의 수가 있는지 질문하면 어디서 잘못 생각했는지를 아는 데에 도움이 된다. 이 경우 99개라는 것을 금방 알 수 있기 때문이다. 한 자리 수가 9개이므로, 두 자리 수가 89개라면 합해서 98이 되므로 어딘가 잘못되었다는 것을 깨닫게 된다! 빠뜨린 수를 찾아내면 결국 10부터 99까지 모두 90개의 두 자리 수가 있다는 것을 알 수 있다. 마지막 수인 1,000,000을 쓸 때 7개의 숫자를 쓰게 되는데, 이 7개를 더하지 않는 경우도 있었다.

학습 지원을 위한 질문과 권고

다음과 같이 질문할 수 있다.

마이크가 1부터 20까지의 수를 썼다면, 모두 몇 개일까? 어떻게 알아낼 수 있을까?
마이크가 쓴 두 자리 수는 모두 몇 개이며, 어떻게 알아낼 수 있을까?

확장을 위한 질문과 권고

마이크가 97자루의 볼펜을 사용하여 수를 썼다. 하나의 글자 또는 숫자를 하나의 문자로 본다면 펜 하나에 담긴 잉크로 몇 개의 문자를 쓴 것일까? 볼펜 하나로 몇 권의 워크북을 쓸 수 있을지, 자신의 워크북을 넘겨보면서 어림해보자.

x에 대하여 1부터 x까지의 모든 수를 쓰는 데 포함되는 숫자의 개수를 구하는 식을 문자 또는 기호로 만들어보자.

학생 활동 사례

전형적으로 정답을 제시한 경우는 다음과 같다.

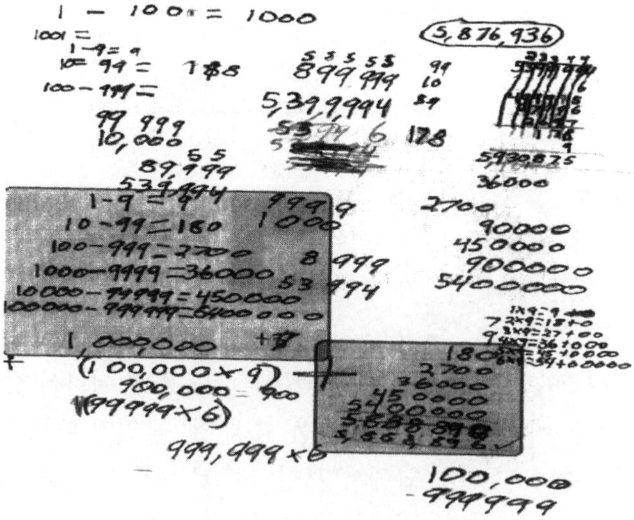

10부터 99까지 몇 개의 수가 있는지에 대한 혼란을 다음 예에서 볼 수 있다.

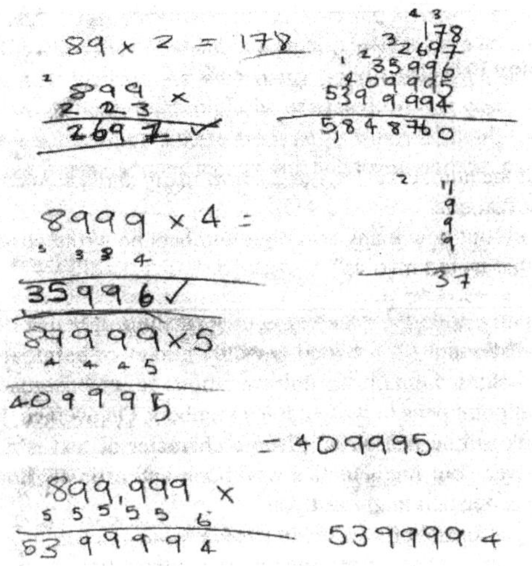

이 학생은 체계적인 전략에 따라 규칙성을 확인하고 사용했으며, 동수누가에 의해 곱셈을 했다. 하지만 계산 오류, 예를 들어, 10부터 99까지 90개의 수가 있는데 89개가 있다고 잘못 생각해서 정답을 얻지 못했다.

다음 수업

1부터 2,000 또는 1부터 550까지 쓸 때 몇 개의 숫자를 쓰게 되는지를 알아보도록 하면, 이전에 배운 내용인 수 패턴 활용을 확실히 다지게 될 것이다.

토지 구획

이 책의 저자 중 하나에게 도착한 편지를 보여주는 것으로 과제가 시작된다. 편지에는 실제 토지 크기에 관한 질문이 담겨 있다.	덕, 잘 지내죠? 수학적인 조언을 듣고 싶어요. 2cm×5.8cm로 축소하여 그린 토지의 실제 크기가 4768㎡라면, 실제 토지의 가로와 세로의 길이를 어떻게 구할까요? 저는 9학년 수학까지만 아는데, 이 문제를 해결할 수 없네요. 도와주세요. 감사합니다. 랠리 스포츠 매거진, 편집자, 피터 휘튼

출처

호주 가톨릭 대학의 덕 클라크가 받은 개인 이메일 내용에서 과제를 찾을 수 있다.

주요 학습주제

축척은 가장 어려워하는 주제 중 하나이다. 학생들이 다루는 문제 상황에 축척이 제시된 경우도 있고 생략된 경우도 있다. 비례 추론도 매우 중요한 수학으로 언급되어 왔지만 학생들이 어려워하는 수학이다. 학생들 스스로 어렵다고 말한 주제들에도 비례 추론이 들어 있다. 이 과제는 축척을 사용하여 그린 2cm×5.8cm의 직사각형이 실제로는 4,768㎡의 넓이를 갖는다면 이 직사각형의 가로와 세로의 길이가 어떻게 될지를 알아보도록 한다. 여기에는 넓이, 대수, 비례, 단위 변환, 축척 등의 주제가 관련된다. 토지의 모양이 직사각형이라고 미리 짐작하는데, 반드시 직사각형일 필요는 없다. 하지만 이 시기에 다른 도형이라고 가정하여 탐구하기는 어려울 것이다.

실행 결과로부터의 통찰

이 절에 제시한 5개의 맥락 과제 중 이 과제를 가장 어려워했다. 실제로 해결해야 하는 것이 무엇인지를 파악할 필요가 있었다. 8학년 학생들에게 다음과 같이 질문하면서 수업을 시작한 경우도 있었다.

- 어떻게 시작하면 좋을까?
- 문제해결을 위해 필요한 정보는 무엇인가?
- 시작하기 전에 명확하게 해야 할 것이 있는가?

모눈종이와 계산기가 도움이 되었다.

해결 방법

대부분 변의 길이가 어떻게 될지 예상하여 가로와 세로의 길이를 곱한 후, 그 결과가 4,768에 가까운지 확인했다. 1,000×800처럼 엉뚱한 예상을 하는 경우도 있긴 했지만, 자신의 추측에서 출발하여 4,768에 가까워지도록 두 수를 조정하면서 문제를 더 이해하게 된 점은 의미 있었다. 이때 가로에 대한 세로의 비를 고려해야 한다.

대수적 해결 방법. 가로가 세로의 2.9배이므로, 세로×2.9세로 =4,768이 되는 값을 구한다. 그러면 다음을 얻는다.

$$2.9 \times w^2 = 4{,}768$$
$$w^2 = \frac{4{,}768}{2.9}$$
$$w^2 = 1{,}644.14$$
$$w = \sqrt{1{,}644.14}$$
$$w = 40.55 \text{ m}$$

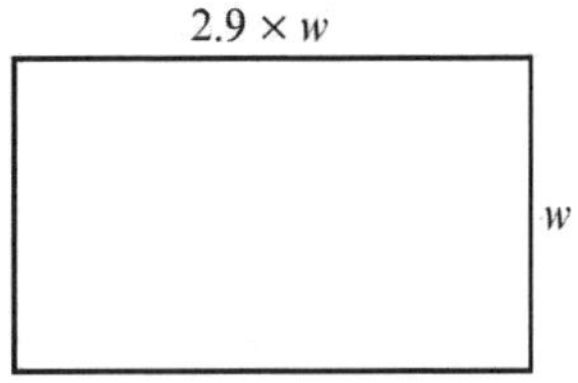

$$l = 2.9 \times w$$
$$l = 2.9 \times 40.55$$
$$l = 117.6$$

확장을 위한 질문과 권고 없이 이렇게 해결한 학생들은 매우 드물었다.

학생들이 어려워하는 점

많은 학생들이 가로와 세로의 길이를 구하는 것에 어려움을 겪었다. 다음과 같이 잘못 계산하는 경우도 있었다.

- 넓이 4,768m^2를 4로 나누면, 한 변의 길이는 1,198m, 또는 4,768을 2로 나누고, 다시 2로 나누면, 긴 변은 2,384m, 짧은 변은 1,192m이다.
- 종이 위에 그려진 도형의 넓이가 2×5.8, 곧 11.6이라는 것을 알았지만, 이것이 실제 넓이 4,768㎡와 어떻게 연결되는지를 파악하지 못한 경우도 있었다.
- 네 변의 길이가 $\sqrt{4{,}768}$이므로, 한 변이 69m인 정사각형을 답한 경우도 있었다.

학습 지원을 위한 질문과 권고

- 모눈종이에 2cm×5.8cm 직사각형을 그려보자.
- 두 수를 곱해서 4,768이 나왔다. 두 수는 얼마일까? 계산기를 사용해서, 넓이가 4,768m^2인 직사각형 크기를 구해보자.

확장을 위한 질문과 권고

미국 콜로라도주 전체의 넓이는 269,618km^2이다. 지도 1에 콜로라도를 축척을 사용하여 나타냈다. 콜로라도의 가로와 세로의 길이를 계산해보자. 두 번 구해보고 다른 결과를 얻었다면 그 이유를 설명해보자.

지도 1. 콜로라도

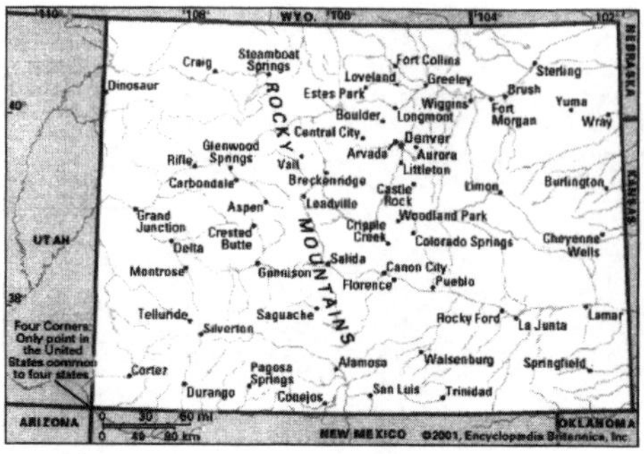

카카두 국립공원은 호주 원주민들이 50만 년 이상 살았던 지역이다. 호주 북쪽의 열대지방이며 전체 넓이는 19,804㎢이다.

다음 지도는 정확한 축척에 의해 그린 카카두 국립공원이며, 다음 웹사이트[6]에 있다.

카카두 국립공원의 대략적인 크기는 얼마인가? 힌트: 작은 직사각형으로 분할해보라.

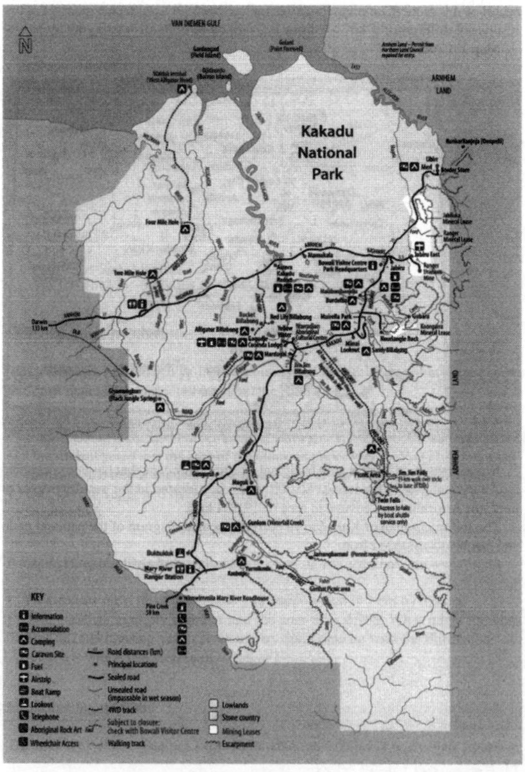

6) http://www.environment.gov.au/parks/kakadu/images/kakadu-map-large.gif

다음 수업

대부분의 학생들이 어려워하다면, 실제 넓이와 변들 사이의 관계를 알 때 직사각형을 알아내는 연습문제를 제시한다. 이렇게 하면 문제를 기본적으로 이해하도록 할 수 있다. 이어서 다른 모양의 땅, 가령, 평행사변형 모양의 토지 문제로 확장하여 제공할 수 있다.

여러 나라의 동전 비교하기

개별 학생에게 특정한 나라의 동전들을 나누어주어, 학급 전체에 최대한 많은 국가의 동전을 살펴보게 한다. 인터넷이나 신문에서 환율 정보를 확인하여 호주 달러의 가치를 알아보고 비교하도록 한다.

준비물

여러 나라의 동전들, 인터넷 접속이 가능한 컴퓨터, 환율 정보가 있는 신문, 계산기

출처

호주 가톨릭 대학의 덕 클라크가 개발함

주요 학습주제

각종 매체에서 점차 강조하는 환율에 대한 내용을 다룬다. 정부와 저축 은행은 환율에 영향을 미친다. 주요 학습주제는 한 국가의 화폐를 다른 나라의 화폐로 어떻게 바꾸는지를 이해하는 것이다.

실행 결과로부터의 통찰

교사들은 해외여행, 국제 송금, 온라인 해외 상품 구매와 같이, 다른 나라의 화폐에 대한 학생들의 경험에 관해 물으면서 수업을 진행했다. 환율은 계속 변하기 때문에, 해외 화폐가 호주 달러로 얼마의 가치가 있는지, 그 반대는 어떤지에 대해 매번 환율을 확인하여 계산해야 한다.

도입을 위한 토론이 끝난 후 각 학생에게 동전 3개를 나누어주고 각 동전에 대해 다음을 질문하면 성공적으로 수업을 진행하는 방법의 하나가 된다:

1. 동전을 그려보고, 이름, 색깔, 크기, 어떤 그림이 있는지, 뭐라고 쓰여 있는지 등을 확인하게 한다.
2. 동전의 이름을 지어보게 한다. 예를 들어, 뉴질랜드 1달러라고 이름붙일 수 있다.
3. 그 동전이 호주 달러로 얼마나 되는지 알아보게 한다.
4. 그 동전으로 호주에서 무엇을 살 수 있는지 알아보게 한다.

해결 방법

환율을 계산해주는 인터넷 웹사이트를 이용하여 동전의 가치를 알아볼 수 있다. 신문의 경제 부분에서 환율 정보를 확인하거나 구글(Google)에서 검색해볼 수도 있다. 모둠활동을 통해 호주 달러에 비추어 가치 순서로 동전을 나열해본다. 가장 높은 또는 가장 낮은 가치의 동전을 갖고 있는 사람이 누구인지, 가치는 얼마인지 알아본다. 알아낸 것을 발표하도록 한다.

학생들이 어려워하는 점

수업 후반부에 되돌아보면서 환율에 대해 혼동하는 학생들이 있었다. 예를 들어, 뉴질랜드 달러와의 환율이 1.25일 때, 호주 1달러가 뉴질랜드 1.25달러라는 것인지 아니면 뉴질랜드 0.80달러라는 것인지 혼동하였다. 일관성 있게 환율을 정리하여 그래프로 나타내도록 하면 도움이 될 수 있다. 뉴질랜드 달러가 호주 달러보다 가치가 낮다는 것을 확인하기 위해, 호주 1달러와 뉴질랜드 1달러로 각각 무엇을 살 수 있는지를 생각해보도록 하는 것도 도움이 될 것이다.

확장을 위한 질문과 권고

우수한 학생들에게는 다음과 같은 것을 더 해보도록 할 수 있다.

- 환율 도표나 그래프를 만들어서 매일 또는 매주 환율이 변경되는 상황을 나타내보아라. 금 또는 석유의 가격에 대해서도 마찬가지로 해볼 수 있다.
- 가상의 현실로 외국에서 고급 자동차와 같이 사고 싶은 물건을 고른 후 호주 달러로 지불한다고 가정할 때 어느 나라에서 구매하는 것이 가장 좋을지를 조사하도록

할 수 있다. 가상현실에서 회계사인 학생에게 호주의 국세청에서 고급 자동차에 세금을 부과한다고 언급하면서 해외에서 차를 사려고 돈과 노력을 기울이는 일이 가치 있는 일인지를 알아보도록 할 수 있다.

학생 활동 사례

다음은 동전의 특징을 조사하여 기술한 한 학생의 활동지이다.

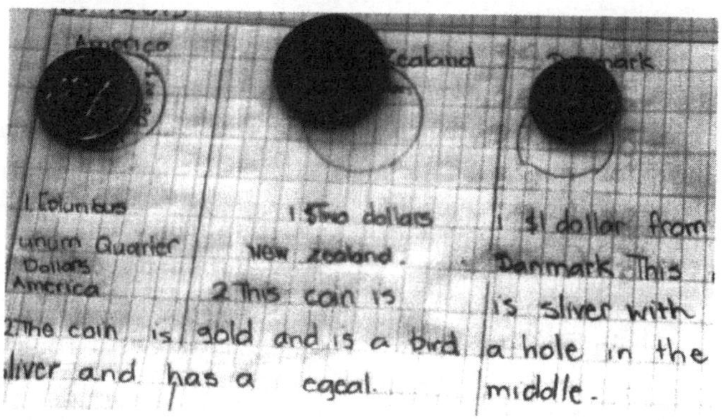

다음은 인터넷 웹사이트에서 호주 달러와 홍콩 달러 사이의 환율을 조사한 학생의 사례이다. 이 학생은 호주에서 맥도날드 아이스크림을 하나를 사는 돈으로 홍콩에서는 몇 개나 살 수 있는지 계산하여, 홍콩 달러의 가치를 표현했다.

다음 수업

다른 나라 화폐와의 환율에 대해 이해하려면 여러 차시의 수업을 해야 한다. 앞서의 활동에 이어 화폐들 사이의 상호 환율을 탐구하도록 할 수 있다. 예를 들어, 영국 화폐인 1파운드가 호주 2달러라면, 호주 1달러는 몇 파운드인지를 알아보도록 할 수 있다.

또 모둠끼리 게임을 하도록 할 수도 있다. 예를 들어, 각 모둠에 다섯 나라의 화폐를 주고, 그 화폐 총액과 동일 가치를 가지는 여섯 번째 나라의 화폐를 찾는 게임을 하도록 할 수 있다.

내용-기반 개방형 과제

이하에서는 프로젝트에 참여한 교사들이 개발했던 5개의 개방형 과제들을 소개한다. 이 과제들의 특징은 다음과 같다.

- 다양한 답이 가능하다.
- 교육과정의 내용을 다룬다.
- 과제를 해결하면서 중요한 수학을 탐구하게 된다.
- 학생 스스로 의사 결정을 할 기회를 갖는다.
- 교사와 학생들이 수학적 토론을 하고 창의성 발현의 기회도 갖는다.

선물 포장

측정, 특히, 길이를 재는 것, 길이와 3차원 상자의 관계에 대한 과제이다. 이 과제를 여러 번 적용한 결과, 다양한 해결 전략과 다양한 응답들을 확인할 수 있었고 학생들 사이의 토론도 활발하게 일어나는 것을 알 수 있었다. 삼각기둥과 같이 더 복잡한 모양의 선물을 포장한다면 더 상위학년의 학생들에게 적합하지만 대체로는 중학생들에게 적합하다.

방 도색하기

3차원 도형의 겉넓이를 다룬 과제이다. 맥락 과제처럼 실제와 관련된 맥락을 활용하지만, 학생들이 스스로 의사 결정을 하게 한다는 점에서 개방형 과제에 포함시켰다. 과제 형태로는 중학생들에게 적합하지만 더 복잡한 정보를 포함시키면 그보다 상위학년 학생들에게도 적용할 수 있다.

문장 쓰기

중심경향 척도로서 평균의 의미를 생각하게 하는 과제이다. 통계적 소양을 함양하는 과제이며, 창의성과 유머 감각을 길러준다는 점이 중요하다. 또, 전략과 문장에 대해 토론할 기회가 풍부하게 주어진다. 초등학교 고학년 학생들에게 적합하지만 더 복잡한 조건으로 바꾸고 추가 사항들을 포함시키면 중학생들에게 적용할 수 있다.

여러 방법으로 자료 표현하기

이 과제는 동일한 자료를 여러 그래프로 표현하고 각각의 그래프 표현의 의미와 방법을 파악하는 것에 초점을 둔다. 그래프를 선택하고, 연결하고, 서로 다른 표현들의 이점을 고려하고, 해결을 정당화하는 중요한 기회를 제공하는 과제이다.

동전으로 하는 측정활동

이 과제는 다른 과제와는 차별되는 측정활동에 초점을 둔다. 다양한 방식으로 해결하고 다양한 수준에서 정확성을 인정한다는 면에서 개방형 과제라고 할 수 있다. 맥락 과제의 특성도 있다. 실제로 많은 과제들이 여러 유형에 해당되는 것으로 나타났다. 그렇다고 해서 이 과제들을 수업에 적절히 활용하는 데에는 아무런 문제가 없다. 어떤 해결 전략을 기대하는가에 따라 초등학교 3학년부터 고등학교 3학년까지 다양한 수준에서 다룰 수 있는 과제이다. 이하에서 5개의 개방형 과제를 적용한 사례를 관련 설명과 함께 제시할 텐데, 이로부터 이들 과제를 활용하여 수업하는 것에 대한 추가적인 통찰을 얻을 수 있을 것이다.

선물 포장

주어진 정보에서 적절한 것을 선택하여 문제를 해결하도록 하며, 이로부터 여러 해답이 가능하다는 것을 알고 가능한 해의 범위를 기술하도록 한다.

그림과 같이 1m 길이의 리본으로 선물을 포장한다. 상자 위 매듭에 30cm가 사용된다면 상자의 크기는 얼마이겠는가?

출처

피터 설리번이 개발하였음

주요 학습주제

이 과제는 길이의 단위를 알고 측정하며, 상자의 "크기"라는 표현의 의미를 알아야 해결할 수 있다.

이 과제를 해결함으로써 길이와 단위에 대한 사전지식을 3차원 입체와 연결하고, 3차원 도형과 2차원 표현도 연결하여 사각기둥을 시각화하는 것에 대해서도 알게 된다.

실행 결과로부터의 통찰

과제해결에 어려움을 겪는 학생들이 많으면 소집단 활동을 하도록 하는 것이 좋다. 이렇게 하면 좋은 점 중 하나는 학생들이 찾은 전략을 서로 공유하게 된다는 것이다. 과제해결에 어려움을 겪는 학생은 다른 학생이 공유한 전략에서 도움을 얻는다.

이 과제를 활용하여 수업했던 교사들은 이 과제를 해결하면서 개별 학생들의 문제해결 방법이 아주 잘 드러났다고 말했다.

해결 방법

전형적인 해결 방법 중 하나를 제시하면 다음과 같다. 매듭 부분을 제외하고 계산해야 한다는 점에 대해서는 대부분의 학생들이 바로 이해했다.

상자를 리본으로 포장하려면 높이 4회, 가로 2회, 세로 2회를 두르게 된다. 높이가 5cm(4회), 가로가 10cm(2회)라면, 매듭 30cm를 제외할 때, 세로는 15cm가 된다. 이것을 바꾸어나가면 다른 해도 구할 수 있다.

대수적으로 $4H+2L+2W=70$이라고 나타내어 해결하거나, 표를 만들어 해결한 학생들도 있었다.

학생들이 어려워하는 점

도움 없이 과제해결을 시작하는 것에 어려움을 겪은 학생들이 많았다. 이 경우 과제가 다루는 수학이 자신들이 알고 있는 것보다 높은 수준이라고 지레 생각하여 포기한 것으로 보였다. 1m의 리본으로 선물을 포장하는데 30cm는 매듭을 만드는 데 들어간다는 것과 같은 조건을 이해하는 것에 어려움을 겪는 학생들도 있었다.

사각기둥 이외의 상자를 고려한 경우는 없었으며, 대부분 유사한 답을 얻었다.

문제에 제시한 그림에는 수치가 제시되어 있지 않으므로 그림을 보고 문제를 해결해서는 안 된다는 것을 강조할 필요가 있었다.

학습 지원을 위한 질문과 권고

과제해결에 어려움을 겪는 학생들에게 제시할 수 있는 질문과 권고는 다음과 같다.

- (실제로 리본으로 포장한 상자를 제시하면서) 리본을 풀지 않고 그 길이를 어떻게 알아낼 수 있는지 생각해보자.
- 정육면체 상자라고 가정해보자. 리본이 몇 개의 면을 지나야 하는지 생각해보자. 필요하면 실제 상자의 면의 개수를 세어보아라. 이 면들을 지나려면 리본이 얼마나 필요한가? 상자의 크기는 얼마겠는가?
- 높이가 5cm라고 가정해보자.

확장을 위한 질문과 권고

과제를 빨리 해결한 학생들에게는 다음을 제시할 수 있다.

- 가능한 많은 답을 써보자.
- 만약 어떤 상자를 포장하는 데 2m의 리본이 필요하다면, 이 상자의 크기는 얼마겠는가?
- 삼각기둥 상자라면 어떠한가? 크기는 얼마겠는가? 리본을 묶는 방법은 무엇인가?

학생 활동 사례

많은 학생들이 그랬듯이 다음에 제시하는 학생도 우선 한 가지 답을 제시했다. 시간을 더 주었을 때 다른 답도 생각했다.

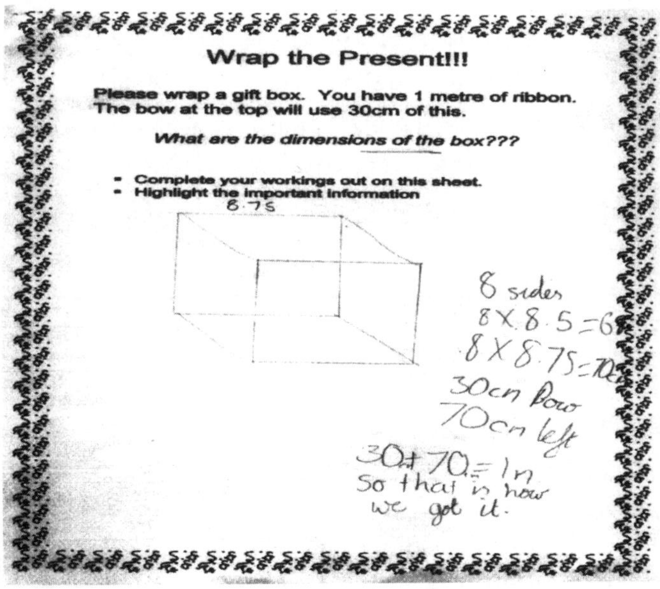

다음 예에서는 구체적으로 가능한 상자의 크기를 제시하지 않고 일반화를 시도했다.

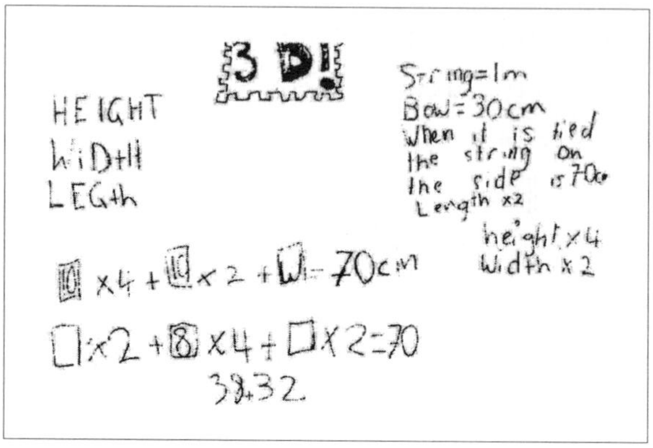

다음 수업

다음 수업에서는 상자의 전개도를 그리고 그에 관련지어 생각하는 과제를 포함하여 학생들이 위의 과제를 해결했던 방법을 기록하는 것에 대해 다룰 수 있다. 다른 모양의 상자에 대해 탐구하거나 길이가 다른 리본을 사용하는 것에 대해 다루는 수업도 가능하다.

방 도색하기

방의 내부를 두 번 도색하는데 10리터의 페인트가 필요하다. 네 벽과 천장을 도색하며, 바닥은 도색하지 않는다고 가정한다. 1리터로 16㎡를 칠할 수 있다는 페인트를 사용한다고 하자. 문과 창문을 무시한다면 방의 크기는 얼마겠는가?

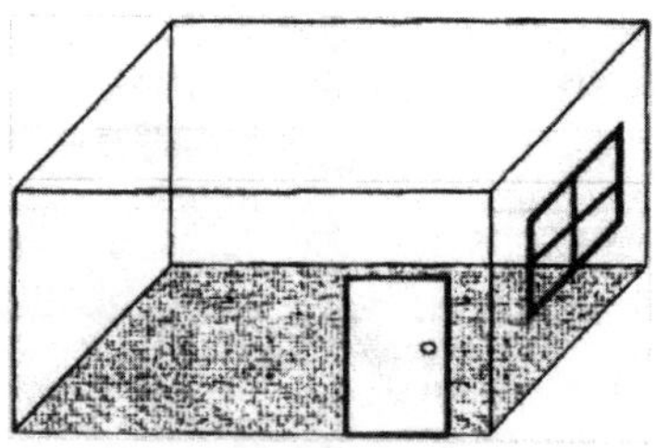

출처

프로젝트에 참여했던 교사들이 개발하였음

주요 학습주제

도형의 넓이, 특히, 입체도형의 겉넓이가 초점 내용이다. 차원을 고정하지 않으며, 동일한 넓이라도 차원에 따라 다양한 형태로 나타날 수 있음을 다룬다.

3차원 도형을 2차원 도형으로 시각화하거나 그리는 방법을 다룬다. 또, 직사각형 방의 마주보는 벽들은 크기와 모양이 같다는 것처럼 과제를 이해하는 데에 도움이 되는 조건들을 탐구하게 된다.

다양한 가정이 필요하고 다양한 정보를 수집해야 과제를 해결할 수 있다는 점에서 일종의 문제해결 과제라고 할 수 있다.

해를 기록하고 소통하는 방식도 배워야 할 중요한 내용이다.

실행 결과로부터의 통찰

이 과제를 활용하여 수업했던 교사들에 의하면, 이 과제는 겉넓이 관련 단원의 마무리 단계에 적합하다.

비슷하면서 더 쉬운 과제를 이 과제 이전에 해보도록 하여 학생 스스로 문제를 해결해보도록 하면 복합적인 문제해결을 필요로 하는 이 과제를 해결하는 데에도 도움이 된다는 것을 알게 되었다.

해결 방법

먼저 도색해야 할 전체 넓이가 160㎡라는 것을 파악해야 하며, 두 번 칠한다고 했으므로 한 번에 80㎡를 도색하게 된다는 것을 파악해야 한다.

그 다음으로 할 수 있는 생각을 실제 사례로 확인하면 다음과 같다.

가로, 세로, 높이가 모두 같다고 가정하자. 그러면 5개의 정사각형이 있고, 각 정사각형의 넓이는 16㎡이다. 따라서 가로, 세로, 높이 모두 4m이다.

다음과 같이 시행착오에 따라 해결한 경우도 있었다.

가로가 4m, 세로가 5m, 높이가 3m라고 가정하자. 넓이는 $1\times20+2\times12+2\times15=74$ ㎡인데, 너무 작다.
가로가 4m, 세로가 5.5m, 높이가 3m라고 가정하자. 넓이는 $1\times22+2\times12+2\times16.5$ $=79$㎡인데, 가까워졌다.

대수적인 방법으로 해결한 경우는 다음과 같다.

가로의 길이를 l, 세로의 길이를 w, 높이를 h라고 하자.
겉넓이는 $2lh+2wh+lw$이며, 80㎡이 되어야 한다.
높이가 3m라고 가정하면, $6l+6w+lw=80$이다.
이제 l이 5m라고 하면, $30+6w+5w=80$
$11w=50$
따라서 $w=4.54$m

이와 같은 해결방법들이 있었다.

학생들이 어려워하는 점

가능한 한 가지 경우를 찾는 과정에서 어려움을 겪는 학생들이 있었다. 많은 학생들은 자신들의 수학적 사고과정을 설명하기 어려워했는데, 복잡한 문제해결 과정을 독자적으로 진행하는 것 자체가 익숙하지 않았던 것으로 보인다.

일부 학생들에게는 이 과제가 도전적으로 보였다. 하지만 전혀 스스로는 과제를 해결하지 못했지만 다른 학생들이 나름의 논리와 과정에 의하여 답을 얻은 내용을 발표했을 때 즐겁게 배우는 것으로 보였다.

설문조사에 참여한 모든 학생들이 이 과제에 열심히 참여했다고 답했다. 다른 학생들이 얻은 결과에 대해서도 흥미롭고 재미있었다고 답했다.

학습 지원을 위한 질문과 권고

어려움을 겪는 학생들에게 제공할 수 있는 질문과 권고는 다음과 같다.

- 방의 높이가 보통 3m라는 점을 생각하자.
- 10리터의 페인트로 직사각형 하나를 도색한다고 하자. 이 직사각형의 가로와 세로의 길이는 얼마겠는가?
- 36㎡의 직사각형 벽을 칠할 수 있는 페인트가 있다고 하자. 이 직사각형의 가로와 세로의 길이는 얼마겠는가?

확장을 위한 질문과 권고

과제를 빨리 해결한 학생들을 위한 질문과 권고들은 다음과 같다.

- 2㎡인 문 하나, 3㎡의 창문 하나가 있다고 할 때 문제를 해결해보자.

- 센티미터 단위가 없고 미터 단위로만 되어 있다고 할 때 찾을 수 있는 해는 무엇인가?
- 최대 얼마나 큰 방을 도색할 수 있겠는가?
- 최소 얼마나 작은 방을 도색할 수 있겠는가?

다음 수업

필요한 길이가 주어졌을 때 정육면체의 겉넓이, 사각기둥의 겉넓이를 구하는 것과 같이 겉넓이 관련 과제를 다루는 수업이 가능하다. 반대로 사각기둥의 겉넓이를 주고 변의 길이를 구하도록 하는 과제를 다룰 수도 있다.

문장 쓰기

다섯 개의 단어로 이루어진 문장을 하나 썼다.
각 단어에 포함된 평균 문자 개수는 4이다.
4개의 문자로 된 단어는 없다.
어떤 문장을 썼겠는가?

출처

설리번과 릴번이 개발한 과제이다.[7)]

주요 학습주제

"평균"(average)이라는 단어의 의미를 알고 있는 학생들에게 지도할 수 있는 과제이다. 모르는 학생들을 대상으로 수업한다면 먼저 평균을 지도한 후 진행해야 한다.

자신들만의 문장을 만들어낼 수 있다는 것을 알려주는 과제이다. 과제를 해결하기 위해서는 나름대로의 방법을 찾아야 한다. 이 과제를 해결함으로써 평균에 대한 다음 두 가지 측면에서의 통찰을 경험하게 될 것이다. 하나는 문자 개수의 총합을 단어의 개수로 나누어 평균을 얻게 된다는 것이고, 다른 하나는 평균 위와 아래로 여러 값들이 고르게 분포한다는 것이다.

---

7) Sullivan, P., & Lilburn, P. (2004). Open-ended maths activities: using 'good' questions to enhance learning in mathematics (2nd ed.). South Melbourne: Oxford University Press.

실행 결과로부터의 통찰

학생들에게 한 문장만이 아니라 여러 문장들을 찾도록 했다. 제한시간 동안 찾도록 했는데, 5~10분의 시간 동안 문장을 만들고, 이후 3명 또는 4명의 학생들에게 찾아낸 전략을 발표하도록 했다. 이때 문자 개수의 총합이 20이라고 말한 경우가 있었다.

이 과제를 활용한 수업에서 학생들은 평균에 대해 알고 있는 것을 드러냈고, 다양한 답을 잘 찾았다.

해결 방법

다음과 같은 문장들[8]이 답으로 제시되었다:

Red lobsters nip old men.
Bubbles float on hot air.
A sad owl flies silently.
Jam is an acquired taste.

전형적인 전략은 문자 개수의 총합이 20이므로 5개의 단어에 있는 문자 개수의 총합이 20이 되도록 하면서 문장을 만드는 것이다.

4개의 문자로 된 단어를 5개 쓴 후 이 중 일부 단어에 있는 문자의 개수를 늘리고, 다른 단어의 문자 개수를 줄여서 문장을 만드는 경우도 있었다.

학생들이 어려워하는 점

일부 학생들은 어떻게 해결해야 할지 몰라서 어려워했다. 20이라는 수가 중요하다는 것을 깨달아서 문제를 해결한 학생들이 있는가 하면, 추가로 도움을 주어야 했던 학생들도 있었다.

학습 지원을 위한 질문과 권고

과제해결에 어려움을 겪는 학생들을 위한 질문과 권고는 다음과 같다:

- 단어 3개로 이루어진 문장을 만들도록 한다.

---

8) [역자 주] 문제의 요구 사항(5개의 단어, 평균 4, 4개의 문자로 된 단어 없음)을 확인할 필요가 있기 때문에, 원문을 번역하지 않았다.

- 문자 10개, 15개로 이루어진 문장을 만들도록 한다.
- 문장을 생각나는 대로 쓰고 문자의 개수를 구해보도록 한다.
- 4가 평균이 되는 5개의 수를 써보도록 한다.

확장을 위한 질문과 권고

과제를 빨리 해결한 학생들에게 할 수 있는 질문과 권고는 다음과 같다:

- 문제의 조건에 맞는 문장을 책에서 찾아보자.
- 단어 중 하나는 문자 6개로 이루어지거나, 문자 3개로 이루어진 단어가 2개 포함된 문장과 같이 제약 조건을 추가해보자.
- 이미 찾은 해를 변형하여 새로운 해를 찾을 수 있는가?
- 모든 가능한 해를 기술할 수 있는 방법을 찾아보자.

학생 활동 사례

한 학생의 응답 사례는 다음과 같다. 이 학생은 평균이라는 용어를 이해하고 있다. 이 학생은 먼저 문장에 포함된 문자의 개수 총합을 계산했고, 주어진 조건에 맞도록 각 단어에 포함된 문자의 개수를 조정했다. 하지만, 이 학생은 문자 4개로 이루어진 단어를 포함시켰기 때문에 답안을 수정해야 한다. 문자 4개로 이루어진 단어를 포함시키지 말아야 한다는 조건을 고려하지 못한 답안이다.

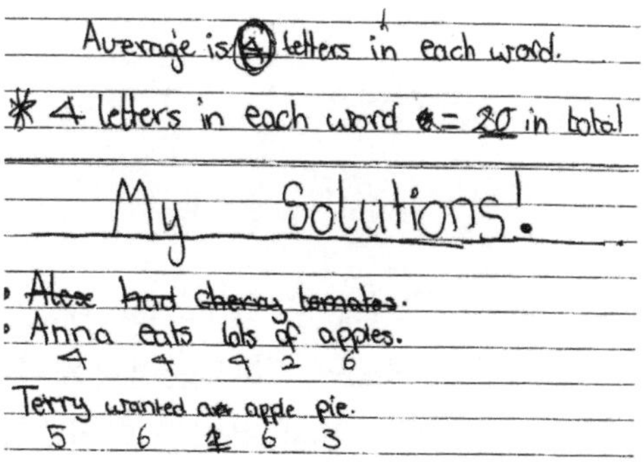

다음 수업

다음 수업에서는 맥락을 바꾸어 평균을 다룰 수 있다. 예를 들어, “농구 선수 5명의 경기 당 평균 득점은 10이다. 5명의 득점은 각각 얼마나 되겠는가?” 중앙값 또는 최빈값

(또는 둘 다)을 사용해서 동일한 과제를 해결하도록 하는 것도 가능하다.

여러 방법으로 자료 표현하기

어느 학교에서 학생들이 선호하는 운동경기에 대한 설문조사 결과를 원그래프로 나타냈다. 동일한 자료를 다른 그래프로 나타내어보도록 한다.
어떤 그래프로 나타낼 것인지를 택하도록 하여, 다양한 표현 방법에 대해 알아보게 하는 개방형 과제이다.

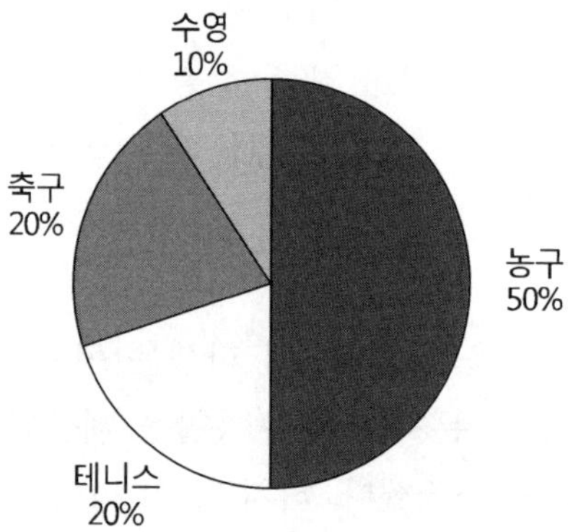

출처

프로젝트에 참여한 교사들이 개발하였음

주요 학습주제

이 과제는 학생들이 원 그래프를 해석할 수 있고, 원그래프에서 각 조각들이 비례적이라는 것 그래서 조사한 인원 전체를 백분율 값과 관련지을 수 있어야 해결할 수 있다.

그래프와 표에 제시된 정보를 바탕으로 전체 응답한 인원수를 파악할 수 있다는 것도 알아야 한다. 그런데 이 과제의 경우, 전체 응답한 인원수가 얼마라고 가정한 후 해결해야 한다.

자료를 여러 방법으로 나타낼 수 있음을 알고 서로 다른 그래프들 사이의 관련성을 파악하게 된다.

분수를 크기가 같은 다른 표현들, 예를 들어, $\frac{3}{4}=\frac{8}{12}=0.75=75\%=3:4=6:8$과 같이 소수, 비, 백분율 등으로 나타내는 것, 다른 그래프로 나타내는 것, 명목형 자료와 수치적 자료를 구분하는 것도 배우게 된다.

실행 결과로부터의 통찰

이 과제를 적용한 수업을 통해, 선 그래프, 막대그래프, 그림그래프 등 자료를 나타내는 다양한 방법을 알고 있는지를 파악하고 자료 표현에 대해 지도하는 수업에 활용하기 좋은 과제임을 알게 되었다.

교사들은 수, 백분율, 분수들 사이의 변환 방법을 상기시킨 후 이 과제를 도입하는 것이 일부 학생들에게 도움이 된다고 제안했다.

어떤 교사들은 그래프가 나올 때마다 그 이름을 붙여주면 학생들에게 해당 그래프를 상기시키는 데에 도움이 되며 나중에 무엇을 배우게 되는지에 대해서도 알게 한다고 말했다.

이 과제는 비교적 쉬운 것으로 평가되었으며, 서로 다른 그래프 표현들에 대해 지도하는 것이 중요하다고 인식되었다.

학생 참여가 활발했으며, 표현방법을 바꾸어보라는 권고가 연속적으로 과제를 해결하는 원동력이 되었다. 대다수의 학생들이 알고 있는 것을 발표할 줄 알고 자발적으로 즐겁게 발표한 것으로 보였다.

엑셀 프로그램을 사용하여 그래프를 그린 경우도 있었다.

해결 방법

개방형 과제이므로 답도 다양하게 나왔다. 그 사례 중 일부를 이하에서 제시한다.

여러 종류의 그래프를 활용하여 자료를 나타내는 것은 학생에게 도전이다.

학생들이 어려워하는 점

이산적인 자료를 연속적인 그래프로 표현한 경우가 있었다. 백분율, 분수, 수 사이의 변환에 어려움을 겪는 학생들에게는 도움이 필요했다. 막대그래프와 선 그래프를 주로 활용하고 다른 그래프를 그리지 않는 경우가 있었다.

학습 지원을 위한 질문과 권고

과제를 어떻게 해결해야 할지를 모르는 학생들에게 제시할 질문과 권고는 다음과 같다.

다음 막대그래프 중 주어진 원그래프와 같은 자료를 표현한 것은 무엇인가? 왜 그렇게 생각하는가?
"이 자료를 다른 방식으로 나타내라"와 같이 단순하게 바꾸어 질문한다.

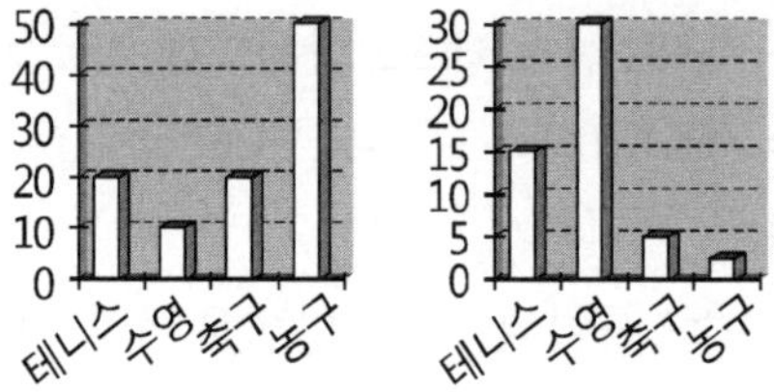

확장을 위한 질문과 권고

우수한 학생들에게 더 도전하도록 하는 질문과 권고는 다음과 같다:

- 농구를 좋아하는 학생들이 85명일 때, 다른 운동경기를 선호하는 학생들의 수는 어떤지를 그래프로 그리는데, 앞의 과제를 해결할 때 사용하지 않은 그래프로 그리도록 한다.
- 다음 그래프에서 알 수 있는 것은 무엇인가? 가능한 많은 정보를 찾아보자. 무언가 빠진 것이 있는가?
- 이 그래프의 자료를 표로 나타내어보자.
- 생각나는 그래프 유형을 모두 나열하고, 이 중 어떤 그래프가 이 정보를 나타내기에 가장 적절하다고 생각하는지 그리고 왜 그렇게 생각하는지를 말해보자.

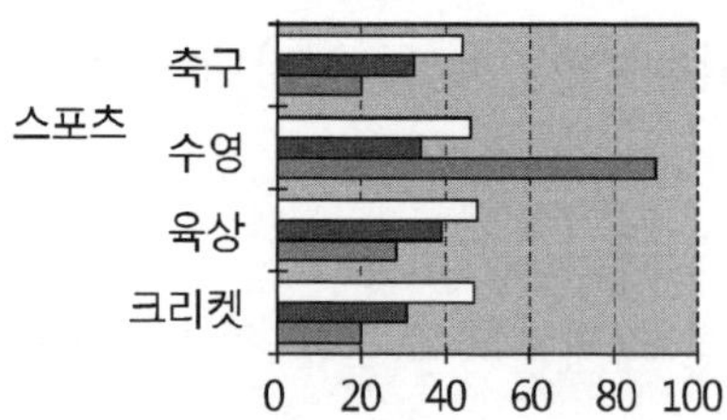

학생 활동 사례

다음은 주어진 원그래프의 자료를 다른 그래프로 나타낸 것이다. 각 경우에, 학생들은 설문조사에 응답한 전체 학생 수를 가정하였다.

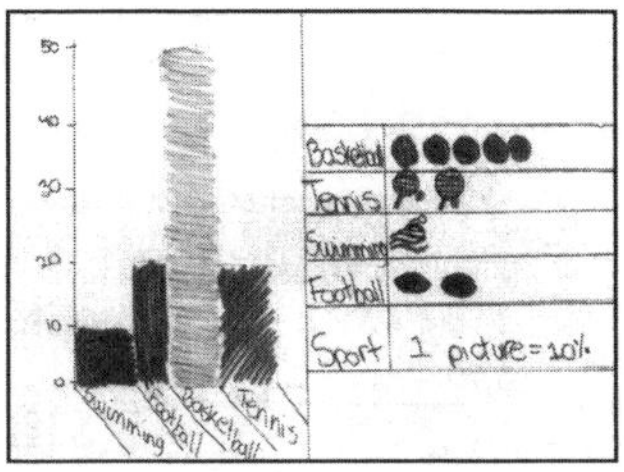

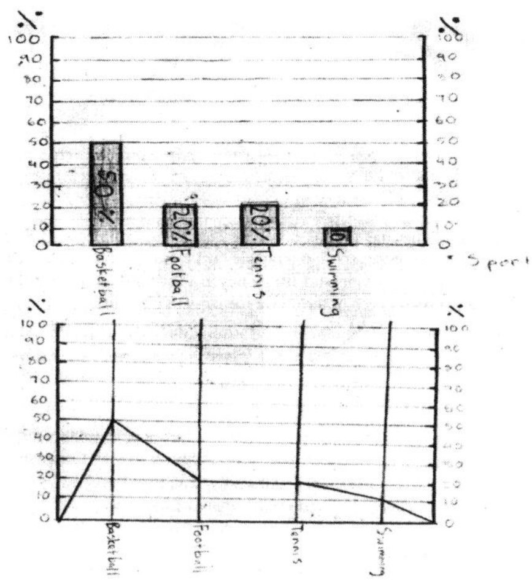

다음 수업

이 과제를 다음과 같이 이어서 다룰 수 있다.

- 원그래프 대신 다른 그래프를 제공하고 과제를 해결하기
- 원그래프인데 더 복잡한 것을 제공하고 과제를 해결하기
- 그래프 표현들을 비교하고 대조하는 더 특정한 조건을 다루기

동전으로 하는 측정활동

다음 중 하나를 택하여 상금으로 받을 수 있다고 하자.

- $2짜리 동전을 이어 붙여서 1미터가 되게 한 것
- 5센트짜리 동전을 이어 붙여서 1제곱미터가 되게 한 것
- 20센트짜리 동전을 1리터 들이 우유병에 가득 채운 것
- $1짜리 동전을 1킬로그램 모아놓은 것

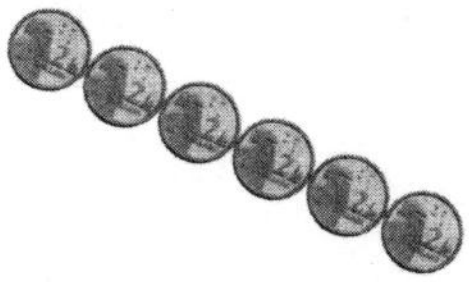

어떤 것을 택하겠는가?

이 과제는 사물을 다양한 방법으로 측정할 수 있다는 것을 보여주며, 동전을 이용하여 문제를 해결하는 전략을 개발하도록 한다. 먼저 결과를 예측하게 하고 다양한 방법으로 측정하여 각각의 경우에 실제로 얼마나 얻게 되는지를 계산하도록 한다. 모둠 활동 또는 개별 활동 모두에 적합한 과제이다.

출처

비세이, 클라크, 클라크, 스티븐스, 설리번이 개발하였음[9]

준비물

미터단위 자, 줄자, 1리터 들이 우유병, 전자저울, 양팔저울, 동전들($1, $2, 20센트, 5센트)

주요 학습주제

동전을 활용한 과제인데, 주로 측정에 관한 다양한 측면들을 다룬다. 다양한 방식으로 비교하고 계산할 수 있는데, 어떤 방식으로 할 때 정확하게 측정하기 어려운지를 알아보도록 해야 한다. 가장 그럴 법하다고 예측한 답이 실제로 반드시 가장 유리한 것이 아닐 수도 있음을 알게 된다.

실행 결과로부터의 통찰

과제를 해결하는 데에 걸리는 시간은 상당히 다양하고, 학생들이 어떤 기법을 사용하는가에 따라 다르다. 초등학교 고학년과 중학생들이 과제를 해결하는 데에는 두 차시 정도의 수업이 필요하다.

모둠 활동으로 계획하면 소요 시간을 줄일 수 있다. 모둠마다 서로 다른 방식으로 과제를 해결하도록 하고, 다시 모여서 사용한 전략에 대해 토론하도록 하면 된다.

필요한 자료가 다양하기 때문에 미리 준비물을 마련해야 한다.

다음 질문에 대해 토론한 후 본격적으로 과제를 해결하도록 하는 것도 좋다. “동전들을 어떻게 놓을까?”, “동전들이 녹을까?”에 대해 생각해보도록 한 후에 과제를 하도록 한다.

---

9) Beesey, C., Clarke, B., Clarke, D., Stevens, M., & Sullivan, P. (1998). Exemplary assessment materials: mathematics . Melbourne: Addison Wesley Longman.

학생들이 어려워하는 점

길이, 넓이, 부피, 무게 측정에 대해 잘 모르면 이 과제를 어렵게 생각할 수 있다. 이 학생들에게는 측정 관련 내용을 도와줄 필요가 있다. 그러나 많은 학생들이 상당히 빨리 과제를 해결했기 때문에 확장을 위한 질문과 권고를 준비하는 것이 필요했다.

활동지에서 발견한 어려움들은 미터 단위 변환, 부피 또는 넓이를 측정하는 것, 해결 과정을 논리적으로 쓰는 것(이것이 오답과 가장 관련이 깊었음)이었다. 전형적인 계산 오류는 주로 부피를 구할 때 나왔다. 수학적으로 생각함으로써 오류를 범한 경우가 많았는데, 예를 들어, 동전 1리터의 무게가 1,000g이라고 잘못 생각했다.

학습 지원을 위한 질문과 권고

- 5센트짜리 동전이 50개 있다면 얼마인가? 20센트짜리 동전이 50개라면 얼마인가? $1짜리 동전 50개는 얼마인가?
- 10cm×10cm 정사각형(100cm^2)을 그려보자. 5센트짜리 동전을 본떠서 몇 개로 이 넓이를 채울 수 있을지 알아보아라. 일일이 동전을 세지 않고 알아내는 방법은 무엇인가?
- 자 또는 줄자로 1리터 들이 용기의 크기를 측정하여라. 한 변을 따라 간격을 최소화하여 20센트짜리 동전을 놓았을 때, 몇 개를 놓을 수 있을지 알아보아라. 이렇게 얻은 정보로 1리터 들이 용기에 몇 개를 넣을 수 있는지를 어떻게 알아낼까?

확장을 위한 질문과 권고

- 부피가 1리터인 서로 다른 3차원 도형을 몇 개나 찾을 수 있을까? 각 도형에 동전을 채우면 같은 금액이 들어갈까? 그렇지 않다면, 왜 그럴까? 어떤 도형에 가장 많은 금액의 동전이 들어갈까? 어떤 도형에 가장 적은 금액의 동전이 들어갈까?
- $1짜리 동전을 자신의 신장만큼 그리고 5센트짜리 동전을 자신의 몸무게만큼 준다면 둘 중 어떤 것을 택할 것인가?

학생 활동 사례

다음 활동지에서 이 학생이 서로 다른 단위의 길이를 정확하게 변환했고, 어떤 방법을 사용했는지도 명확하게 설명하고 있음을 알 수 있다.

이 학생은 다음 네 가지 상황 각각에 대해 수학적으로 타당하게 그리고 정확하게 접근했다.

$2짜리 동전을 1m 길이로 펼쳐놓으면 몇 개가 포함되고, 금액으로는 얼마나 되는지를 알아보았더니 $100이었다.

5센트짜리 동전으로 1㎡를 채울 때 "동전으로 만들어진 공간"의 넓이가 얼마나 되고, 몇 개가 들어가는지, 금액으로는 얼마나 되는지를 조사했더니 $150이었다. 그런데 그림에는 $125라고 되어 있어서 이상하긴 하다.

20센트짜리 동전으로 1리터 들이 용기를 채우는 상황은 우유병의 모양이 주어지지 않았으나 원기둥 모양이라고 생각하고 해결을 시도했다. 바닥에 20센트짜리 동전을 펼쳐놓으면 7개가 들어간다는 것을 확인했다. 다음으로 동전의 높이를 측정했고, 몇 개의 동전이 들어가는지, 결국 모두 금액으로 얼마나 되는지를 조사했더니 $71.40이었다.

$1짜리 동전 1kg의 경우, 먼저 $1짜리 동전의 무게를 측정했고, 1kg이 되려면 모두 몇 개가 필요한지 조사했더니 $100이었다.

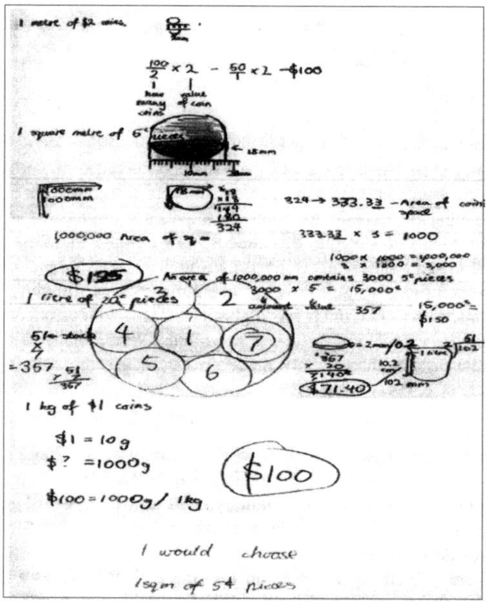

다음 수업

일상에서 볼 수 있는 다른 종류의 사물들로 마찬가지 과제를 개발하여 수업할 수 있다. 가령, 다음과 같은 질문들을 해결해보도록 할 수 있다. 1세제곱미터 크기의 상자 안에 1리터 들이 우유 용기를 몇 개나 넣을 수 있을까? 우유를 1세제곱미터 크기의 상자에 담는다면 어떻게 될까?

References

참고문헌

ACARA. (2011). The shape of the Australian Curriculum: Mathematics. Found July 1st at http://www.acara.edu.au/phase_1_-_the_australian_curriculum.html.

Allen, B. (2003). Pupils' perspectives on learning mathematics. In B. Allen & S. Johnston-Wilder (Eds.), *Mathematics education: Exploring the culture of learning* (pp. 233-241). London: Routledge Falmer.

Anderson, J. (2003). Teachers' choice of tasks: A window into beliefs about the role of problem solving in learning mathematics. In L. Bragg, C. Campbell, G. Herbert, & J. Mousley (Eds.), *Mathematics educations research: Innovation, networking, opportunity* (Proceedings of the 27th annual conference of the Mathematics Education Research Group of Australasia, pp. 72-80). Geelong: MERGA.

Anthony, G., & Walshaw, M. (2009). *Effective pedagogy in mathematics*. Educational series 19. Brussels: International Academy of Education; Geneva: International Bureau of Education.

Association of Teachers of Mathematics (ATM). (1988). *Reflections on teacher intervention*. Derby: ATM.

Bakker, A., Hoyles, C., Kent, P., & Noss, R. (2006). Improving work processes by making the invisible visible. *Journal of Education and Work*, *19*(4), 343-361.

Ball, D. (1992). Magical hopes: Manipulatives and the reform of mathematics education. *American Educator*; *16*(2), 46-47.

Bishop, A. J. (2001). What values do you teach when you teach mathematics? In P. Gates (Ed.), *Issues in mathematics teaching* (pp. 93-104). London: Routledge Falmer.

Boaler, J. (1993). The role of contexts in the mathematics classroom: Do they make mathematics more "real"? *For the Learning of Mathematics*, *13*(2), 12-17.

Boaler, J. (2002). *Experiencing school mathematics: Traditional and reform approaches to teaching and their impact on student learning*. Mahwah, NJ: Lawrence Erlbaum.

Boaler, J. (2008). Promoting 'relational equity' and high mathematics achievement through an innovative mixed ability approach. *British Educational Research Journal*, *34*(2), 167-194.

Boulton-Lewis, G., & Halford, G. (1992). The processing loads of young children's and teachers' representations of place value and implications for teaching. *Mathematics Education Research Journal*, *4*(1), 1-23.

Bransford, J. B., Brown, A. L., & Cocking, R. R. (Eds.). (1999). *How people learn: Brain, mind, experience, and school*. London: Committee on Developments in the Science of Learning, National Research Council.

Broekman, H., Van der Valk, T., & Wijers, M. (2000, August). T*eacher knowledge needed to teach ratio and proportion in secondary school maths: On using the ratio table*. Paper presented at the 25th Annual Conference of the Assocation of Teachers Educators in Europe (ATEE), Barcelona.

Brophy, J. E. (1991). Conclusion to advances in research on teaching. In J. Brophy (Ed.), *Advances in research on teaching: Vol. 2 Teachers' subject matter knowledge and classroom instruction* (Vol. II: Teachers' knowledge of subject matter as it relates to teaching practice, pp. 347-362). Greenwich, CT: JAI.

Brown, S. I., & Walter, M. I. (2004). *The art of problem posing* (3rd ed.). New York: Routledge.

Brown, R., & Renshaw, P. (2006). Transforming practice: Using collective argumentation to bring about change in a year 7 mathematics classroom. In P. Grootenboer, R. Zevenbergen, & M. Chinnapan (Eds.), *Identities, cultures and learning spaces* (Proceedings of the 29th conference of the Mathematics Education Research Group of Australasia, pp. 99-107). Canberra: MERGA.

Butler, F., Miller, S. P., Crehan, K., Babbitt, B., & Pierce, T. (2003). Fraction instruction for students with mathematics disabilities: Comparing two teaching sequences. *Learning Disabilities Research and Practice*, *18*(2), 99-111.

Carpenter, T. P., Lindquist, M. M., Matthews, W., & Silver, E. A. (1983). Results of the third NAEP mathematics assessment: Secondary school. *Mathematics Teacher*, *76*, 652-659.

Cass, M., Cates, D., & Smith, M. (2003). Effects of manipulative instruction on solving area and perimeter problems by students with learning disabilities. *Learning Disabilities Research and Practice*, *18*(2), 112-120.

Charalambous, C. Y. (2008). Mathematical knowledge for teaching and the unfolding of tasks in mathematics lessons: Integrating two lines of research. In O. Figuras, J. L. Cortina, S. Alatorre, T. Rojano, & A. Sepulveda (Eds.), *Proceedings of the 32nd annual conference of the International Group for the Psychology of Mathematics Education* (Vol. 2, pp. 281-288). Morelia: PME.

Christiansen, B., & Walther, G. (1986). Task and activity. In B. Christiansen, A. G. Howson, & M. Otte (Eds.), *Perspectives on mathematics education* (pp. 243-307). Dordrecht: Reidel.

Clark, C. M., & Peterson, P. L. (1986). Teachers' thought processes. In M. C. Wittrock (Ed.), *Handbook of research on teaching* (pp. 255-296). New York: Macmillan.

Clarke, D. M. (2006). Fractions as division: The forgotten notion? *Australian Primary Mathematics Classroom, 11*(3),4-10.

Clarke, D., Cheeseman, J., Gervasoni, A., Gronn, D., Horne, M., McDonough, A., Montgomery, P., Roche, A., Sullivan, P., Clarke, B., & Rowley, G. (2002). *Early Numeracy Research Project (ENRP): Final report.* Retrieved September 11, 2002, from http://www.sofweb.vic.edu.au/eys/num/enrp.htm.

Clarke, D. M., & Clarke, B. A. (2004). Mathematics teaching in Grades K-2: Painting a picture of challenging, supportive, and effective classrooms. In R. N. Rubenstein & G. W. Bright (Eds.), *Perspectives on the teaching of mathematics* (66th Yearbook of the National Council of Teachers of Mathematics, pp. 67-81). Reston, VA: NCTM.

Clarke, D. M., & Roche, A. (2009). Using mathematical tasks built around "real" contexts~: Opportunities and challenges for teachers and students. *Australian Primary Mathematics Classroom, 14*(2), 24-31.

Clarke, D. M., & Roche, A. (2010). The power of a single game to address a range of important ideas in fraction learning. *Australian Primary Mathematics Classroom, 15*(3), 18-23.

Clarke, D. M., Roche, A., & Mitchell, A. (2008). Ten practical, research-based tips for making fractions come alive (and make sense) in the middle years. *Mathematics Teaching in the Middle School, 13*(7), 373-380.

Cobb, P., & McClain, K (1999). Supporting teachers' learning in social and institutional contexts. In Fou-Lai Lin (Ed.), *Proceedings of the 1999 International Conference on Mathematics Teacher Education* (pp. 7-77). Taipei: National Taiwan Normal University.

de Lange, J. (1996). Using and applying mathematics in education. In A. J. Bishop, K Clements, C. Keitel, J. Kilpatrick, & C. Laborde (Eds.), *International handbook of mathematics education* (pp. 49-97). Boston, MA: Kluwer.

Delpit, L. (1988). The silenced dialogue: Power and pedagogy in educating other people's children. *Harvard Educational Review, 58*(3), 280-298.

Department of Education and Early Childhood Development. (2006). *Maths developmental continuum P-10*. Downloaded from http://www.education.vic.gov.au/studentlearning/teachingresources/maths/mathscontinuum/default.htm.

Desforges, C., & Cockburn, A. (1987). *Understanding the mathematics teacher: A study of practice in first schools*. London: Falmer.

Dole, S. (2008). Ratio table to promote proportional reasoning in the primary classroom. *Australian Primary Mathematics Classroom, 13*(2), 18-22.

Doyle, W. (1986). Classroom organisation and management. In M. C. Wittrock (Ed.), *Handbook of research on teaching* (pp. 392-431). New York: Macmillan.

Dweck, C. S. (2000). *Self theories: Their role in motivation, personality, and development*. Philadelphia, PA: Psychology Press.

Education Queensland. (2010). Productive pedagogies. Downloaded in January 2010 from http://education.qld.gov.au/corporate/newbasics/html/pedagogies/pedagog.html.

Elliot, A. J. (1999). Approach and avoidance motivation and achievement goals. *Educational Psychologist, 34*(3), 169-189.

English, L. D. (1998). Children's problem posing within formal and informal contexts. *Journal for Research in Mathematics Education, 29*(1),83-106

Erickson, T. (1989). *Get it together: Maths problems for groups: Grades 4-12*. San Francisco, CA: Lawrence Hall of Science.

Ernest, P. (1988). The attitudes and practices of student teachers of primary school mathematics. In A. Borbas (Ed.), *Proceedings of the Annual Conference of Psychology of Mathematics Education* (Vol. 2, pp. 288-295). Beszprem, Hungary: PME.

Ernest, P. (1994). Varieties of constructivism: Their metaphors, epistemologies and pedagogical implications. *Hiroshima Journal of Mathematics Education, 2*, 1-14.

Ernest, P. (2010). The social outcomes of learning mathematics: Standard, unintended or visionary? In C. Glascodine & K. A. Hoad (Eds.), *Make it count: What research tells us about effective mathematics teaching and learning* (pp. 21-26). Camberwell: ACER.

Fennema, E., & Franke, M. (1992). Teachers' knowledge and its impact. In D.A. Grouws (Ed.), *Handbook of research on mathematics teaching and learning* (pp. 147-164). New York: Macmillan Publishing.

Fennema, E., Franke, M. L., Carpenter. T. P., & Carey, D. A. (1993). Using children's mathematical knowledge in instruction. *American Educational Research Journal, 30*(3), 555-583.

Fredericks, J. A., Blumfield, P. C., & Paris, A. H. (2004). School engagement: Potential of the concept, state of the evidence. *Review of Educational Research, 74*(1), 59-110.

Gee, J. P. (2004). *Learning by design: Games as learning machines*.

http://labweb.education.wisc.edu/rooml30/jim.htm. Accessed 25 Apr 2005.

Gravemeijer, K. (1997). Instructional design for reform in mathematics education. In M. Beishuizen, K. Gravemeijer, & E. Van Lieshout (Eds.), *The role of contexts and models in the development of mathematical strategies and procedures* (pp. 13-34). Utrecht: Technipress.

Greer, B. (1997). Modeling reality in the mathematics classrooms: The case of word problems. *Learning and Instruction*, 7(4), 293-307.

Griffin, S., & Case, R. (1997). Re-thinking the primary school with curriculum: An approach based on cognitive science. *Issues in Education*, *3*(1), 1-49.

Hannula, M. (2004). *Affect in mathematical thinking and learning*. Turku: Turun Yliopisto.

Hattie, J., & Timperley. H. (2007). The power of feedback. *Review of Educational Research*, *77*(1), 81-112.

Hiebert, J., & Wearne, D. (1997). Instructional tasks, classroom discourse and student learning in second grade arithmetic. *American Educational Research Journal*, *30*(2), 393-425.

Hill, H. C., Ball, D. L., & Schilling, S. G. (2008). Unpacking pedagogical content knowledge: Conceptualising and measuring teachers' topic-specific knowledge of students. *Journal for Research in Mathematics Education*, *39*(4), 372-400.

Hodge, L., Visnovska, J., Zhao, Q., & Cobb, P. (2007). What does it mean for an instructional task to be effective? In J. Watson & K. Beswick (Eds.), *Mathematics: Essential research, essential practice* (Proceedings of the 30th annual conference of the Mathematics Education Research Group of Australasia, Vol. 1, pp. 392-401). Adelaide: MERGA.

Hollingsworth, H., Lokan, J., & McCrae, B. (2003). *Teaching mathematics in Australia: Results from the T1MSS video study (T1MSS Australia Monograph No.5)*. Camberwell, VIC: Australian Council for Educational Research.

Human Capital Working Group. (2008). *National numeracy review report*. Canberra: Author.

Keitel, C. (1993). Implicit mathematical models in social practice and explicit mathematics teaching by applications. In J. de Lange, C. Keitel, I. Huntley, & M. Niss (Eds.), *Innovation in mathematics education by modelling and applications* (pp. 138-151). Chichester: Ellis Horwood.

Kilpatrick, J., Swafford, J., & Findell, B. (Eds.). (2001). *Adding it up: Helping children learn mathematics*. Washington, DC: National Academy Press.

Kuhs, T. M., & Ball, D. L. (1986). *Approaches to teaching mathematics: Mapping the domains knowledge, skills, and dispositions*. East Lansing, MI: Michigan State University

Center on Teacher Education.

Lampert, M. (2001). *Teaching problems and the problems of teaching*. New Haven, CT: Yale University Press.

Leder, G., Pehkonen, E., & Törner, G. (2002). *Beliefs: A hidden variable in mathematics education*. Dordrecht: Kluwer.

Leung, S. S. (1998). On the open-ended nature of mathematical problem solving. In E. Pehkonen (Ed.), *Use of open-ended problems in mathematics classrooms* (pp. 26-35). Helsinki: Department of Teacher Education, University of Helsinki.

Lovitt, C., & Clarke, D. M. (1988). *Mathematics Curriculum and Teaching Program activity bank* (Vol. 1). Carlton. VIC: Curriculum Corporation.

Lubienski, S. (2000). Problem solving as a means towards mathematics for all: An exploratory look through a class lens. *Journal for Research in Mathematics Education*, *31*(4), 454-482.

Luke, A., Elkin. J., Weir, K., Land, R., Carrington, V., Dole, S., et al. (2003). *Beyond the middle: Executive summary*. St Lucia, QLD: University of Queensland.

Maier, E. (1991). Folk mathematics. In M. Harris (Ed.), *School, mathematics and work* (pp. 62-66). London: Palmer.

McLeod, D. B., & Adams, V. M. (1989). *Affect and problem solving*. New York: Springer.

Meyer, M., Dekker, T., Querelle, N., & Reys, R. (2001). Contexts in mathematics curriculum. *Mathematics Teaching in the Middle School*, *6*(9), 522-527.

Middleton, J. A. (1995). A study of intrinsic motivation in the mathematics classroom: A personal construct approach. *Journal for Research in Mathematics Education*, *26*(3), 254-279.

Middleton, J. A., & van den Heuvel-Panhuizen, M. (1995). The ratio table. *Mathematics Teaching in the Middle School*, *1*(4), 282-288.

Middleton, J. A., & Jansen, A. (2011). *Motivation matters and interest counts*. Reston, VA: National Council of Teachers of Mathematics.

National Council of Teachers of Mathematics. (2000). *Principles and standards for school mathematics*. Reston, VA: NCTM

Nisbet, S., & Warren, E. (2000). Primary school teachers' beliefs relating to mathematics, teaching and assessing mathematics and factors that influenced those beliefs. *Mathematics Teacher Education and Development*, *2*, 34-47.

Niss, M. (1987). Applications and modelling in the mathematics classroom: State and trends. *International Journal for Mathematical Education in Science and Technology*, *18*(4), 487-505.

Pajares, M. F. (1992). Teachers' beliefs and educational research: Cleaning up a messy construct'. *Review of Educational Research*, *6*(3), 307-332.

Peter-Koop, A. (2004). Fermi problems in primary mathematics classrooms: Pupils' interactive modelling processes. In I. Putt, R. Farragher, & M. McLean (Eds.), *Mathematics education for the third millennium: Towards 2010* (Proceedings of the 27th annual conference of the Mathematics Education Research Group of Australasia, pp. 454-461). Townsville, QLD: MERGA.

Philipp, R. A. (2007). Mathematics teachers' beliefs and affect. In F. K. Lester (Ed.), *Second handbook of research on mathematics teaching and learning* (pp. 257-315). Charlotte, NC: Information Age Publishing & National Council of Teachers of Mathematics.

Rowland, T., Huckstep, P., & Thwaites, A. (2005). Elementary teachers' mathematics subject knowledge: The knowledge quartet and the case of Naomi. *Journal of Mathematics Teacher Education*, *8*(3), 255-281.

Ruthven, K., Laborde, C., Leach, J., & Tiberghien, A. (2009). Design tools in didactical research: Instrumenting the epistemological and cognitive aspects of the design of teaching sequences. *Educational Researcher*, *38*(5), 329-342.

Shimizu, Y., Kaur, B., Huang, R., & Clarke, D. (Eds.). (2010). *Mathematical tasks in classrooms around the world*. Rotterdam: Sense Publishers.

Shulman, L. S. (1986). Those who understand: Knowledge growth in teaching. *Educational Researcher*, *15*(2), 4-14.

Silver, E. A. (1994). On mathematical problem posing. *For the Learning of Mathematics*, *14*(1), 19-28.

Simon, M. A. (1995). Reconstructing mathematics pedagogy from a constructivist perspective. *Journal of Research in Mathematics Education*, *26*(2), 114-145.

Stacey, K., Helme, S., Archer, S., & Condon, C. (2001). The effect of epistemic fidelity and accessibility on teaching with physical materials: A comparison of two models for teaching decimal numeration. *Educational Studies in Mathematics*, *47*(2), 199-221.

Staples, M. E. (2008). Promoting student collaboration in a detracked, heterogeneous secondary mathematics classroom. *Journal of Mathematics Teacher Education*, *11*, 349-371.

Stein, M. K., Engle, R. A., Smith, M. S., & Hughes, E. K. (2008). Orchestrating productive mathematical discussions: Five practices for helping teachers move beyond show and tell. *Mathematical Thinking and Learning*, *10*, 313-340.

Stein, M. K., Grover, B. W., & Henningsen, M. (1996). Building student capacity for mathematical thinking and reasoning: An analysis of mathematical tasks used in reform classrooms. *American Educational Research Journal*, *33*(2), 455-488.

Stein, M. K., & Lane, S. (1996). Instructional tasks and the development of student capacity to think and reason and analysis of the relationship between teaching and learning in a reform mathematics project. *Educational Research and Evaluation*, *2*(1), 50-80.

Sullivan, P. (1999). Seeking a rationale for particular classroom tasks and activities. In J. M. Truran & K. N. Truran (Eds.), *Making the difference* (Proceedings of the 21st annual conference of the Mathematics Educational Research Group of Australasia, pp. 15-29). Adelaide: MERGA.

Sullivan, P. (2011). *Teaching mathematics: Using research informed strategies*. Australian Education Review. Melbourne: Australian Council for Educational Research.

Sullivan, P., Clarke, D. M., Clarke, B. A., & O'Shea, H. (2009). Exploring the relationship between tasks, teacher actions, and student learning. In M. Tzekaki, M. Kaldrimidou, & H. Sakonidis (Eds.), *In search of theories in mathematics education* (Proceedings of the 33rd conference of the International Group of Psychology of Mathematics Education, Vol. 5, pp. 185-192). Thessaloniki, Greece: PME.

Sullivan, P., & Lilburn, P. (1997). *Open-ended maths activities: Using "good" questions to enhance learning*. Melbourne: Oxford University Press.

Sullivan, P., Mousley, J., & Zevenbergen, R. (2004). Describing elements of mathematics lessons that accommodate diversity in student background. In M. Johnsen Joines & A. Fuglestad (Eds.), *Proceedings of the 28th annual conference of the International Group for the Psychology of Mathematics Education* (pp. 257-265). Bergen: PME.

Sullivan, P., Mousley, J., & Zevenbergen, R. (2006). Developing guidelines for teachers helping students experiencing difficulty in learning mathematics. In P. Grootenboer, R. Zevenbergen & M. Chinnappan (Eds.), *Identities, cultures and learning spaces* (Proceedings of the 29th annual conference of the Mathematics Education Research Group of Australasia, pp. 496-503). Sydney: MERGA.

Sullivan, P., Prain, V., Campbell, C., Deed, C., Drane, S., Faulkner, M., et al. (2009). Trying in the middle years: Students' perceptions of their aspirations and influences on their efforts. *Australian Journal of Education*, *5*(2), 176-191.

Sullivan, P., Zevenbergen, R., & Mousley, J. (2002). Contexts in mathematics teaching: Snakes or ladders. In B. Barton, K. Irwin, M. Pfannkuch, & M. Thomas (Eds.), *Mathematics education in the South Pacific* (Proceedings of the 25th annual conference of the Mathematics Education Group of Australasia, pp. 649-656). Sydney: MERGA.

Swan, M. (2005). *Improving learning in mathematics: Challenges and strategies*. London: Department for Education and Skills Standards Unit.

Swan, M. (2006). *Collaborative learning in mathematics: A challenge to our beliefs and practices*. Leicester: National Institute of Adult Continuing Education.

Thompson, A. G. (1992). Teachers' beliefs and conceptions: A synthesis of research. In D. A. Grouws (Ed.), *Handbook of research on mathematics teaching and learning* (pp. 127-146). New York: Macmillan.

Thorndike, E. L. (1926). *The psychology of arithmetic*. New York: Macmillan.

Tschannen-Moran, M., Hoy, A., & Hoy, W. (1998). Teaching efficacy: Its meaning and measure. *Review of Educational Research*, *68*(2), 202-248.

Tzur, R. (2008). A researcher perplexity: Why do mathematical tasks undergo metamorphosis in teacher hands? In O. Figuras, J. L. Cortina, S. Alatorre, T. Rojano, & A Sepulveda (Eds.), *Proceedings of the 32nd annual conference of the International Group for the Psychology of Mathematics Education* (pp. 1-139, 147). Morelia: PME.

van den Heuvel-Panhuizen, M. (2005). The role of contexts in assessment problems in mathematics. *For the Learning of Mathematics*, *25*(2), 2-9.

Vygotsky, V. (1978). Mind in society. Cambridge, MA: Harvard University Press.

Watson, A., & Mason, J. (1998). *Questions and prompts for mathematical thinking*. Derby: Association of Teachers of Mathematics.

Watson, A., & Sullivan, P. (2008). Teachers learning about tasks and lessons. In D. Tirosh & T. Wood (Eds.), *Tools and resources in mathematics teacher education* (pp. 109-135). Rotterdam: Sense Publishers.

Wiliam, D. (1998, July). *Open beginnings and open ends*. Paper distributed at the Open-Ended Questions Discussion Group, International Conference for the Psychology of Mathematics Education, Stellenbosch, South Africa.

Zan, R., & di Martino, P. (2010). "Me and maths": Toward a definition of attitude grounded on students' narrative. *Journal of Mathematics Teacher Education*, *13*(1), 27-48.

Zevenbergen, R., & Zevenbergen, K. (2009). The numeracies of boatbuilding: New numeracies shaped by workplace technologies. *International Journal of Science and Mathematics Education*, *7*(1), 183-206.

Index

찾아보기

수학 수업 이야기

수학, 과제, 학습의 삼중주

지은이 피터 설리번·덕 클라크·바바라 클라크
옮긴이 이경화·김동원
펴낸이 조경희
펴낸곳 경문사
펴낸날 2016년 11월 20일 1판 1쇄
2018년 8월 20일 1판 2쇄
등 록 1979년 11월 9일 제313-1979-23호
주 소 04057, 서울특별시 마포구 와우산로 174
전 화 (02)332-2004 팩스 (02)336-5193
이메일 kyungmoon@kyungmoon.com
facebook facebook.com/kyungmoonsa

값 15,000원

ISBN 978-89-6105-948-0